国家社科基金一般项目“甘青地区爱国主义教育基地
红色资源融入思想政治教育创新发展研究(22BKS137)”阶段性成果

爱国主义教育基地红色资源创新发展研究

——以青海省为例

AIGUO ZHUYI JIAOYU JIDI
HONGSE ZIYUAN CHUANGXIN
FAZHAN YANJIU
— YI QINGHAI SHENG WEI LI

■ 董仲磊 / 著

大连海事大学出版社
DALIAN MARITIME UNIVERSITY PRESS

图书在版编目(CIP)数据

爱国主义教育基地红色资源创新发展研究：以青海省为例／董仲磊著. — 大连：大连海事大学出版社，2025. 6. — ISBN 978-7-5632-4658-8

Ⅰ. K878.2

中国国家版本馆 CIP 数据核字第 2025CM4975 号

大连海事大学出版社出版

地址:大连市黄浦路523号 邮编:116026 电话:0411-84729665(营销部) 84729480(总编室)

http://press.dlmu.edu.cn　E-mail:dmupress@ dlmu.edu.cn

大连金华光彩色印刷有限公司印装　　大连海事大学出版社发行

2025 年 6 月第 1 版　　2025 年 6 月第 1 次印刷

幅面尺寸:170 mm×240 mm　　印张:14

字数:264 千　　印数:1～500 册

出版人:余锡荣

责任编辑:王　晶　　责任校对:王　琴

封面设计:解瑶瑶　　版式设计:解瑶瑶

ISBN 978-7-5632-4658-8　　定价:42.00 元

前言

红色是中国共产党、中华人民共和国最鲜亮的底色。中国共产党在一百多年的不懈奋斗、不怕牺牲、理论探索、为民造福和自身建设的伟大进程中,形成了意蕴厚重的爱国主义教育基地红色资源,成为中国共产党艰辛而辉煌奋斗历程的见证。爱国主义教育基地红色资源是红色资源的重要组成部分,是中国共产党及其领导的中国人民在革命、建设和改革的伟大实践中创造的宝贵的物质和精神财富,涵盖了新民主主义革命时期以来各个历史阶段铸造形成的爱国主义教育基地和红色精神以及蕴含的历史文化精髓,从不同角度记录和反映了中国人民英勇奋斗的光辉足迹,展现了中国共产党人不忘初心、牢记使命,为中国人民谋幸福、为中华民族谋复兴的伟大历程,日益成为激发爱国热情、凝聚人民力量、弘扬民族精神、传承红色基因的重要场所和精神寄托。新时代要推动爱国主义教育基地红色资源创新发展,使之在新征程上绽放出更加耀眼的光彩,为以中国式现代化全面推进强国建设、民族复兴伟业提供源源不竭的精神力量。

党的十八大以来,习近平总书记高度重视红色资源保护传承,对用好红色资源、赓续红色血脉、传承红色基因做出一系列重要指示批示,成为推动爱国主义教育基地红色资源创新发展的行动指南。长期以来,青海省高度重视爱国主义教育基地红色资源创新发展,经过不懈努力,目前全省基本上形成了一套层次较为分明、门类较为齐全、设施较为完备、功能较为丰富、宣传较为到位的爱国主义教育基地红色资源的网络体系,为开展以爱国主义为核心的民族精神教育搭建了广阔的平台,为铸牢中华民族共同体意识提供了实践的场域。本研究依据教育功能划分,把青海省爱国主义教育基地红色资源分为四种类型:一是革命传统教育导向类,如中国工农红军西路军纪念馆、果洛藏族自治州班玛县红军沟革命遗址、青海党史教育展馆等;二是历史文化教育开发类,如中国藏医药文化博物馆、青海柳湾彩陶博物馆、中国青海省博物馆等;三是经济科技成果教育保证类,如青海原子城(中国第一个核武器研制基地)、青藏公路建设指挥部旧址(将军楼)、青藏铁路等;四是大中小学生社会实践教育引导类,如玉树抗震救灾纪念馆、青海民族大学“理想信念与传统文化”教育基地、红光村红色教育基地等。这些红色资源教育人民:历史是最好的教科书,也是最好的清醒剂。要从中接受启迪和教育、获取经验和智慧、汲取定力和动力。

《爱国主义教育基地红色资源创新发展研究——以青海省为例》是作者主持的国家社科基金一般项目“甘青地区爱国主义教育基地红色资源融入思想政治教育创新发展研究(22BKS137)”的阶段性成果,是8年来作者带领团队潜心研究的代表性成果,是推动《中华人民共和国爱国主义教育法》落地见效的具体行动。2017年12月,作者作为中组部、团中央第十八批博士服务团成员挂职青海、结缘青海、服务青海,成为懂青海、爱青海、兴青海的宣传者、行动者、奋斗者。多年来,作者一直聚焦青海省爱国主义教育基地红色资源,深入一线调研、组织专家座谈、进行问卷调查。截至目前,全省8个市(自治州)的8个国家级爱国主义教育基地红色资源、29个省级爱国主义教育基地红色资源、34个市(自治州)级爱国主义教育基地红色资源作者都参观考察过。一件件红色文物、一个个红色故事、一幕幕红色场景、一处处红色遗址,无不蕴含着磅礴的精神力量、丰富的红色基因和深沉的文化内涵。这些红色资源引导人民:要坚定信仰、信念、信心,适应时代、顺应潮流;要发挥红色优势,汲取文化力量;要创新话语表达方式,把爱国主义教育基地红色资源代代传承下去。

本研究遵循“是什么→有什么→为什么→做什么”的逻辑思路,聚焦主题主线、主流本质,在系统的学理化阐释的基础上,整体分析青海省爱国主义教育基地红色资源现状,结合青海省爱国主义教育基地红色资源成果巡礼,对青海省爱国主义教育基地红色资源创新发展提出具有针对性的优化路径,力求对青海省爱国主义教育基地红色资源进行较为全面的研究,为各级党委和人民政府决策提供参考。一是爱国主义教育基地红色资源的学理化阐释。探讨爱国主义教育基地红色资源的基本概念;追溯爱国主义教育基地红色资源的理论源流;阐释爱国主义教育基地红色资源的价值功能。二是青海省爱国主义教育基地红色资源创新发展的现状分析。了解青海省爱国主义教育基地红色资源的基本分布、主要做法以及调研的外省市亮点做法;分析调查问卷和座谈访谈中的问题;归纳创新发展中的现实境遇和归因指向。三是青海省爱国主义教育基地红色资源巡礼。立足青海省各级爱国主义教育基地红色资源,初步建立一个比较完善的资源库。横向上看,有革命传统教育导向类、历史文化教育开发类、经济科技成果教育保证类、大中小学生社会实践教育引导类;纵向上看,有国家级爱国主义教育基地红色资源、省级爱国主义教育基地红色资源、市(自治州)级爱国主义教育基地红色资源、县(区)级爱国主义教育基地红色资源。四是青海省爱国主义教育基地红色资源创新发展的战略选择。主要有五个维度:爱国主义教育基地红色资源创新发展的原则遵循,爱国主义教育基地红色资源创新发展的体系构建,爱国主义教育基地红色资源创新发展的主体培育,爱国主义教育基地红色资源创新发展的内容凝炼,爱国主义教育基地红色资源创新发展的模式转化。

本书在内容安排上,共分为五章:第一章绪论;第二章爱国主义教育基地红色资源的学理化阐释;第三章青海省爱国主义教育基地红色资源创新发展现状分析;第四章青海省爱国主义教育基地红色资源巡礼;第五章青海省爱国主义教育基地红色资源创新发展的战略选择。

在成书过程中,大连海事大学出版社副总编辑林晓阳老师、总编室主任芳芳老师、编辑王晶老师敬业审改书稿,使本书得以顺利出版。在撰写过程中,本书参考了本研究领域内的有关文献,借鉴了各位专家学者的研究成果,遵循"凡引必注"的原则,如有遗漏,敬请谅解,在此表示诚挚感谢。

由于能力水平有限,书中难免有疏漏和不妥之处,敬请读者批评指正。

董仲磊

2024 年 7 月

目录

第一章 绪论

当前,世界百年未有之大变局加速演进,面对变局,需要保持定力、岿然不动,而信仰的魅力、精神的力量无疑会发挥重要作用。爱国主义教育基地红色资源作为中国共产党团结、带领中国人民创造的一种兼具物质和精神属性的文化形态,彰显的为中国人民谋幸福、为中华民族谋复兴的恢宏气势、内含的红色精神,具有跨越时空的感染力和凝聚力,是思想政治教育创新发展的厚重资源。立足研究实际,发现整理、归类管理、保护传承、创新发展爱国主义教育基地红色资源,对于贯彻落实《中华人民共和国爱国主义教育法》,加强爱国主义教育,铸牢中华民族共同体意识,培养可担强国建设、民族复兴大任的时代新人,发挥区域性引领作用意义重大。

第一节 研究背景及意义

一、研究背景

习近平总书记在十九届中共中央政治局第三十一次集体学习时指出:“红色资源是我们党艰辛而辉煌奋斗历程的见证,是最宝贵的精神财富,一定要用心用情用力保护好、管理好、运用好。”①爱国主

① 习近平:《用好红色资源 赓续红色血脉 努力创造无愧于历史和人民的新业绩》,《求是》2021 年第 19 期,第 8 页。

义教育基地红色资源作为中国共产党及其领导的中国人民在革命、建设和改革实践过程中创造的宝贵的物质财富和精神财富，涵盖了新民主主义革命时期以来各个历史阶段的爱国主义教育基地和红色精神，它从不同角度记录了中国人民英勇奋斗的光辉足迹，凝结了不同历史时期形成的革命精神以及蕴含的历史文化精髓，贯穿于中国共产党人不忘初心、牢记使命的奋进历程，为中国人民谋幸福、为中华民族谋复兴的伟大进程，日益成为激发爱国热情、凝聚人民力量、弘扬民族精神、传承红色基因的重要场所和精神寄托。它见证了党的奋斗历程，承载了党的优良传统，形成了党的历史印记。每一个历史事件，每一位革命英雄，每一种革命精神，每一件革命文物，无不展现了中国共产党人的梦想和追求、情怀和担当、牺牲和奉献。

青海省拥有丰富的爱国主义教育基地红色资源，这些红色印记不仅是主题教育的鲜活教材，也是锻炼脚力、眼力、脑力、笔力的社会场域，更是助力懂青海、爱青海、兴青海的精神养料。在当前这个世界文化多元化和经济全球化发展的新时代，如何立足青海省爱国主义教育基地红色资源这个宝藏，充分利用地域特色和优势，把红色遗址遗迹开发、红色故事传播、红色精神传承、红色传统发扬做实、做细、做好，构筑精神家园、坚守文化安全、铸牢中华民族共同体意识，为以中国式现代化全面推进强国建设、民族复兴伟业凝聚精神力量、厚植信仰根基，这不仅是一个重大的理论课题，更是一个迫在眉睫的现实课题，需要集中力量进行研究阐释、保护传承和创新发展。

因此，本研究一是立足于青海省爱国主义教育基地红色资源，系统地梳理基本情况、有效地划分类别属性、全面地总结创新发展的基本做法、充分汲取外省市调研获取的优秀成果；二是依托于厚重的理论资源，探求青海省爱国主义教育基地红色资源创新发展的学理支撑、价值意蕴、独特优势；三是根植于青海省的红色沃土，深入8个市、自治州进行一线调研、座谈交流、访谈讨论、问卷调查；四是着眼于青海省爱国主义教育基地红色资源创新发展的现实境遇，分析症结归因，在此基础上沿着原则遵循、体系构建、主体培育、内容凝练、模式转化等基本思路提出优化路径。

二、研究意义

爱国主义教育基地是以一种物质的形态存在，红色资源通常是以一种精神的形态存在，将两者融合而成的爱国主义教育基地红色资源作为独立形式的客观存在，不仅有利于走出关于爱国主义教育基地与红色资源之间关系的认识误区，推动党史学习教育学科化发展，也有利于拓展红色资源的范畴，推动学习贯彻习近平新时代中国特色社会主义思想主题教育大众化发展，还有利于丰富思想政治教育资源体系，推动思想政治教育时代化发展。本研究以青海省爱国主义教育基地红色资源创新发展为论域，基于厚重的爱国理论和鲜活的实践案例，探讨了爱国主义教育基地红色资源的概念构建、理论资源、特色优势、主要做法、成果巡礼、发展境遇、归因分析以及发展路径等问题，较为全面地梳理了青海省爱国主义教育基地红色资源的基本情况，深度挖掘了爱国主义教育基地红色资源的价值意蕴、功能优势与运行机理。因此，本研究具有一定的理论意义和应用价值。

（一）理论意义

爱国主义教育基地红色资源是思想政治教育的重要内容，是基于田野调研的学理性分析，是新时代爱国主义教育的重要体现，是厚植《中华人民共和国爱国主义教育法》根基的有益组成，是挖掘“中国精神、中国价值、中国力量”底蕴的必然要求。从理论层面看，开展爱国主义教育基地红色资源创新发展研究，不仅有利于爱国主义教育基地红色资源的保护传承，而且丰富了思想政治教育的体系内涵，尤为重要的是还开辟了一个全新的研究方向，有利于催生新的研究生长点，推进研究的精细化和纵深化。

1.有利于巩固党史学习教育成果，增强历史自觉和历史自信

忘记过去就意味着背叛。中国共产党自成立以来，就高度重视党史学习教育，注重用党的奋斗历程和伟大成就鼓舞斗志、明确方向，用党的光荣传统和优良作风坚定信念、凝聚力量，用党的实践创造和历史经验启迪智慧、砥砺品格。爱国主义教育基地红色资源作为党的奋斗历史的重要组成部分，是党史学习教育的鲜活素材。爱国主义教育基地红色资源作为一种思想引领，推动和促进了全社会对党史、新中国史、改革开放史、社会主义发展史、中华民族发展史的学习和认知的发展，它也成为思想政治教育创新发展的重要内容，促进党史学习教育常态化、长效化，厚植历史自信的根基。

2.有利于拓宽学术研究视角，增强理论创新自觉自信

当前，学术界关于红色资源的研究主要集中在内涵层面、功能层面、继承与传播层面、融入思想政治教育层面，也取得了一定成果，但很少有人从微观方面去深化红色资源的研究。如在“爱国主义教育基地”这一层面，鲜有学者从这一具体视角为切入点去考察红色资源的创新发展。因此，本研究将爱国主义教育基地的概念纳入红色资源的研究视域，开辟了红色资源的研究新场域，丰富了思想政治教育理论体系。

3.有利于总结基本经验，增强红色资源厚重感

爱国主义教育基地红色资源，既是红色资源的有机构成，也是思想政治教育资源的一个子系统。关于这一方面，相关的研究成果不是很多，而关于将其作为

一种资源融入思想政治教育创新发展过程的研究成果更是不多见。本研究从爱国主义教育基地红色资源的概念入手,对其现实样态进行分类把握,并结合蕴含价值、功能优势、运行机理等,探究其创新发展的现实境遇。同时,结合时代需要,提出可供选择的优化路径,以此搭建一个理论与实践相结合、资源与教育相融合的理论架构。以纵向历史演进为轴线,推动爱国主义教育基地红色资源与思想政治教育创新发展融合,厚植爱国主义情感。

(二)应用价值

开展爱国主义教育基地红色资源创新发展研究,不仅丰富了思想政治教育的新内容,推动了爱国教育实践的新发展;也打造了思想政治教育的新模式,引领了爱国教育宣传形成新高潮;还设计了思想政治教育的新样板,促进了爱国教育工作取得新实效,成为贯彻落实《中华人民共和国爱国主义教育法》的新行动。

1.深入研究有助于提升实践价值

爱国主义教育基地红色资源蕴含传统文化精髓,历经百年沧桑沉淀,其内涵与功能随着我国历史方位的变化也亟须传承与发展,才能适应时代变化的需要。把爱国主义教育基地红色资源作为一个整体进行系统、全面、深入的研究是一项基础性工作、长远性事业,特别是将其融入思想政治教育中更显得意义重大:一方面,推动了爱国主义教育基地红色资源保护传承走向科学化,通过有组织、有计划的教育活动潜移默化地实现创新发展;另一方面,推动了爱国主义教育基地红色资源创新发展走向合理化,避免其特有的历史价值、政治意义、文化底蕴被弱化。通过精准施策,不断推进爱国主义教育基地红色资源融入思想政治教育,可以助力爱国主义教育的行动实践。

2.创新模式有助于提供借鉴价值

思想政治教育经过新中国成立以来70余年的发展,内容体系不断丰富完善,阶段性成果层出不穷,但对于其重要组成的爱国主义教育基地红色资源的整体性研究还相对欠缺。在新的历史条件下,要坚定地把爱国主义教育基地红色资源纳入思想政治教育内容体系中,从学科化、体系化、常态化等多重维度进行设计、从大中小学思政课一体化建设宽范围渐次展开,这不仅为思想政治教育创新提供了突破口,也为爱国主义教育基地红色资源创新发展提供了更多的支持和保障。通过模式探索,打造新时代爱国主义教育基地红色资源融入思想政治教育创新发展样板,能够引领爱国主义教育形成高潮、成为常态。

3.细化流程有助于获得长远价值

爱国主义教育基地红色资源创新发展的核心是如何发展的问题。将其融入思想政治教育这一独特方式中，是时代的需要，也是发展的需要，其实也是爱国主义教育基地红色资源自身完善的内在需要。如何满足需要、实现创新，不仅需要爱国主义教育基地红色资源的健康发展，更需要细化融入的方式、手段、步骤，形成流程化、便捷化，易于操作且富有成效的规范。这种规范客观上会形成一种互动，彼此影响，相互推动和促进，有利于形成规矩，助力长远发展。通过流程设计，形成一套可复制、能推广的爱国主义教育基地红色资源融入思想政治教育创新发展的模板，能够促进爱国主义教育取得实效。

第二节 国内外研究动态及述评

爱国主义教育基地是党和国家的红色基因库，是思想政治教育创新发展的生动课堂。2019 年 8 月 20 日，习近平总书记在参观中国工农红军西路军纪念馆时强调："我们要讲好党的故事，讲好红军的故事，讲好西路军的故事，把红色基因传承好。"①爱国主义教育基地是红色资源璀璨皇冠上耀眼的明珠，我们一定要按照习近平总书记的要求和嘱托，用好爱国主义教育基地红色资源，这对于创新发展思想政治教育、巩固拓展党史学习教育成果意义重大。当前，爱国主义教育基地红色资源创新发展趋势较好，但也面临发展不平衡、不充分的挑战。青海省爱国主义教育基地红色资源作为其中的重要组成部分，创新发展中的一些问题也需要引起我们的高度重视。因此，本研究运用 Cite Space 文献可视化软件及其生成的知识图谱，全面梳理总结爱国主义教育基地红色资源创新发展的研究热点和发展趋势，从整体上更加直观地了解并掌握研究脉络，为进一步探索和推进青海省爱国主义教育基地红色资源创新发展提供理论基础和实践指导。

爱国主义教育基地红色资源作为一个全新概念被首次提出，因此关于此专题的研究成果很有限。但爱国主义教育基地红色资源又是一个十分重要的集理论和实践为一体的研究课题，是非常值得研究和深入思考的内容。因为它是基于爱国主义教育基地基础上，融合红色资源丰富内涵，有机构成的一个研究方向。有鉴于此，本研究在梳理有关成果时把着力点更多地放在"爱国主义教育基地"这一显性对象和"思想政治教育"这一隐性对象上。

① 《习近平在甘肃考察时强调 坚定信心开拓创新真抓实干 团结一心开创富民兴陇新局面》，《人民日报》2019 年 8 月 23 日，第 1 版。

一、数据来源及研究方法

(一)数据来源

本研究以中文检索权威平台中国知网(CNKI)为数据来源,检索时间截至2024年1月1日。在对文献进行数据分析时不限定发文时间,主题词设置为“爱国主义教育基地”可得到相关文献2240篇;主题词设置为“思想政治教育”可得到相关文献28.1万篇;选择高级检索方式,主题词设置为“爱国主义教育基地+思想政治教育”可得到相关文献288篇。经过人工筛选,剔除无关和重复文献,可得到282篇有效文献。本研究以此作为研究数据进行定性和定量分析,并将最终获得的文献以RefWorks格式进行保存及导出。

(二)研究方法

Cite Space软件是美国雷德赛尔大学信息科学与技术学院陈超美博士与大连理工大学WISE实验室联合开发的科学文献分析工具,利用科学计量学原理对特定领域文献进行计量,以呈现该学科领域的研究趋势和发展走向。本研究使用Cite Space可视化软件(6.2.R6版本),通过机构共现、高频关键词共现和关键词聚类等方法对相关文献进行计量和可视化分析。

本研究把从中国知网上获得的RefWorks格式文献数据导入Cite Space软件进行格式转化后,在Cite Space软件工程运行界面将时间跨度设定为1994年1月到2023年12月,时间切片设定为1年。首先,节点类型(Node Types)选择研究机构(Institution),得到每个机构的发文次数的共现图谱,确定重点研究该领域的机构。其次,节点类型(Node Types)选择高频关键词(Keywords),得到高频关键词共现图谱,据此获取文章的核心内容及重要关键词,探寻该领域研究热点;运用对数似然比(Log-likelihood Rate,LLR)算法对高频关键词进行聚类,提取聚类标签词,得到关键词聚类图谱。

整理得到相应的可视化图谱后,再对各图谱的节点(Nodes)、节点间连线(Links)、聚类模块值Q(Modularity Q)、平均轮廓值S(Weighted Mean Silhouette)等进行深入分析。节点大小表示节点标签内容出现在研究文献中的频次、中心性等,节点越大说明该节点内容出现的频次较高或中心性较强;节点间连线表示两节点间联系,连线越粗说明联系越强;聚类模块值$Q>0.5$,说明聚类机构显著、结果合理;平均轮廓值$S>0.7$,表明聚类结果可信度高。

二、研究脉络及热点分析

(一)发文数量及趋势分析

由于本研究主题爱国主义教育基地红色资源创新发展属于“爱国主义”和“爱国主义教育基地红色资源”的范畴,内含“思想政治教育”的内容,为了尽可能全面而清晰地了解爱国主义教育基地红色资源创新发展研究的发文数量及趋势,本研究选取“爱国主义教育基地”和“思想政治教育”两个有代表性的主题词,梳理发文数量和发展趋势作为主题进行研究和分析。

以“爱国主义教育基地”为主题在中国知网检索,可得到2240篇相关文献,其中首篇文献发表于1994年。从发文趋势上来看,发文量整体呈现出“增加→减少→增加→减少”的“M”形发展态势,1994—2009年小幅度波动递增,2010—2013年发文量急速递减,2013—2021年发文量又逐年递增,2021年达到最高值181篇后开始下降,如图1-1所示。

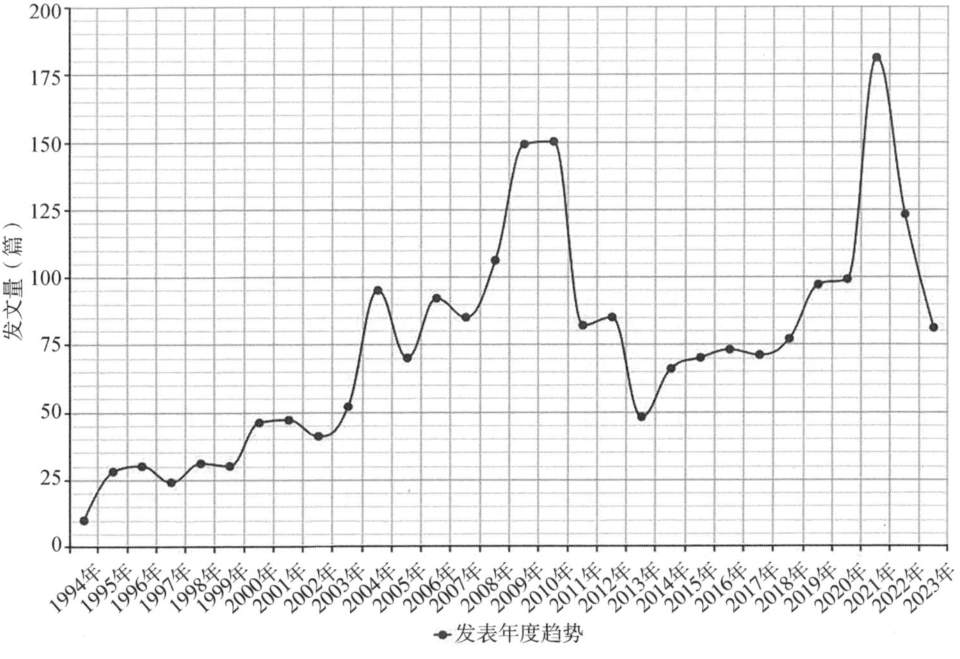

图1-1 历年“爱国主义教育基地”相关文献的发表情况

以“思想政治教育”为主题在中国知网检索,可得到28.1万篇相关文献,其中首篇文献发表于1950年。从发文趋势上来看,发文量整体呈现上升态势。其中,1994—1999年的发文量在500~2500篇波动,2000—2004年发文量稳定在

2500～3500 篇，2004—2021 年发文量逐年递增，2021 年达到发文量最高值（18168 篇）后开始下降，如图 1-2 所示。

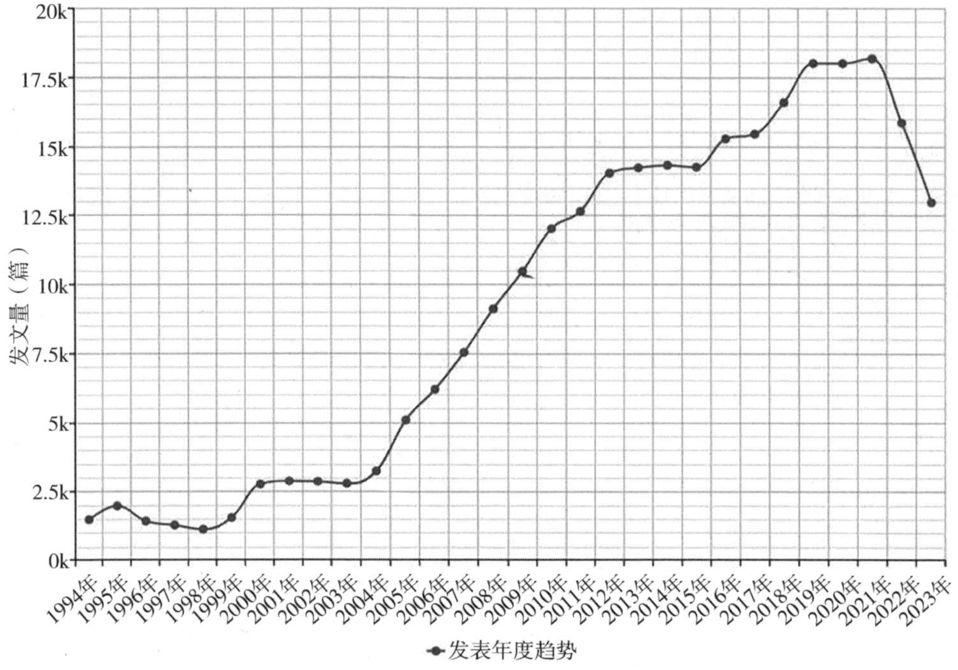

图 1-2　历年"思想政治教育"相关文献的发表情况

以"爱国主义教育基地+思想政治教育"为主题在中国知网检索，可得到288 篇相关文献。从文献个体上看，首篇文献发表于 1994 年，与爱国主义教育基地主题首篇文献发表时间一致，晚于思想政治教育主题首篇文献发表时间40 多年，1998 年没有相关文献发表。由此可知，自爱国主义教育基地研究开始，便有学者将两者结合，探寻爱国主义教育基地中的思想政治教育意义。从文献数量上来看，"爱国主义教育基地+思想政治教育"为主题的相关文献数量远低于"爱国主义教育基地"主题文献数量，也低于"思想政治教育"主题文献数量，仅达到"爱国主义教育基地"主题文献数量的 1/8、达到"思想政治教育"主题文献数量的 1‰（见图 1-3）。可见，虽然对"爱国主义教育基地""思想政治教育"这两个主题的研究成果数量巨大，但截至目前两者融合的学术成果产出数量并不算多，仍有较大的研究空间。从发文趋势上来看，"爱国主义教育基地红色资源融入思想政治教育创新发展"主题的研究经历了三个较为明显的阶段，并呈现出不同的发展态势：第一个阶段是萌芽积累期（1994—2008 年），是研究的前期探索和积累阶段，年度发文数量在 1～5 篇波动，可见在这一阶段，该主题尚未引起学界的大规模关注和广泛研究。第二个阶段是波动发展期（2009—2018 年），发文数量呈现出一定的波动,年度发文数量在 6～14 篇,较上一阶段明显增加。可见,随着国家对爱国主义教育和思想政治教育的愈发重视,研究者在这一时期对相关内容给予更多关注,但整体研究态势仍不稳定。第三个阶段是大起大落发展期(2019—2023),发文数量呈现出大幅度波动,2019—2021 年的 3 年间年度发文数量高速递增。其中,2021 年度发文数量更是达到峰值的 42 篇,之后在 2023 年又急剧下降至 12 篇,这种大起大落的变化是国家宣传政策、意识形态建设、经费支持等多种因素变化所致。

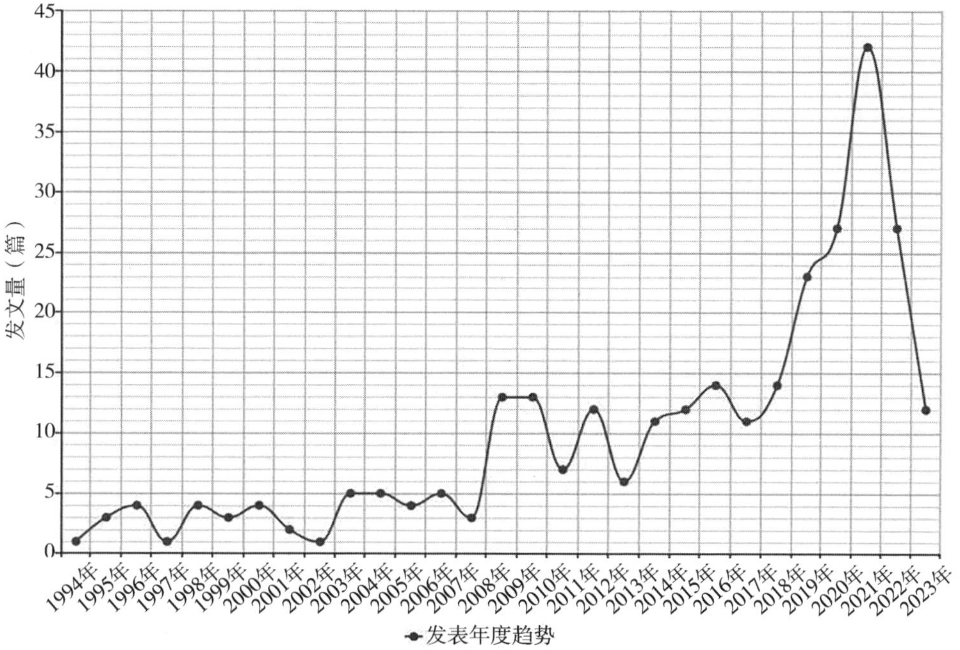

图 1-3 历年"爱国主义教育基地+思想政治教育"相关文献的发表情况

(二)发文机构分析

节点类型(Node Types)选择研究机构(Institution),得到每个机构的发文次数的可视化共现图谱,图谱共生成 219 个节点、16 条连线,且每个机构的中心性均为 0,说明研究爱国主义教育基地红色资源融入思想政治教育的国内机构尚未形成紧密的合作关系。机构共现图谱中节点位置十分分散且疏远,无法直观地呈现机构出现频次情况,所以本研究以表格形式呈现爱国主义教育基地红色资源融入思想政治教育创新发展主题相关研究的发文量 2 篇及以上的机构,如表 1-1 所示。目前,国内相关研究的发文机构以华东师范大学、东北师范大学、湖南大学和福建师范大学等高校为主,发文量最多的高校为华东师范大学(4 篇),东北师范大学、湖南大学和福建师范大学均为 3 篇,而政府单位、科研机构等发文量均为1~2篇,且占比较小,说明该主题还未引起这类机构及学者的足够重视。

表1-1 国内发文量2篇及以上的机构

第一发文机构	首次发文年份	中心度	发文共现数
华东师范大学	2010年	0	4篇
东北师范大学	2014年	0	3篇
湖南大学	2019年	0	3篇
福建师范大学	2021年	0	3篇

(三)高频关键词分析

关键词是反映研究热点方向的重要指标。借助Cite Space软件对关键词进行分析,将有助于把握爱国主义教育基地红色资源融入思想政治教育创新发展的研究历程及现状。

1.高频关键词共现图谱分析

节点类型(Node Types)选择关键词,得到关键词共现图谱(见图1-4),包含节点(N)222个、连线(E)241条。从频次来看,"大学生""新时代""爱国主义"

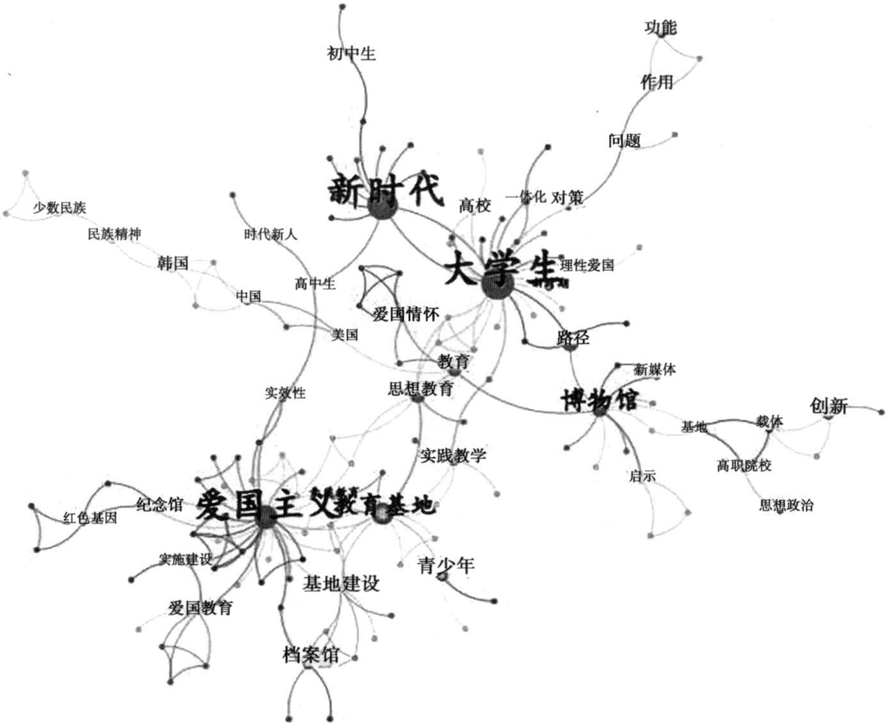

图1-4 高频关键词共现图谱

“博物馆”“教育基地”“青少年”“创新”“档案馆”“实践教学”“教育”“思想教育”“基地建设”“路径”等受关注度较高，是热点研究的主题，共现数依次为：42、32、27、10、8、6、5、5、4、4、4、4、4。从中心性来看，“大学生”“爱国主义”“思想教育”“博物馆”“路径”“教育基地”“教育”“新时代”等是该研究领域的主要关键词，中心性依次为 0.52、0.35、0.32、0.32、0.31、0.22、0.16、0.13。由此可知：一方面，学者们关注的概念中包括“基地建设”“路径”“实践教学”等实践层面，又有“爱国主义”“思想教育”等理论层面。而找寻理论与实践的平衡、探寻现实的路径是目前学术界的研究热点。另一方面，“新时代”“创新”等高频词汇频繁出现，说明该主题研究不断贴合时代主题，紧随时代发展潮流，以及跟进寻求创新发展思路。

2.高频关键词聚类图谱分析

在生成关键词共现图谱的基础上，本研究运用对数似然比（Log-likelihood Rate）算法对高频关键词进行聚类，提取聚类标签词，得到高频关键词聚类图谱（见图 1-5）。其中，聚类的模块值（Modularity Q）$Q=0.8215>0.5$，平均轮廓值（Weighted Mean Silhouette）$S=0.9625>0.7$，说明聚类结构合理有效、可信度高。关键词共生成了 10 个聚类：“#0 大学生”“#1 教育基地”“#2 爱国主义”“#3 博物馆”“#4 新时代”“#5 韩国”“#6 资源建设”“#7 任务”“#8 爱国情怀”“#9 合理对策”，聚类效果十分明显。显而易见：目前学界对爱国主义教育基地红色资源创

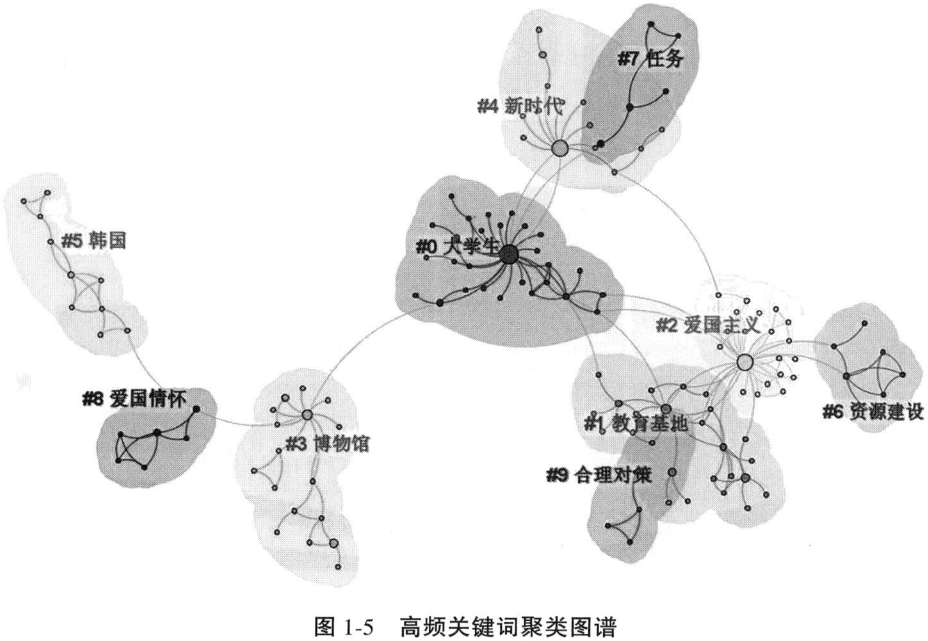

图 1-5　高频关键词聚类图谱

新发展的研究热点主要聚焦于大学生、爱国情怀、博物馆等微观层面，资源建设等宏观层面，合理对策等应用层面，以及韩国等其他国家的国际视野层面。

三、国内外研究梳理

（一）国外研究状况

国外对爱国主义教育基地红色资源创新发展的研究很少，有关爱国主义教育基地的研究成果也不多，相关研究主要集中在以下三个方面。

1.爱国主义文化记忆研究

一些国家把爱国主义文化记忆作为爱国教育的重要内容，通过不同形式推动此类资源成为本国民众核心价值观的有机构成。关于这方面的研究主要有以下几种观点：苏珊·马丽·格兰特认为，牺牲的战争英雄在民族主义中具有核心作用，可以通过烈士纪念碑激发民众的爱国情怀和国家认同①；乔尔·韦斯特海默认为，利用各种历史、文化博物馆、宗教节日等资源可以强化核心价值观教育②；艾丽莎·米勒认为，民众通过讣告、文章、致敬诗歌等方式公开和私下参与国家文化建设，从而加深对国家的认同和敬意③；瓦西里·科约卡里乌认为，国家应当采取一些模范符号激发民众的爱国情怀④；郑吉斯·托伦等认为，对文化设施打造有针对性措施是未来唤醒民众文化认同和爱国情绪的关键⑤；罗利·希瑟等认为，雕像和纪念碑的建立可以推动叙事的连续性，积蓄爱国和向上的力量⑥；南希·扎基罗娃等认为，通过开发关于民族文学和邻国文学的文学课程，

---

① S M Grant，"Raising the dead，War， memory and American national identity"，*Nations and Nationalism*，vol.11，no.4(2005)，pp.509-529.

② J Westheimer，"Politics and patriotism in education"，*Phi Delta Kappan*，vol，87，no.8 (2006)，pp. 608-620.

③ A Miller，"An American soldier-poet：Alan Seeger and war culture in the United States 1914-1918"，*First World War Studies*，vol.1，no.1(2010)，pp.15-33.

④ V M Cojocariu，"The Department of Professional Counseling—a Non-formal Formative Vector in the Romanian Academic Education"，*Procedia-Social and Behavioral Sciences*，vol.84(2013)，pp.1559-1600.

⑤ Z Tolen，S Tulenova，E Assyltaeva，et al，"Formation of Civil and Patriotic Education of Youth in Kazakhstan"，*Procedia-Social and Behavioral Sciences*，vol.116，no.21(2014)，pp.4859-4863.

⑥ R L Heatha，D Waymer，"Public relations intersections：Statues， monuments， and narrative continuity"，*Public Relations Review*，vol.45，no.5(2019)，pp.21-39.

熟悉人民精神文化的宝库,有助于对年轻一代进行爱国主义教育①;安娜·奇科娃等认为,“卫国战争期间教师的壮举”竞赛项目是保存年轻人历史记忆和爱国主义教育的有效工具②。

可见,一些国家把英雄模范、博物馆、纪念馆、重要节日、文艺作品、文化设施、历史遗迹、竞赛项目等作为爱国主义教育的外在形式,通过多种多样的活动把爱国情怀融入教育中,以实现潜移默化的影响和深入持久的教育。

2.爱国主义旧址应用研究

一些国家非常重视遗址遗迹建设和展品内容开发设计,并把这些作为国家意识教育、爱国主义教育引导的重要内容,通过融合文化、旅游等元素,在身心放松、生活化中进行爱国主义教育。关于这方面的研究,主要有以下观点:杰瓦特·托孙认为,文化遗产所在地的旅游开发会对当地产生巨大影响③;艾尔特·林分析了曼扎纳尔成为国家历史遗址的立法过程,认为可以通过立法形式唤醒人们对爱国旧址的关注,激发人们的爱国主义精神④;布莱克·拉西奇认为,博物馆藏品应被更广泛的观众所接受,来唤醒其内心的爱国动力⑤;拉玛·拉克希米认为,博物馆应该打造成为一种爱国的文化模式⑥;沃尔特·阿斯法等认为,文化遗产的可持续解释是旅游业可持续发展的必要条件,开发合适的解说系统、准备不同的解说、展示较好的基础设施,是引入游客的常见做法,可以很好地呈现文化遗产的魅力⑦;斯韦特兰娜·叶夫根尼耶夫娜等认为,虚拟博物馆等教育技术属于先进技术,其结合了新形式的认知、交流活动和爱国主义教养,为促进

---

① N N Zakirova, V N Martyanova, O Y Ovchenkova, et al, “Regional component in the main curriculum of secondary general education”, *SHS Web of Conferences*, vol.121(2021), pp. 217-237.

② O Chikova, I S Shakhnovich, I Popp, “Evaluation of the effectiveness of competitive educational activities: analysis of the experience of using the methodology of structural equations modeling”, *Perspectives of Science and Education*, vol.52(2021), pp.4.

③ C Tosun, “Limits to community participation in the tourism development process in developing countries”, *Tourism management*, vol.21, no.6(2000), pp.613-633.

④ R T Hayashi, “Transfigured patterns: contesting memories at the Manzanar National Historic Site”, *The Public Historian*, vol.25, no.4(2003), pp.51-71.

⑤ B Lasic, “Splendid patriotism Richard Wallace and the construction of the Wallace Collection”, *Journal of the History of Collections*, vol.21, no.2(2009), pp.173-182.

⑥ R Lakshmi, “Curating a Bhopal People ’ s Movement: An Opportunity for Indian Museums”, *Curator: The Museum Journal*, vol.55, no.1(2012), pp.35-50.

⑦ W G Asfaw, D G Gebreslassie, “Heritage Interpretation and Presentation Practices in Tigray, Northern Ethiopia: Cases from the Wukro Tourism Cluster”, *Journal of Tourism, Culture and Territorial Development*, vol.7, no.14(2016), pp.120-155.

民众爱国提供了无限的教育影响潜力①；西蒂·苏希尔万认为，对历史遗产的管理有利于提高人们的意识，必须改进管理，并作为一个对象推广到全球旅游业②。

可见，一些国家在推动爱国主义教育过程中，非常重视将文化遗产、博物馆展藏品等作为一种潜在资源，融入旅游开发项目中，并用科技手段赋能，积极发挥其教育的显性功能，在寓教于乐中进行教育和启示。

3.爱国主义教育指向研究

一些国家很重视爱国教育，能够利用爱国教育这个主题，创设不同的情景、不同的内容、不同的载体，持续完善爱国教育体系建设。关于这方面研究，具体包括以下几个方面：在教育形式上，威廉·帕克认为，美国的公民教育从小学开始就进行“责任”和“正义”教育③；阿拉·索菲娅·雷列耶娃等认为，小学时代是一个人精神道德素质发展的敏感时期，应当运用民俗学方法对小学适龄儿童进行爱国主义教育④。在教育类型上，佐伊·科德利亚认为，应当区分爱国主义教育种类，如“温和爱国主义”“共和爱国主义”“世界爱国主义”⑤；斯坦尼斯拉夫·哈瑞顿诺维奇·阿米诺维奇认为，应对学生进行军事爱国主义教育⑥。在教育对象上，德米特里·奥梅利琴科等认为，爱国主义教育有助于了解国家战略和民众期望⑦；叶莲娜·伦科娃等认为，爱国教育在运动员的身体发展和健身中

---

① S N Evgenyevna, B O Vladimirovna, “Virtual museum as the means of future naval officers' patriotic upbringing”, *Вестник Томского государственного педагогического университета*, no.8(2018), pp.115–120.

② S Suhirwan, “Management Of Defense Heritage Based Tourism To Enhance Youth Nationalism And Patriotism”, *Jurnal Pertahanan*, vol.6, no.2(2020), pp.278.

③ W C Parker, “Public discourses in schools: Purposes, problems, possibilities”, *Educational Researcher*, vol.35, no.8(2006), pp.11–18.

④ A S Ryleeva, E V Yemanova, E A Khomutnikova, “Features of education of patriotism in children of primary school age by means of folklore”, *SHS Web of Conferences*, no. 3 (2021), pp.113.

⑤ Z Kodelja, “Is Education for Patriotism Morally Required, Permitted or Unacceptable?”, *Studies in Philosophy and Education*, vol.30, no.2(2011), pp.127–140.

⑥ S H Aminovich, “Education of students in military patriotism”, *ACADEMICIA: An International Multidisciplinary Research Journal*, vol.12, no.5(2022).

⑦ D Omelchenko, S Maximova, G Avdeeva, et al, “Patriotic Education and Civic Culture of Youth in Russia: Sociological Perspective”, *Procedia – Social and Behavioral Sciences*, 2015, pp.364–371.

发挥着不可或缺的作用,要加强精神道德教育对武术运动员爱国主义精神的培养①;努尔然·阿克马尔·阿卜杜萨梅多夫等认为,爱国主义教育在军人和执法机构的职业活动中有重要作用②。在教育资源上,萨乌列·乌扎克巴耶娃等认为,文学和英雄诗极具教学潜力,是年轻一代爱国主义教育的手段,要根据时代要求加以利用和更新③。在教育方法上,伊琳娜·加林娜·米洛万诺娃等认为,在爱国主义教育的计划中创新使用游戏形式、加强对英雄历史事实的分析,是形成爱国价值观的一个有效方法④;谢里克·塔尔加特·阿尔皮索夫等认为,爱国主义教育应在参与者完全自由、熟悉社会经验的基础上,教师在说服、对话、解释、会议、研讨会、辩论的方法中亲自选择教育形式与方法⑤。

可见,一些国家的爱国主义教育具有极强的目的性和针对性,突出体现在教育形式、教育类型、教育对象、教育资源、教育方法等方面,并利用一切能够利用的资源,调动一切能够调动的力量,运用各种载体活动把爱国主义教育融入教育的方方面面,成为教育内容的重要组成。

(二)国内研究状况

爱国主义教育基地红色资源创新发展研究是一个全新视角的探索课题。我国专家和学者前期进行了一些扎实的思考和研究,尽管在这一时期研究者尚未明确提出爱国主义教育基地红色资源的概念,但对实质内容的研究和探索是一贯的,呈现的内容已经充分体现了新概念的核心。研究主要集中在以下四个方面。

---

① E Lunkova, V Gorelik, T Khorosheva, et al, "Role of patriotic education of adolescents in present-day green society", *E3S Web of Conferences*, vol.244, no.18(2021), pp.244.

② N A Abdusamedov, R K Madalieva, "The role of patriotic education in the professional activities of military men and law enforcement bodies", *Asian Journal of Research in Social Sciences and Humanities*, vol.12, no.3(2022), pp.38-43.

③ S Uzakbayeva, S Zhalgasova, A Beisembayeva, et al, "The Patriotism Education Content at the Present Stage", *Procedia-Social and Behavioral Sciences*, vol.141(2014), pp.675-679.

④ И Г Милованова, Л В Моисеева, "ФОРМИРОВАНИЕ КУЛЬТУРЫ МЕЖНАЦИОНАЛЬНОГО ОБЩЕНИЯ У МОЛОДЕЖИ, ПОСРЕДСТВОМ ИГРОВЫХ ФОРМ ПАТРИОТИЧЕСКОГО ВОСПИТАНИЯ", *Vestnik of M. Kozybayev North Kazakhstan University*, vol.1, no.38(2018).

⑤ Кошевая Олеся Геннадьевна, Куриленко Вера Ивановна, Буденко Елена Ивановна, "ОРГАНИЗАЦИЯ ВОЕННО — ПАТРИОТИЧЕСКОЙ РАБОТЫ В ВОСПИТАТЕЛЬНОМ ПРОЦЕССЕ УЧЕБНЫХ ЗАВЕДЕНИЙ", *Vestnik of M. Kozybayev North Kazakhstan University*, vol.3, no.48(2020).

1.爱国主义教育基地的基础建设研究

爱国主义教育基地基础建设一直受到各级党委和人民政府的高度重视，也得到了社会的广泛关注，尽管仍有一些需要改进的地方，但无论从硬件的改造，还是从软件的升级等诸多方面，都得到了长足的发展。关于这方面的研究，王开忠等认为，针对当前爱国主义教育基地建设工作中存在的问题，要从加强对工作的规范指导、研究制定加大投入措施办法、深化内部改革、改进创新管理体制四方面加强改进。① 方世敏等认为，爱国主义教育基地可以采取拓宽旅游产品链、建立排队机制、向市场主导型过渡、征收旅游税以及加强道德教育等一系列措施来保证可持续发展和综合效益的有效发挥②。陈冬良认为，改进爱国主义教育基地服务质量，要从硬件和软件两方面的建设管理入手：改造硬件设施、完善内部人员考评与激励机制、办好内部刊物、倾听游客意见③。孙钰涵等认为，加强爱国主义教育基地建设管理要从整合资源、提高管理水平、突出展现价值、创新教育形式等方面加强④。谢童柱等认为，爱国主义教育基地建设要从建立基地工作考评制度、保证基地建设运行费用、创新展览内容和形式、发挥组织协作优势四个方面进行改进⑤。徐明认为，爱国主义教育基地作用的发挥应积极完善升级基础设施，对园区绿化、硬化、音响、照明、安防、供电等硬件设施进行维修改造，并增设 Wi-Fi 设备、智能讲解系统、安检系统、互动教育系统、讲解员观众评分系统等，建立学雷锋志愿服务中心、雷锋书屋、雷锋讲坛等学雷锋阵地⑥。阳国利认为，爱国主义教育基地建设要注重旧址和文物保护，通过建设现代化恒温恒湿文物库房、配备全方位多保障安全系统等加强对可移动文物保护管理，通过实施故居核心景区生态环境综合整治、保护旧址文物及故居周边生态环境和原

---

① 王开忠，常成：《要建设好、管理好、使用好爱国主义教育基地——关于爱国主义教育基地情况的调查报告》，《思想政治工作研究》2007 年第 11 期，第 42-44 页。

② 方世敏，赵金金：《爱国主义教育基地免费开放后运行机制探析》，《潭大学学报（哲学社会科学版）》2009 年第 33 卷第 6 期，第 94-98 页。

③ 陈冬良：《校外爱国主义教育基地服务质量研究：以绍兴市 L 景区为例》，《东北师范大学学位论文》，2010 年。

④ 孙钰涵，吴承忠：《我国爱国主义教育基地建设管理现状、问题及对策建议》，《理论界》2017 年第 6 期，第 82-88 页。

⑤ 谢童柱，马双双：《我国综合档案馆爱国主义教育基地建设现状与发展路径研究——以 29 个省级综合档案馆为例》，《兰台世界》2022 年第 1 期，第 110-114 页。

⑥ 徐明：《大力弘扬雷锋精神 发挥爱国主义教育基地作用——以抚顺市雷锋纪念馆为例》，《中国纪念馆研究》2022 年第 Z1 期，第 171-176 页。

初风貌、“修旧如旧”保护性修缮等方式加强对不可移动文物的保护利用①。王议涵认为，基础设施是实现爱国主义教育基地教育职能的重要保障，可以通过动静结合完善陈列、设置相应的休息区、提高停车场载车量、扩大公厕建设、扩充展馆内文物等方面改善和更新硬件设施，努力为群众提供优质的服务②。

应当肯定，当前学界对爱国主义教育基地红色资源基础建设的探索是较为深入的，学者们也从多个角度探寻爱国主义教育基地红色资源创新发展的现实路径。但研究的整体性、集成性还显薄弱，研究的深度仍有待于进一步挖掘，因而在路径体系的针对性、可行性和操作性等方面还有进一步拓展的空间和领域。

2.爱国主义教育基地的资源开发应用研究

爱国主义教育基地资源开发应用是中国特色社会主义先进文化的突出体现，是对中华优秀传统文化、革命文化的继承和发扬。因此，推动爱国主义教育基地资源开发应用是当代学者的一个重要研究方向。关于这方面的研究，周珑认为，爱国主义教育基地要依托当地革命历史文化资源，挖掘教育资源，寓思想道德教育于参观游览之中，发展红色旅游③。黄少梦认为，档案馆作为爱国主义教育基地在开发教育资源时要转变开发理念、拓展开发主体、丰富开发形式④。郭勤艺认为，赋予时代内涵、改造传统表达形式是教育基地资源创新开发的理想方式，要深入挖掘、合理规划、分类整合传统文化资源⑤。曲建武等认为，重大节日蕴含着爱国主义文化资源，要把握好重大纪念日、传统和现代节日，挖掘好重大节日和重要时间节点中的教育资源，弹性开展爱国主义教育、集体主义教育⑥。赵宇冰等认为，红色水电站蕴含着丰富的爱国主义教育资源，甘肃刘家峡水电厂通过深入挖掘电力工业遗产和红色资源内涵，建立“建党百年 · 辉煌刘电”网上展馆、党建主题广场，并与地方中小学校建立常态化爱国主义教育机

---

① 阳国利：《论爱国主义教育示范基地在中华民族伟大复兴中的作用和举措——以韶山毛泽东同志纪念馆为例》，《中国博物馆协会名人故居专业委员会 2021 年年会论文集》，上海：上海人民出版社，2021 年，第 14 页。

② 王议涵：《新时代爱国主义教育基地作用发挥问题研究——以吉林省四平地区为例》，硕士学位论文，中共吉林省委党校（吉林省行政学院），2022 年。

③ 周珑：《爱国主义教育基地：承载着培育民族精神的时代责任》，《陕西日报》2009 年 7 月 8 日，第 6 版。

④ 黄少梦：《我国档案馆教育资源开发的创新探索》，《北京档案》2014 年第 2 期，第 29-32 页。

⑤ 郭勤艺：《思想政治教育传统文化资源开发研究》，博士学位论文，武汉大学，2016 年。

⑥ 曲建武，张慧敏：《论发挥传统和现代节日的爱国主义涵育功能》，《思想理论教育导刊》2021 年第 2 期，第 93-96 页。

制，广泛、深入、持久地开展爱国主义教育①。史多义等认为，干休所是重要的爱国主义教育资源，是红色的“基因库”、精神的“文化园”，可以通过修建荣誉室（墙），为每名老干部制作红色档案，形成一部老干部光影史、一本革命战斗故事书、一套老照片老物件电子相册集，并配备投影仪、触摸式互动一体机等设备，以图片、文字、音视频相结合的方式，立体展现老干部先进事迹，传递红色力量②。郑慧等认为，红色档案对爱国主义教育基地建设有推动作用，可以利用载体多样的红色档案、挖掘红色档案内在精神来打造和宣传爱国主义教育基地③。刘萍认为，高校是开展大学生爱国主义隐性教育的主阵地，校园文化以润物无声的方式对学生的价值观念、思想意识、精神气质产生引导、规范、激励作用，要加大校园内教学设施、校园建筑、艺术雕塑、园林艺术、宣传栏、校标校徽、自然景观等校园物质文化环境和校风、校史、校训等校园文化环境的建设力度并合理规划④。王晶晶认为，思想政治教育课程、校园文化活动、公益志愿活动、党团建设活动、爱国主义教育基地、纪念活动和仪式礼仪、重大景观和工程等都是爱国主义教育实践载体，要深入挖掘基于红色地域、特色建筑资源、档案资料等的实物资源和基于经典人物宣传事迹、宣传口号、红色爱国故事等的精神文化资源⑤。

由研究成果可见，学者们对爱国主义教育基地的资源开发应用研究做出了较为全面的阐释，认识到了爱国主义教育基地的资源开发对社会风尚的引领、社会主义核心价值观的培育具有积极的影响，而且特别强调了爱国主义教育基地资源对于促进新时代大学生思想政治教育的重要意义。而随着时代演进和社会发展，我们对爱国主义教育基地资源开发应用的探析也应随之跟进和更新。

3.爱国主义教育基地的宣传教育研究

关于爱国主义教育基地的宣传教育研究，在理论界及学术界有高度的共识，学者们主张通过不同载体、运用不同形式、设计不同主题、打造不同品牌，共同推动爱国主义教育基地的宣传形成一种社会氛围。主要观点有：朱桂莲认为，要从运用大众传媒和其他方式、加大对教育基地的投入、增强教育基地的服务意识、

---

① 赵宇冰，贾凤安，何洁：《红色水电站建新功——甘肃刘家峡水电厂弘扬新时代“刘电精神”》，《国家电网》2021 年第 12 期，第 88-89 页。

② 史多义，范奇飞，鲍明建：《弦歌不辍照芳华》，《中国国防报》2022 年 8 月 9 日，第 3 版。

③ 郑慧，杨秀翠，刘心怡：《开发红色档案 服务“四史”教育》，《档案》2022 年第 4 期，第 45-50 页。

④ 刘萍：《论教育价值导向下长乐塬抗战工业遗址活态性开发》，《产业与科技论坛》2022 年第 22 卷第 4 期，第 203-205 页。

⑤ 王晶晶：《高校爱国主义教育实践载体研究》，硕士学位论文，中国矿业大学，2022 年。

发挥学校老师的主导意识等四条路径去推动爱国主义教育基地教育功能的发挥①。廖勇军等认为，在当前形势下要通过计算机互联网及移动互联网开展网络爱国主义教育宣传推广活动，研究开发爱国主义网络教育基地互动体验平台②。王易等认为，要打造主题突出、导向鲜明、内涵丰富的精品陈列，形成品牌优势，通过实体符号激发人们的爱国热情③。胡树祥等认为，要紧跟节点热点、借力前沿技术、善用传播渠道、坚持依法治网，提升爱国主义教育网上宣传的吸引力、感染力和影响力④。范伊旋等认为，要紧扣历史发展脉络、坚持自主优化、拓展教育群体、加强专业化人才队伍建设、整合优势资源，大力提升基地的教育影响力和宣传推广力度⑤。金哲认为，要在研究阐释上传承红色基因，在教育培训上挖掘宣传教育资源，在文艺创作上推出一大批文艺精品，在对外交流上配合外交活动和外事交流⑥。刘颖认为，北京市通州区爱国主义教育基地采取"策展"与"讲展"相结合的方式，来馆参观的同时，坚持"送展上门"，拓宽了通州区爱国主义教育基地宣传渠道⑦。陈斯蓓认为，要从多元化的讲解队伍、特色鲜明的主题活动、形式多样的社会教育课程、数字化辅助手段的运用等四个方面入手优化爱国主义教育基地的社会教育功能⑧。王玥认为，档案馆爱国主义教育基地教育活动要体现人文关怀，要准确把握时机，通过开展有奖知识问答、发放调查问卷等方式征求意见建议，提高公众的参与度和满意度，拉近与社会公众的距离，引导公众参与基地建设⑨。胡凤斐等认为，可通过发展产业把红色资源拓展

① 朱桂莲:《论爱国主义教育基地功能发挥的现实路径》,《继续教育研究》2010 年第 1 期,第 144-145 页。

② 廖勇军,周书生,方秋生,等:《爱国主义网络教育基地互动体验平台的应用研究——以四川省档案馆为例》,《档案学研究》2014 年第 6 期,第 53-56 页。

③ 王易,王凡:《〈新时代爱国主义教育实施纲要〉的理论创新与路径优化》,《思想理论教育导刊》2020 年第 7 期,第 57-63 页。

④ 胡树祥,毛娜:《生动活泼开展网上爱国主义教育的着力点》,《思想理论教育导刊》2021 年第 6 期,第 100-104 页。

⑤ 范伊旋,陈玲:《爱国主义教育基地在传承红色基因中的价值和路径》,《中共乌鲁木齐市委党校学报》2021 年第 4 期,第 28-33 页。

⑥ 金哲:《理论教育挖掘红色资源、传承红色基因研究》,《公关世界》2022 年第 10 期,第 141-142 页。

⑦ 刘颖:《深度挖掘 让红色馆藏档案活起来——通州区档案馆爱国主义教育基地作用突显》,《北京档案》2022 年第 2 期,第 44 页。

⑧ 陈斯蓓:《革命旧址的社会教育功能探究——以厦门破狱斗争旧址为例》,《文物鉴定与鉴赏》2022 年第 10 期,第 61-64 页。

⑨ 王玥:《疫情环境下档案馆爱国主义教育基地建设初探》,《北京档案》2022 年第 11 期,第 38-40 页。

为丰富文旅产业资源，增强其对外影响力，实现红色文化旅游的新发展和爱国主义精神双向融合①。苏小娟等认为，仪式礼仪是爱国主义教育的重要载体，发挥爱国主义教育基地的宣传教育功能可以根据重大历史事件、英雄人物纪念日和有关爱国的节假日，以及学生开学、少先队员宣誓、成人礼等具有特殊意义的日子，组织形式多样的仪式和活动②。党云峰认为，可以通过推动“我是红色故事讲述人”活动常态化、培养覆盖全市（湖南省衡阳市）各学校的红色文化传播者队伍，形成学校与革命纪念馆的长效合作机制，做好“没有围墙的博物馆”文章，提供“选单式”“定制式”参观服务，根据参观者需求制定针对性的讲解内容③。

研究发现，学者们对爱国主义教育基地宣传教育的研究是积极的、到位的，但还需要在内涵挖掘和外延拓展上下功夫，将其作为一个系统进行研究阐释，既要阐释清楚宣传教育什么，也要讲明白内在逻辑关系是什么。要用系统思维、辩证思维和逻辑思维来探究爱国主义教育基地，做到体系完整全面、视野延展开阔、逻辑缜密清晰，不断丰富和拓展爱国主义教育基地红色资源。

4.爱国主义教育基地红色资源融入教学与实践研究

爱国主义教育基地红色资源不仅是一种宝贵的精神财富和文化资源，也是一种重要的教育资源，是思想政治教育过程中不可或缺的营养剂。关于这方面的研究，李河水认为，大型历史革命纪念馆具有爱国主义教育主题突出、宣传教育形式丰富多彩和德育实践活动载体丰富的德育因素，应用于实践教学中，可以提升教学质量、提高学生思想政治素质和观察分析社会问题的能力④。陈梅认为，要从走进高校贴近师生、进行实践教学适应时代需要、开展红色旅游增强教育感染力这三个方面利用爱国主义教育基地的宝贵革命历史资源开展大学生爱国主义教育活动⑤。汪立夏认为，要通过构建红色文化教育网络平台、与地方革命传统教育基地共建社会实践基地、外出参观学习、社会服务活动等强化红色文

① 胡凤斐，沈琪杉，蒋洁蕾：《爱国教育视域下乡村振兴路径开发研究——以墨城坞红旅教育基地为例》，《智慧农业导刊》2023 年第 3 卷第 4 期，第 21-24 页。

② 苏小娟，唐东升：《新时代中越边境中小学生爱国主义教育路径创新探究——以广西凭祥市为例》，《广西教育学院学报》，2023 年第 1 期，第 138-142 页。

③ 党云峰：《湖南衡阳湘南学联纪念馆：红色研学游照亮孩子们的成长路》，《中国文化报》2023 年 7 月 19 日，第 2 版。

④ 李河水：《思想政治理论课实践教学基地及其德育因素浅探》，《教育理论与实践》2009 年第 29 卷第 28 期，第 51-53 页。

⑤ 陈梅：《加强爱国主义教育基地建设 推进大学生爱国主义教育的思考》，《思想政治教育研究》2009 年第 25 卷第 5 期，第 109-111 页。

化教育的社会实践[①]。周林兴等认为,要从制度建设、意识培育、资源优化、产品开发四个层面发掘档案馆爱国主义教育基地的文化与旅游资源,主动参与文旅融合进程,为文旅公共服务赋能[②]。崔欣玉认为,开展大学生爱国主义教育的过程中要以课堂教学为牵引、以校园文化为抓手、以网络平台为依托[③]。葛涛认为,要从提升学生教育获得感、优化育人内容、打造育人专业队伍、拓展育人路径等方面促进红色文化与思想政治教育有机融合[④]。李其瑞等认为,各类爱国主义教育基地本身就是一种现场感极强的法治教育和公民教育课堂,蕴涵着浓厚的爱国情感和道德养分,是开展爱国主义教育和法治教育的有效途径,要深入挖掘爱国主义教育基地的法治教育功能[⑤]。曾毅认为,可以通过组织专业思政教师录制"党史十讲"系列思政课程、与音乐学院签订校地合作协议成立音乐教育创新研究团队、自主编撰校本教材打造中小学生党史学习"一体化课程选单"、开办"社会主义新农村研学"等活动推动爱国主义教育走进课堂[⑥]。周士权等认为,高校可对接相关爱国主义教育基地建立较为稳定的红色研学基地,通过参与基地共建,提升爱国主义教育基地的吸引力,促进爱国主义教育基地资源融合[⑦]。王美琦认为,要遵循理性与感性并重、内容与形式兼备、历史与现实相融、理论与实践共存的原则,基地与学校、社会、地方协同开发,实现红色资源课程目标的具体化、内容的丰富化、组织的科学化和评价的多元化[⑧]。

可见,学者们都从各自专长的学科领域出发深入探寻爱国主义教育基地红色资源,并取得了很多有价值的成果,这些都为我们进一步把握爱国主义教育基地红色资源的核心内涵、解决爱国主义教育基地红色资源传承弘扬等现实问题开辟了崭新的视角。在研究爱国主义教育基地红色资源与其他学科、领域交叉

---

① 汪立夏:《红色文化资源在大学生思想政治教育中的价值及实现——以江西省高校红色文化教育进校园为例》,《思想教育研究》2010 年第 7 期,第 54-57 页。

② 周林兴,邹莎:《文旅融合时代档案馆研学旅行基地建设:基础、困境与路径》,《档案与建设》2020 年第 12 期,第 17-21,32 页。

③ 崔欣玉:《新时代高校爱国主义教育的实践路径研究》,《思想理论教育导刊》2021 年第 10 期,第 62-65 页。

④ 葛涛:《红色文化融入思想政治教育的现状分析及对策建议》,《思想政治教育研究》2021 年第 37 卷第 6 期,第 62-66 页。

⑤ 李其瑞,古丽巴奴木·吾买尔江:《爱国主义价值观融入少数民族大学生法治教育的内涵与路径》,《民族教育研究》2021 年第 32 卷第 3 期,第 72-77 页。

⑥ 曾毅:《深读党史这本"教科书"》,《光明日报》2021 年 11 月 9 日,第 4 版。

⑦ 周士权,高翔莲:《新时代大学生红色研学现状分析》,《学校党建与思想教育》2022 年第 4 期,第 72-74 页。

⑧ 王美琦:《东北抗联精神区域红色资源课程开发研究——以杨靖宇密营爱国主义教育基地为例》,硕士学位论文,东北师范大学,2022 年。

问题时，要把握好两者之间共性与个性、普通与特殊的关系，推动爱国主义教育基地红色资源在新时代的解读与阐释。

四、研究述评

从现有研究成果来看，学界对本课题的研究已有一个从科学定位到开发应用、宣传教育，再到融入实践研究的纵向深入、横向展开过程。但作为以一个崭新视角展开的课题，其中很多方面研究还处于探索阶段，但这些研究成果为本研究提供了更为宽广的视角、更为丰富的素材，也进一步奠定了青海省爱国主义教育基地红色资源创新发展持续探索的坚实根基。由现有研究可知：爱国主义教育基地红色资源作为思想政治教育创新发展的重要内容，持续性、系统性研究意义重大，但囿于爱国主义教育基地红色资源独特的属性、新颖的提法、全新的理念，以及研究的深度不够、覆盖的领域受限、涉及的内容分散，对一些研究上的薄弱环节仍需要下功夫进行深入思考、精准挖掘。

（一）从研究成果上看，更多注重解读，系统性、整体性分析还要加强

研究发现，当前研究成果仍然集中在对文件的宣传和解读上，尚未形成完整的理论体系。一方面，可供研究的史料受限。由于爱国主义教育基地红色资源是一种全新提法，尚有大量基础性内容需要进行系统化梳理，仅靠目前掌握的史料还不能全面、完整地认知爱国主义教育基地红色资源的丰富内涵，需要在政策允许范围内持续发掘新的资料，包括遗址遗迹和口述史的搜集，并在理论层面上提炼和升华。另一方面，研究体系需要进一步完善。纵向来看，大多数专家学者或是侧重于对爱国主义教育基地红色资源某一方面的深入研究，或是局限于某一个时期内对爱国主义教育基地红色资源的解读阐释。因此，需要加大力度对爱国主义教育基地红色资源的薄弱领域进行有针对性的研究。横向来看，爱国主义教育基地红色资源与伟大建党精神等中国共产党人精神谱系内容一脉相承，但相关研究成果并不多见，深化爱国主义教育基地红色资源研究，还要加强中国共产党人精神谱系内含精神之间的横向对比研究、融合推进研究。

（二）从研究视野上看，更多注重专项领域，融合性、关联性研究仍需强化

当前的相关研究成果主要集中在学习参观层面的实践和思想政治教育层面的引领，相较而言，视野较窄、领域单一。虽然近年来在建筑学、心理学、美学等学科的相关研究中偶有研究成果出现，但较其他革命精神、革命文化的研究拓展，爱国主义教育基地红色资源的研究略显单薄。我们深知：爱国主义教育基地红色资源作为一项复杂的系统工程，其中蕴含着宝贵的文化学、历史学、管理学、交叉学等学科原理；爱国主义教育基地红色资源在传承与弘扬过程中，内含着丰

富的传播学、艺术学、社会学等学科原理。在新时代，保护好、传承好、开发好、利用好爱国主义教育基地红色资源，要拓宽研究视野，增强爱国主义教育基地红色资源研究与其他学科领域的交叉融合，博采众长、为我所用，在爱国主义教育基地红色资源科学内涵的基础上，努力实现其与其他学科的良性互动，不断充盈爱国主义教育基地红色资源的理论内涵、核心要义、价值功能，使之成为激发人民斗志、昂扬人民精神，奋力推进中国式现代化的强大精神力量。

（三）从研究形式上看，更多倾向一般性研究，实证性、调研性研究需要加大力度

爱国主义教育基地红色资源的研究成果大多仍停留在纯理论上的逻辑推理和演绎推导，进而得出相应结论的阶段。而爱国主义教育基地红色资源作为一种特殊资源，兼具物质和精神双重属性，在对其进行研究的过程中不能顾此失彼，要把理论与实践融合起来研究。归根结底，当前的研究更多的还是在理论的范畴内转圈子，以数据为基础的实证分析并不多见。而实证分析作为建立在观察和实验的经验事实基础上的一种研究方法，能够有效弥补爱国主义教育基地红色资源研究重理论轻实践方面的不足。一方面，要把实证分析应用于爱国主义教育基地红色资源研究的前期调研，通过采用程序化、操作化和定量分析的方法，使调研资料的整理归纳、分析论证实现精细化、准确化，从而能够更加精准、直观地掌握前期研究进展情况。另一方面，要把实证分析应用于爱国主义教育基地红色资源研究成果的现实转化，通过调查、座谈等获取社情民情的详细数据，以样本数据作为爱国主义教育基地红色资源创新发展研究成果的重要支撑，成为成果向现实转化、向需求转化的科学依据。

（四）从研究成果转化上看，更多呈现理论性，应用性、转化性成果仍要下功夫

当前，爱国主义教育基地红色资源研究的成果大多是以学术期刊刊载和报纸刊文的形式呈现，高质量转化的成果不多。特别是爱国主义教育基地红色资源是中国共产党团结带领全国各族人民实现站起来、富起来、强起来的历史见证，更需要不断把对它的理论阐释应用到指导实践中，但目前做得还不够。中国特色社会主义进入新时代，新发展格局要求要把爱国主义教育基地红色资源丰富内容应用于中国特色社会主义现代化建设事业，推动爱国主义教育基地红色资源研究成果转化应用，这是研究爱国主义教育基地红色资源创新发展所追求的重要目标。对爱国主义教育基地红色资源的研究，要紧密结合党和国家事业发展的现实需要，以指导实践、解决问题为宗旨。一是要把握好历史与现实、传统与现代的关系，与时俱进地赋予爱国主义教育基地红色资源新的时代内涵；二

是要寻找爱国主义教育基地红色资源与社会、企业和市场之间的利益结合点，增加理论成果与现实发展的融合度。推动爱国主义教育基地红色资源研究成果创造性转化、创新性发展，会为实现中华民族伟大复兴贡献更多的智慧和力量。

第三节 研究内容及方法

一、研究思路

关于红色资源的研究，是党的十八大以来社会各界广泛关注的一个重大理论问题，也是进行爱国主义教育、巩固意识形态阵地的重大现实课题。本研究以青海省爱国主义教育基地红色资源创新发展为研究对象，充分汲取学界最新理论成果和实践成果，遵循“是什么→有什么→为什么→做什么”的逻辑思路，就青海省爱国主义教育基地红色资源创新发展展开深入研究。

（一）主要内容

本研究立足主题主旨、聚焦逻辑主线，在系统的学理化阐释的基础上，依托一线调研和调查问卷集结的基本数据展开分析，并结合成果巡礼，提出有针对性的优化路径。具体如下：

1.爱国主义教育基地红色资源学理化阐释

通过对文献的梳理和深入分析，对基本概念和理论源流进行阐释。其主要有三个方面：首先，探讨爱国主义教育基地红色资源的基础理论。对爱国主义教育基地红色资源的概念进行了界定，进一步理清了爱国主义教育基地红色资源的边界。在此基础上，对其特征和类型进行了凝练和划分。其次，追溯了爱国主义教育基地红色资源的理论源流。立足多维度、广视角，从理论根基、思想基础、文化底蕴、民族团结等角度，梳理了爱国主义教育基地红色资源生成的理论来源。最后，阐释了爱国主义教育基地红色资源的价值、功能和运行机理。

2.青海省爱国主义教育基地红色资源创新发展现状

通过田野调研、调查问卷、统计分析、案例研究等，总体掌握了青海省爱国主义教育基地红色资源的分布，创新发展的做法以及外省市爱国主义教育基地红色资源发展的亮点、特色；着重对调查问卷中的“对青海省爱国主义教育基地红色资源的了解情况”“对青海省爱国主义教育基地红色资源保护传承的评价”

"对青海省爱国主义教育基地红色资源保护传承的建议"等三个基本问题进行了详细分析;归纳总结了爱国主义教育基地红色资源创新发展的现实境遇、具体归因,为后续深入研究提供了翔实的基础数据。

3.青海省爱国主义教育基地红色资源成果巡礼

通过走访座谈,特别是借助由作者主持的国家社科基金一般项目团队成员力量(西宁市委宣传部、西宁市社科联同志),博士服务团经历,以及青海省和西宁市柔性引进人才的优势,本研究收集和整理了青海省爱国主义教育基地红色资源的基本情况,初步建立起一个比较完整的红色资源库。从横向即功能上来看,爱国主义教育基地红色资源划分为四种类型:独特的革命传统教育导向类、独特的历史文化教育开发类、独特的经济科技成果教育保证类、独特的大中小学生社会实践教育引导类;从纵向即级别上来看,爱国主义教育基地红色资源划分为四种类型:国家级爱国主义教育基地红色资源、省级爱国主义教育基地红色资源、市(自治州)级爱国主义教育基地红色资源、县(区)级爱国主义教育基地红色资源。

4.青海省爱国主义教育基地红色资源创新发展路径

通过文献、调研、问卷、案例等进行较为细致的分析,本研究详细了解了青海省爱国主义教育基地红色资源创新发展的基本做法,借鉴了全国各地优质爱国主义教育基地红色资源创新发展的经验做法,分析了青海省爱国主义教育基地红色资源创新发展的现实境遇及问题成因,掌握了青海省爱国主义教育基地红色资源的分布现状、成果呈现。针对青海省爱国主义教育基地红色资源创新发展的现实困境提出优化对策,在此基础上力争形成一套可供复制、易于转化的红色资源创新发展的青海方案。

(二)研究框架

本研究遵循"是什么→有什么→为什么→做什么"的逻辑思路,对青海省爱国主义教育基地红色资源创新发展进行系统研究,具体研究框架如图 1-6 所示。

二、研究方法

本研究坚持马克思主义的世界观、历史观、方法论,以辩证唯物主义和历史唯物主义为指导,聚焦青海省爱国主义教育基地红色资源创新发展的问题,选择契合马克思主义中国化及中共党史研究的具体研究方法,为科学研究提供适宜的方法。具体而言,本研究主要采用下列几种方法:

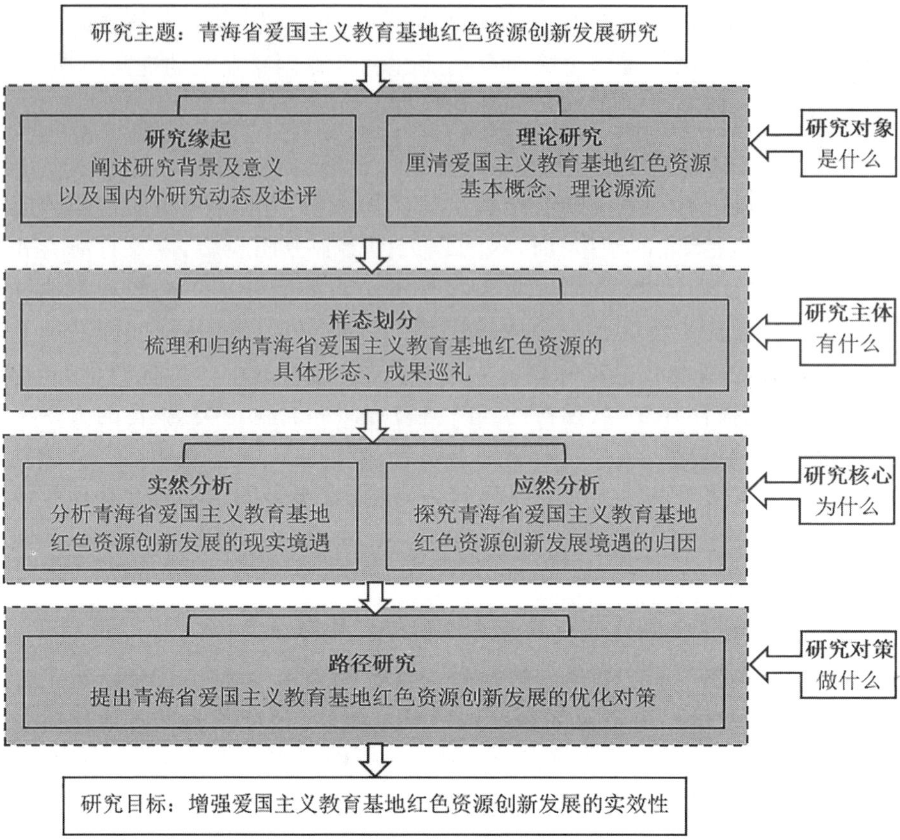

图 1-6　研究框架

(一)文献研究法

围绕爱国主义教育基地红色资源这一研究对象,梳理国内外研究成果状况,吸收学界关于爱国主义、爱国主义教育基地、思想政治教育等方面最新研究成果,从整体上把握该领域的研究前沿和研究趋势。有选择地梳理与本研究有关的政治学、民族学、历史学、管理学、传播学等经典理论和方法,通过对现有理论进行优化整合,打造用于开展研究的理论架构,用于指导本研究。

(二)田野调查法

通过田野调查,采集本研究所需数据、案例,对青海省8个市(自治州)爱国主义教育基地红色资源分布状况、保护传承、创新发展的资料进行调研和采集。本研究在对青海省爱国主义教育基地红色资源进行调查分析的基础上展开,从而对其基本特征、功能发挥、价值引领、运行机理、发展境遇有较为精准的把握。深入调研的优点在于能够更直接、更准确、更高效地获得一手资料。

(三)问卷调查法

问卷调查法是根据研究的需要，设计好问卷内容，将问卷发放给调查对象，让其在规定的时间内完成，并进行回收、汇总、统计、分析，以获取数据的一种调查方法。随着信息化的发展，目前问卷更多采用电子方式，借助平台或公众号进行发布，调查对象在云端填答。本研究立足西宁、辐射青海、面向全国，依托“文明西宁”官方公众号发放电子问卷，并对回收的问卷进行统计和分析。

(四)文献计量法

使用 Cite Space 软件，对收集整理的相关文献的结构体系变化规律进行详细解读和分析，探究规律性内容、个性化主题，以及当前学界的研究热门、共识的短板内容等，能够从理论上提高研究内容的科学性和精准性，为本研究的主要内容提供定量的依据和更为准确的情报支撑，更为有效地探寻研究的聚焦点。

(五)理论与实践相结合法

本研究将理论探讨与实践转化进行结合，着重探讨爱国主义教育基地红色资源的基本理论问题，包括核心概念、基本属性、现实样态等，再通过一线调研和问卷调查全面了解爱国主义教育基地红色资源创新发展情况，探究其现实境遇，从而更加有针对性地对存在的主要问题进行分析，进而提出创新发展的优化路径。

三、研究创新

本研究是在既有研究成果的基础上，立足国家社科基金一般项目“甘青地区爱国主义教育基地红色资源融入思想政治创新发展研究”(22BKS137)，以《爱国主义教育基地红色资源创新发展研究——以青海省为例》为题，紧扣时代脉搏，选择全新视角，采用科学方法，专注于爱国主义教育基地红色资源创新发展研究，以期在研究视野、理论深度、实践应用上取得一些突破。

(一)创新提出爱国主义教育基地红色资源的概念

本研究从理论视角、实践视角、融合视角对爱国主义教育基地红色资源创新发展进行多维阐释。理论视角下的爱国主义教育基地红色资源创新发展丰富了研究的时代内涵；实践视角下的爱国主义教育基地红色资源创新发展奠定了研究的应用基础；融合视角下的爱国主义教育基地红色资源创新发展检验了研究的运行成效。

(二)系统构建爱国主义教育基地红色资源的体系

爱国主义教育基地红色资源创新发展是一个完整的体系,具有显著的多元主体参与、多维要素整合、多重机制联动的特征。本研究以爱国主义教育基地红色资源创新发展的理论分析框架为基础展开,运用系统分析方法阐释爱国主义教育基地红色资源创新发展的价值意蕴、运行机理、影响因素、归因分析以及路径选择。

(三)深刻揭示爱国主义教育基地红色资源的特色

基于爱国主义教育基地属性和红色资源的独特优势,推动实现两者融合发展价值最大化。一是独特的革命传统与思想政治教育导向功能优势。这种导向功能具有根植中国大地的历史性与符合潮流发展的时代性。二是独特的历史文化与思想政治教育开发功能优势。这种开发功能遵循了协同发展的历史脉络。三是独特的经济科技成果与思想政治教育保证功能优势。这种保证功能体现了制度优势,彰显了历史自信。四是独特的大中小学生社会实践与思想政治教育引导功能优势。这种引导功能推动了大中小学爱国主义教育一体化发展,加速了大思政育人格局建构进程。

第二章 爱国主义教育基地红色资源的学理化阐释

概念是对事物进行描述的符号化呈现,是对事物属性或特质进行反映的一种凝练性表达。对概念进行澄清与界定,是开展研究工作的基础。本章尝试对红色资源进行阐释,并通过与红色文化、红色基因进行比较,最终界定爱国主义教育基地红色资源的概念。通过全面梳理马克思主义的国家理论、中国共产党人的爱国传统、中华优秀传统文化的爱国精神、中华民族共同体意识的爱国情怀等论述,为青海省爱国主义教育基地红色资源创新发展研究奠定理论基础。在此基础上,较为系统地阐释了爱国主义教育基地红色资源的价值意蕴、功能优势和运行机理。

第一节 爱国主义教育基地红色资源的概念与类型

一、爱国主义教育基地红色资源的概念界定

准确把握爱国主义教育基地红色资源的概念,首先要对红色、红色资源、爱国主义教育基地的基本概念进行界定,并对红色资源、红色文化、红色基因进行辨析。这是全面、科学地界定爱国主义教育基地红色资源概念需要做的铺垫性工作。

(一)红色

一般而言,红是一种颜色。但在历史演进过程中,它被赋予了不

同的含义,演变出内涵丰富的生动内容,体现了一种与时俱进的状态。

1.红色代表平安吉祥

红色在中国文化中代表平安吉祥。如中国结这种古老的手工编织品,以红色为主,多用于馈赠亲友、随身携带,也用于室内装饰。它蕴含美好,传达祝福。再如,每逢过年,人们习惯贴红对联,挂红灯笼,放鞭炮。中国古人认为用红纸、红灯和鞭炮可以驱赶年兽,红色也逐渐成为平安吉祥的象征。

2.红色代表勇敢无畏

自古以来,中国人民爱好和平、勤劳勇敢,深知和平来之不易,每一份和平都是以鲜血为代价的。国歌《义勇军进行曲》中有“把我们的血肉筑成我们新的长城”,人的血液是红色的,我们的国旗、党旗都是红色的。实际上,和平与成功都是勇敢的中国人用无畏的奋斗换来的。

3.红色代表至高无上

红色是火焰和太阳的颜色,在周朝就已经出现了以红色为尊的观念。红色代表权威、正统。红色代表至高无上的权力,这已被中国人所普遍接受。尽管岁月流逝,但红色所代表的意义和权威并没有随着时间流逝和空间的转换而发生变化。

4.红色代表成功与荣耀

自科举制度产生以来,公布成绩的榜单被称为金榜,考中即为“金榜题名”,而“金榜”本身即为写了考生名字的红纸。在学而优则仕的古代中国,能够“金榜题名”表示读书人的读书生涯甚至整个人生都取得了成功。所以,红色往往代表成功与荣耀。

(二)红色资源

红色资源研究兴起是中国共产党作为一个百年大党领导中国人民百年奋斗的必然结果,也是中国共产党带领中华民族继续新的百年征程的必然要求。为全面理解和阐释这一概念,本研究分别从其生成原因、形成与发展以及样态归属三个方面进行论证。另外,本研究还对其构成进行探究,并对其与红色文化、红色基因进行辨析。

1.红色资源的生成原因

马克思指出:“统治阶级的思想在每一个时代都是占统治地位的思想。”①统治阶级总是用反映统治阶级利益的思想,去统一人们的认识和束缚人们的行为。

---

① 中共中央马克思恩格斯列宁斯大林著作编译局:《马克思恩格斯全集》第 1 卷,北京:人民出版社,1995 年,第 9 页。

当统治阶级与被统治阶级的阶级矛盾不可调和时，被统治阶级要想撼动统治阶级的统治地位，除了要从根本上改变生产资料所有制，还要推翻统治阶级的思想，反抗统治阶级的统治和压迫。因此，“共产党一分钟也不忽略教育工人尽可能明确地意识到资产阶级和无阶级的敌对的对立。”①因为“只有一切觉悟工人都成为社会党人，成为解放事业的追求者，在全国范围内联合起来，到工人中间传播社会主义，教育工人掌握各种对敌斗争的方法，并且建立起为全体人民摆脱政府压迫和全体劳动者摆脱资本压迫而奋斗的社会主义的工人政党，只有在这个时候，工人阶级才能够真正加入世界各国工人的伟大运动，真正加入这个把全体工人联合起来并且高举着‘全世界无产者，联合起来！’的红旗的伟大运动”②，服从与服务于被统治阶级利益的思想政治教育才能自然而然地产生了，红色资源的产生也毫不例外。在阶级社会里，各个阶级的教育资源都集中反映了本阶级的根本利益和要求，都服从和服务于阶级斗争的需要。所以说，中国共产党及其领导的中国人民进行的革命、建设和改革实践是红色资源主体产生的先决条件，是孕育和形成红色资源的母体。红色资源反过来从实践的性质、方向、强度、内容、阶段、层次等方面也影响和促进这一实践活动的发展，在思想政治教育场域发挥着重要作用。

2.红色资源的形成与发展

红色资源的形成与发展是一个历史的渐进过程，必然会有主体的创造、客体的改造，内容的锻造，最终形成并得到历史和人民的检验，也得到历史和人民的认可和选择。综合来看，红色资源的形成与发展主要有三个方面：第一，红色资源是一个历史范畴，是中国共产党及其领导的中国人民在革命和建设实践中创造、积累的，在改革实践中又注入具有时代感召力的新思想、新内容、新载体，在新时代必将续写新篇章。红色资源本身及对红色资源的理解，包括坚持的内容、发展的内容，如革命精神、革命文化、革命传统必须继承，但红色资源的形态和内容会随着时代发展而变化。第二，红色资源是一个双主体内容，即人的主体——中国共产党和中国人民，物的主体——各级各类物质状态的红色载体。中国共产党既是红色资源创造、继承、创新、传播的主体，又是主导；人民群众则为红色资源创造、继承、创新、传播的主体。第三，红色资源是一个丰富的体系，包括物质层面、制度层面、精神层面，三个方面的内容相辅相成、相互促进，共同推动红色资源不断发展完善。

---

① 中共中央马克思恩格斯列宁斯大林著作编译局：《马克思恩格斯全集》第 19 卷，北京：人民出版社，2006 年，第 150 页。

② 中共中央马克思恩格斯列宁斯大林著作编译局：《列宁全集》第 4 卷，北京：人民出版社，2012 年，第 258 页。

3.红色资源的归属

一是从形态上来看,红色资源是一种社会性资源,“是一个包含复杂结构的、由数种资源有机构成的、具有强大整体性功能的资源体系,包括自然资源、经济资源、文化资源、人力资源、政治资源和制度资源六大既相互独立又相互联系的子资源系统,其中后五种资源是人类社会劳动的成果,又统称社会性资源”。① 红色资源有别于自然资源,它是人民群众在经济、政治、文化及其他一系列社会活动中创造出的物质、精神财富。二是从类别上来看,红色资源兼具经济资源、文化资源、政治资源的特点,是一种复合性资源,如作为旅游资源具有促进区域经济发展作用,作为文化资源是社会主义先进文化的组成部分,作为政治资源其本身就是在中国共产党领导的革命、建设和改革等政治实践活动中积累而成的。三是从属性上来看,红色资源是一种思想政治教育资源。红色资源本质属性是意识形态性,而思想政治教育从本质上来说也是一种灌输统治阶级意识形态的活动;红色资源产生是源于中国革命、建设、改革实践及与之相随的思想政治教育实践;红色资源开发的目的是服务于思想政治教育,促进人与社会全面、可持续发展。

综上,红色资源主要是指中国共产党在领导全国各族人民进行革命、建设和改革的过程中形成的具有资源属性的物质形态、制度形态、精神形态的总和,是对中华优秀传统文化的传承与弘扬,是对社会主义先进文化的丰富与发展,是中国共产党历经苦难与辉煌的历史见证,承载着党和人民对国家独立、民族解放、人民幸福的不懈追求和奋斗历程,是弥足珍贵的财富和力量源泉。

4.红色资源的构成

一般而言,红色资源通常按物质层面、制度层面和精神层面三个方面分类。一是物质层面。红色资源包括历史遗存,如革命老区、革命根据地,著名战争、革命事件及活动遗址,名人故居,纪念场所(陵园、革命纪念馆、其他场馆),物质文化产品(新民主主义革命时期以来的红色物质文化产品)。二是制度层面。红色资源包括正式制度和非正式制度两个类别。正式制度,是指中国共产党带领中国人民在革命、建设和改革中制定的各类成文的纲领、决议、政策、法律法规等;非正式制度,是指中国共产党带领中国人民在革命、建设和改革的过程中形成的道德规范、风俗习惯等。三是精神层面。红色资源包括革命精神、革命传统、价值观念、道德准则等,集中体现为中国共产党人伟大精神。2021 年 9 月,中共中央批准了中宣部梳理的第一批 46 种纳入中国共产党人精神谱系的伟大精神(见表 2-1),在中华人民共和国成立 72 周年之际予以发布。这些精神集中

---

① 周鸿:《中国社会发展中的大资源问题及其根治对策》,《软科学》2000 年第 3 期,第 49 页。

彰显了中华民族和中国人民长期以来形成的伟大创造精神、伟大奋斗精神、伟大团结精神、伟大梦想精神，彰显了一代又一代中国共产党人“为有牺牲多壮志，敢教日月换新天”的奋斗精神。

表 2-1 第一批中国共产党人伟大精神

时期	伟大精神		
中国共产党的精神之源（1种）	建党精神		
新民主主义革命时期（16种）	井冈山精神	苏区精神	长征精神
	遵义会议精神	延安精神	抗战精神
	红岩精神	西柏坡精神	照金精神
	东北抗联精神	南泥湾精神	太行精神（吕梁精神）
	大别山精神	沂蒙精神	老区精神
	张思德精神		
社会主义革命和建设时期（12种）	抗美援朝精神	“两弹一星”精神	雷锋精神
	焦裕禄精神	大庆精神（铁人精神）	红旗渠精神
	北大荒精神	塞罕坝精神	“两路”精神
	老西藏精神（孔繁森精神）	西迁精神	王杰精神
改革开放和社会主义现代化建设新时期（9种）	改革开放精神	特区精神	抗洪精神
	抗击“非典”精神	抗震救灾精神	载人航天精神
	劳模精神（劳动精神、工匠精神）	青藏铁路精神	女排精神
中国特色社会主义新时代（8种）	脱贫攻坚精神	抗疫精神	“三牛”精神
	科学家精神	企业家精神	探月精神
	新时代北斗精神	丝路精神	

5.红色资源与红色文化、红色基因辨析

（1）红色文化

红色文化作为一种历史文化现象已有百年历史，但将红色文化作为学术概念进行研究大约开始于21世纪初。对于红色文化内涵，学界主要有“革命文化说”“先进文化说”“特色文化说”。“革命文化说”认为，红色文化是中国共产党在革命实践中形成的伟大革命精神、革命传统及其载体，其核心要义是红色精神及其价值观①。“先进文化说”认为，红色文化是极具中国特色的先进文化，是体现民族精神和时代精神的文化②。“特色文化说”认为，红色文化是中国共产党领导中国人民在长期的革命和建设实践中积淀下来的一种特殊的文化类型，内含着崇高理想、坚定信念、爱国热情和高尚品质，承载着红色历史、革命精神、光荣传统、思想境界③。综上，所谓红色文化，是指中国共产党领导人民在新民主主义革命和中国特色社会主义建设实践中，在马克思主义指导下，继承中华优秀传统文化并依托红色资源而创生的独具中国特色的、先进的物质文化和精神文化。

（2）红色基因

关于红色基因，对现有文献梳理可知，首次是在《“铁军”叶挺独立团》一文中出现的④。2013 年 2 月，习近平总书记第一次谈及红色基因，指出要把红色基因一代代传下去。此后，学界相继展开讨论和研究。强卫提出，“党的红色基因，就是党在长期奋斗中锤炼的先进本质、思想路线、光荣传统和优良作风”⑤。刘雷提出，“红色基因是我党我军生生不息、永续发展的根本血脉，是攻坚克难、奋发进取的精神法宝，是富国强军、民族复兴的强大动力。”⑥姚志军提出，红色基因包括坚定执着追理想、实事求是闯新路、艰苦奋斗攻难关、依靠群众求胜利。⑦ 卞成林提出，红色基因主要包含思想、精神、价值观、品德四个方面内容。⑧综上，红色基因是中国共产党领导全国各族人民，高举马克思主义伟大旗帜，汲取中华优秀传统文化营养，历经长期革命、建设、改革的实践磨炼筛选，不断积淀升华的精神品质。

（3）红色资源与红色文化、红色基因的关系

红色文化、红色资源和红色基因都是在中国共产党领导中国人民进行革命、建设、改革的历史中相伴而生的，它们之间有区别也有联系。

---

① 邓显超，杨章文：《红色文化软实力的内涵及构成要素探析》，《毛泽东思想研究》2016 年第 33 卷第 2 期，第 106-110 页。

② 钟国云，陈欢：《红色文化：桂越边疆民族地区农村基层党建工作的重要依托》，《学术交流》2012 年第 11 期，第 35-38 页。

③ 褚凰羽，洪芳：《红色文化传播的影响因素分析研究》，《兰台世界》2011 年第 3 期，第 72-73 页。

④ 杨琳：《“铁军”叶挺独立团》，《瞭望》2009 年第 30 期，第 18-19 页。

⑤ 强卫：《激活红色基因焕发生机活力———学习贯彻习近平总书记系列重要讲话精神》，《求是》2014 年第 18 期，第 14-16 页。

⑥ 刘雷：《传承红色基因是战略工程》，《人民日报》2014 年 11 月 9 日，第 6 版。

⑦ 姚志军：《传承红色基因 发扬革命精神》，《党建》2016 年第 6 期，第 24-26 页。

⑧ 卞成林：《新时代传承红色基因坚定文化自信的思考》，《中国高等教育》2020 年第 Z3 期，第 21-23 页。

①红色资源与红色文化的关系

红色资源是红色文化的物质载体,“我们党自成立之日起,在领导中国革命的伟大斗争中积淀、形成,并在社会主义建设和改革开放新时期得到继承和发展的红色资源、红色传统和红色精神,都是红色文化的重要组成部分。”①红色文化包括红色资源,红色资源是红色文化的组成,是红色文化的物质载体。红色文化依托红色资源而产生,但又超越红色资源范畴,其内容更广泛、更抽象,是动态的、发展性的存在,而红色资源相较而言多指静态存在。红色资源中蕴含红色文化产生的因子,红色文化一旦被利用起来,就会对推动人类和社会发展产生效益,又会成为社会发展的红色资源。二者辩证共存,精神形态上可以相互转化。

②红色资源与红色基因的关系

“红色基因以革命遗址、纪念馆、党史馆、烈士陵园、名人故居、文艺作品以及战争实物和革命纪念品等物质形态存在于现实生活中。”②进一步讲,就是可以从红色资源中找到红色基因留下的痕迹,中国共产党人的红色基因在革命根据地建设和社会主义革命、建设、改革各项事业中得到锤炼和升华。红色资源是红色基因外在的物质表现形式,承载着红色基因所要表达的思想精髓,是红色基因的重要物质载体。因此,要深刻理解红色基因的内核,挖掘红色资源所要传达的实质。

总之,红色资源、红色文化、红色基因既相互区别,又紧密联系,不能割裂地理解和把握。处理好三者的关系,对于在不同领域和不同层面利用好红色资源意义重大。

(三)爱国主义教育基地红色资源

爱国主义教育基地红色资源作为一个全新的概念,对它进行清晰、完整、全面的解读和界定,有利于本课题研究的深入,特别是从学理化角度进行阐释,这对于创新发展爱国主义教育基地红色资源具有很好的宣传和引导作用。

1.爱国主义教育基地

爱国主义教育基地是传承红色基因、弘扬传统文化、守望共同家园、激励创新创造的重要场所,给人以精神上和思想上的洗礼;能够激发后人感受革命战争年代可歌可泣的峥嵘岁月,自觉弘扬与践行革命精神和优良作风,使革命传统和优良作风薪火相传。爱国主义教育基地内含爱国主义教育内容,是提供爱国主义教育的场所,是进行沉浸式爱国主义教育的基础性平台。

---

① 高翔:《充分认识红色文化的深刻内涵》,《党建》2019年第5期,第17页。

② 于润艳:《红色基因视阈下的大学生爱国主义精神培育》,《学校党建与思想教育》2020年第20期,第28页。

1994 年,中共中央印发的《爱国主义教育实施纲要》指出:“各类博物馆、纪念馆、烈士纪念建筑物、革命战争中重要战役、战斗纪念设施、文物保护单位、历史遗迹、风景胜地和展示我国两个文明建设成果的重大建设工程、城乡先进单位是进行爱国主义教育的重要场所。”①2019 年,中共中央、国务院印发的《新时代爱国主义教育实施纲要》指出,建好用好爱国主义教育基地,“要加强内容建设,改进展陈方式,着力打造主题突出、导向鲜明、内涵丰富的精品陈列,强化爱国主义教育和红色教育功能,为社会各界群众参观学习提供更好服务。”②一批又一批爱国主义教育基地成为学校教育的“第二课堂”,是开展爱国主义教育活动的实践平台。爱国主义教育基地展陈的内容,真实再现了历史走过的光辉岁月,以及涌现的伟大的英雄人物、凝结的感人的英勇事迹、创造的伟大的奋斗奇迹;生动地展示着中国的壮丽山河、伟大的建设成就,优秀的发明创造,记录着中华民族的过去与当下,彰显着中华民族的潜力与未来,是中国人民的精神家园、中华民族的精神高地。一直以来,中国高度重视爱国主义教育基地的开发、建设和利用,在党中央的号召和指导下,各地纷纷开发建设不同类型的爱国主义教育基地,形成了数量众多、分布广泛的教育资源,深刻影响着爱国主义教育的发展。

综上,爱国主义教育基地是指在各级党委和人民政府的指导下,以历史文化资源特别是红色资源为载体建设的,具有强大育人功能,传播中华优秀传统文化和社会主义先进文化,培育和弘扬爱国主义精神的重要场所。

2.爱国主义教育基地发展

爱国主义教育基地是开展爱国主义教育的一面鲜亮旗帜,它激励着一代又一代青年厚植家国情怀,砥砺爱国行动。自 1997 年 6 月,中宣部向社会公布首批 100 个爱国主义教育示范基地,并以此影响和带动全国爱国主义教育基地的建设,到 2021 年 6 月,在庆祝中国共产党成立 100 周年之际,中宣部再命名 111 个全国爱国主义教育示范基地。至此,跨越 24 个春秋,中宣部先后发布7 批次 585 个全国爱国主义教育示范基地,覆盖了从中国共产党成立至今,各个历史时期的重大事件、重要人物和重要场馆③。

1997 年 6 月,中宣部公布首批百个爱国主义教育示范基地,主要是反映中华民族悠久历史文化,反映中国遭受帝国主义侵略和我国人民反抗侵略、英勇斗

① 中共中央宣传部宣传教育局:《爱国主义教育实施纲要》,北京:学习出版社,1994 年,第 9 页。

② 《中共中央国务院印发〈新时代爱国主义教育实施纲要〉》,《人民日报》2019 年 11 月 13 日,第 6 版。

③ 《中宣部——新命名一批全国爱国主义教育示范基地》,《人民日报》2021 年 6 月 20 日,第 4 版。

争,反映现代我国人民革命斗争和社会主义建设等内容。其中,北京市 9 个、天津市 1 个、河北省 6 个、山西省 5 个、内蒙古自治区 1 个、辽宁省 5 个、吉林省 1 个、黑龙江省 1 个、上海市 4 个、江苏省 7 个、浙江省 5 个、安徽省 1 个、福建省 5 个、江西省 4 个、山东省 4 个、河南省 3 个、湖北省 5 个、湖南省 3 个、广东省 4 个、广西壮族自治区 2 个、海南省 1 个、四川省 5 个、重庆市 3 个、云南省 1 个、贵州省 1 个、西藏自治区 2 个、陕西省 7 个、宁夏回族自治区 1 个、甘肃省 3 个、青海省 1 个、新疆维吾尔自治区 1 个①。

2001 年 6 月,中宣部公布以反映党的光辉历史为主要内容的第二批百个爱国主义教育示范基地。这些基地是进行爱党、爱祖国、爱社会主义教育的宝贵资源。其中,北京市 5 个、天津市 4 个、河北省 5 个、山西省 5 个、内蒙古自治区 1 个、辽宁省 5 个、吉林省 3 个、黑龙江省 2 个、上海市 4 个、江苏省 4 个、浙江省 3 个、安徽省 4 个、福建省 5 个、江西省 5 个、山东省 5 个、河南省 2 个、湖北省 3 个、湖南省 7 个、广东省 3 个、广西壮族自治区 3 个、海南省 2 个、四川省 7 个、重庆市 3 个、云南省 1 个、贵州省 2 个、陕西省 1 个、甘肃省 5 个、新疆维吾尔自治区 1 个②。

2005 年 11 月,中宣部公布第三批 66 个全国爱国主义教育示范基地,旨在进一步推动各级各类爱国主义教育基地的工作,使其在展出内容与展示手段、服务质量和教育效果、内部管理和环境面貌等方面有较大进步,努力把教育基地建设成为党员干部了解党的历史、加强党性锻炼的重要场所,广大群众培养爱国情感、培育民族精神的重要阵地,青少年学习革命传统、陶冶道德情操的重要课堂。其中,北京市 1 个、天津市 1 个、河北省 4 个、山西省 4 个、内蒙古自治区 1 个、辽宁省 4 个、吉林省 2 个、黑龙江省 2 个、上海市 1 个、江苏省 5 个、浙江省 1 个、安徽省 1 个、福建省 2 个、江西省 2 个、山东省 4 个、河南省 4 个、湖北省 5 个、湖南省 5 个、广东省 3 个、广西壮族自治区 2 个、海南省 1 个、四川省 2 个、重庆市 1 个、云南省 3 个、宁夏回族自治区 1 个、青海省 1 个、新疆维吾尔自治区 1 个、贵州省 2 个③。

2009 年 5 月,中宣部公布第四批 87 个全国爱国主义教育示范基地,旨在进一步推动爱国主义教育基地建设,更好地发挥爱国主义教育基地作用,进一步深入地开展群众性爱国主义教育活动,激发爱国热情、凝聚人民力量、培育民族精

---

① 《文明数据库——全国爱国主义教育示范基地》,2017 年 6 月 11 日,http://www.wenming.cn/wmsjk/qgagzyjysfjd/。

② 《中宣部公布第二批全国爱国主义教育示范基地》,《光明日报》2001 年 6 月 12 日,第 2 版。

③ 《中宣部公布第三批全国爱国主义教育示范基地》,《光明日报》2005 年 11 月 2 日,第 2 版。

神。其中,北京市3个、天津市2个、河北省3个、山西省3个、内蒙古自治区3个、辽宁省3个、吉林省3个、黑龙江省4个、上海市2个、江苏省3个、浙江省3个、安徽省3个、福建省3个、江西省3个、山东省4个、河南省2个、湖北省4个、湖南省4个、广东省2个、海南省1个、四川省4个、重庆市2个、云南省3个、西藏自治区2个、陕西省3个、甘肃省5个、宁夏回族自治区2个、青海省2个、新疆维吾尔自治区2个、贵州省3个、国家体育总局1个①。

2017年3月,中宣部公布第五批41个全国爱国主义教育示范基地,基本覆盖了从中国共产党成立到解放战争胜利各个历史时期的重大历史事件、重要人物和重要革命纪念地。这些基地以革命老区为主,覆盖东、中、西不同区域;反映内容包括长征出发、长征会师、中国人民解放军渡江战役等多个标志性重大历史事件和重要历史节点,有较强代表性和广泛影响力。其中,内蒙古自治区1个、浙江省1个、安徽省3个、福建省3个、江西省2个、河南省2个、湖北省4个、湖南省3个、四川省5个、贵州省6个、陕西省6个、甘肃省2个、青海省1个、宁夏回族自治区1个、新疆生产建设兵团1个②。

2019年9月,中宣部公布第六批39个全国爱国主义教育示范基地,突出反映新中国成立70年来党和国家各项事业发生的历史性变革、取得的历史性成就。其中,北京市11个、河北省1个、山西省1个、黑龙江省1个、江苏省4个、浙江省1个、福建省1个、江西省2个、山东省1个、河南省4个、湖北省1个、湖南省2个、广东省1个、广西壮族自治区3个、重庆市1个、贵州省2个、云南省1个、宁夏回族自治区1个③。

2021年6月,在庆祝中国共产党成立100周年之际,中宣部新命名的全国爱国主义教育示范基地,命名工作紧密结合党史学习教育、“四史”宣传教育,突出百年党史重要事件、重要地点、重要人物,突出新中国特别是新时代的大国重器和建设成就。其中,北京市13个、天津市2个、河北省2个、山西省1个、内蒙古自治区2个、辽宁省4个、吉林省2个、黑龙江省3个、上海市3个、江苏省8个、浙江省4个、安徽省2个、福建省3个、江西省3个、山东省3个、河南省5个、湖北省3个、湖南省9个、广东省4个、广西壮族自治区2个、海南省2个、重庆市2个、四川省2个、贵州省2个、云南省2个、西藏自治区5个、陕西省2个、甘肃

---

① 《中宣部公布第四批全国爱国主义教育示范基地》,《光明日报》2009年5月22日,第3版。

② 《中宣部新命名一批全国爱国主义教育示范基地》,《光明日报》2017年3月30日,第3版。

③ 《中宣部新命名一批全国爱国主义教育示范基地》,《光明日报》2019年9月17日,第4版。

省6个、青海省3个、宁夏回族自治区2个、新疆维吾尔自治区6个①。

3.爱国主义教育基地红色资源

爱国主义是民族心、民族魂，是中华民族重要的精神财富，是中国人民和中华民族维护民族独立、民族尊严的强大精神动力。爱国主义精神深深植根于中华民族，维系着56个民族的团结统一，激励着一代又一代中华儿女为民族复兴的伟大梦想而自强不息、不懈奋斗。中国共产党是爱国主义精神最坚定的弘扬者和实践者，百年来中国共产党团结带领各族人民进行的革命、建设、改革实践是爱国主义的伟大实践，写下了中华民族爱国主义精神的辉煌篇章。② 其中，以物质样态呈现出来的具有代表性的载体就是爱国主义教育基地，以精神样态呈现出来的具有代表性的基因就是红色资源，把两者结合起来融合而成的爱国主义教育基地红色资源，它既具有爱国主义教育基地的物质属性，也具有红色资源的精神特质，是两者的融合体。在理解爱国主义教育基地红色资源核心内涵的时候，笼统地认为爱国主义教育基地红色资源一定是爱国主义教育基地，或者一定是红色资源，这种理解是不全面的。反之，爱国主义教育基地红色资源可以是爱国主义教育基地，也可以是红色资源，这是一种必然。因为爱国主义教育基地红色资源兼具了物质和精神双重属性。

综上，爱国主义教育基地红色资源就是指中国共产党及其领导的中国人民在革命、建设和改革实践过程中创造的宝贵的物质和精神财富，涵盖了新民主主义革命时期以来各个历史阶段铸造形成的爱国主义教育基地和红色精神，以及蕴含的历史文化精髓，它从不同角度记录和反映了中国人民英勇奋斗的光辉足迹，展现了中国共产党人不忘初心、牢记使命，为中国人民谋幸福、为中华民族谋复兴的伟大历程，日益成为激发爱国热情、凝聚人民力量、弘扬民族精神、传承红色基因的重要场所和精神寄托。

二、爱国主义教育基地红色资源的特征与类型

“中华民族自发产生的朴素爱国情感，在历史发展进程中经由时间的沉淀和实践的积累，逐渐发展形成了包含着关于国家和民族的情感诉求、理性认识、道德责任和行为准则的爱国主义思想。”③近代尤其是中国共产党成立以来，这

① 《中宣部——新命名一批全国爱国主义教育示范基地》，《人民日报》2021年6月20日，第4版。

② 《中共中央国务院印发〈新时代爱国主义教育实施纲要〉》，《人民日报》2019年11月13日，第6版。

③ 黄世虎，张子悦：《新时代青年爱国主义教育：逻辑、原则与路径》，《中国青年研究》，2019年第5期，第24页。

种爱国主义思想经由新民主主义革命、社会主义革命和建设、改革开放和新时代以来的实践沉淀，以物质样态即爱国主义教育基地、精神样态即红色资源呈现出来。爱国主义教育基地红色资源成为中国社会进步和文化发展的主旋律，是激励中华民族不断开拓进取、奋勇前进的思想动力和精神支柱。

（一）基本特征

为进一步加深对爱国主义教育基地红色资源的理解和认知，需要对其属性特征进行深入分析，既要知其然，又要知其所以然，也就是既要理解基本概念，也要清楚基本属性。

1.坚定的政治性

政治性是爱国主义教育基地红色资源的本质属性，它通过政治立场、政治观念、政治教育、政治态度直接服务于中国共产党的治国理政。理解爱国主义教育基地红色资源的政治性，需要从坚守的政治立场和承担的政治任务方面进行理解和把握。

（1）坚守政治立场。政治立场是反映统治阶级、政治集团、不同派别利益和要求的政治立足点和出发点。爱国主义教育基地红色资源坚守无产阶级政治立场，尽管经历了不同的历史发展时期、遭遇到不同的发展境遇，但服务于人民大众、服务于无产阶级、服务于中国共产党的使命和宗旨从未改变过。中国共产党充分利用爱国主义教育基地红色资源的独特优势，进行广泛宣传和学理化阐释，深刻推动了中国革命的进程，并以此为武器，与官僚资本主义文化、封建主义文化等作斗争。无论是完成新民主主义革命创建中华人民共和国、推进社会主义革命和建设，还是进行改革开放、全面深化改革，爱国主义教育基地红色资源的价值和意义都贯穿始终。

（2）承担政治任务。中国特色社会主义进入新时代，爱国主义教育基地红色资源仍然承担着鲜明的政治任务，体现着独特的政治意义。在全球化浪潮袭来的今天，文化软实力越来越成为国与国竞争的关键，社会主义先进文化的强弱直接关系到国家形象和综合国力。尽管国外腐朽思想的侵袭从未停止，以精神层面为突破口对我国进行影响的企图也从未放弃，但我们始终能够立足本国国情不动摇，更加明确和深刻地理解爱国主义教育基地红色资源的政治内涵，以确保红色资源守正创新发展。

2.深沉的人民性

爱国主义教育基地红色资源的根本特征是人民性，它的产生、丰富和发展深深打上了人民性的烙印，具有广泛的群众基础、丰富的群众智慧、真实的群众心声，是来自人民、依靠人民、归属人民的群众性资源。它以生动的故事印证了中国共产党始终坚持为人民谋幸福、为民族谋复兴的初心使命。习近平总书记指出:“江山就是人民、人民就是江山,打江山、守江山,守的是人民的心。”①中国共产党所创造的红色资源在以独特的形式时刻警醒着广大领导干部要密切联系群众,真正把人民群众对美好生活的需要作为始终如一的奋斗目标。

(1)价值取向的人民性。爱国主义教育基地红色资源在其创造主体中,中国共产党始终居于领导地位,它以马克思主义作为行动指南,是全心全意为人民服务的政党,一切理论和奋斗都致力于实现最广大人民的根本利益。中国共产党奋进历程所蕴含的政治观点、政治立场、意识形态等都是以人民利益为旨归。爱国主义教育基地红色资源是中国共产党领导人民群众在长期革命实践中创造的,经过浴血奋战胜利完成了民族独立和人民解放,中国人民从此站起来了;又经过社会主义革命和建设,努力实现了国家富强和人民幸福。爱国主义教育基地红色资源不仅见证着党的自身历史,也见证着党为人民幸福、把人民利益放在首位的伟大实践进程,进一步验证了为人民谋利益是其产生的基础和内核。

(2)创造主体的人民性。马克思、恩格斯指出,历史活动是群众的事业。这是历史唯物主义的基本观点。“无论历史的结局如何,人们总是通过每一个人追求他自己的、自觉预期的目的来创造他们的历史,而这许多按不同方向活动的愿望及其对外部世界的各种各样作用的合力,就是历史。”②没有群众的社会实践活动就没有人类的历史。爱国主义教育基地红色资源蕴含着坚定的群众观点,其产生过程就是在党相信人民、动员人民、依靠人民进行实践中形成的。毛泽东指出:“因为革命战争是群众的战争,只有动员群众才能进行战争,只有依靠群众才能进行战争。”③邓小平也指出:“党对于人民群众的领导作用,就是正确地给人民群众指出斗争的方向,帮助人民群众自己动手,争取和创造自己的幸福生活。”④正是因为中国共产党相信人民、依靠人民,因而取得了一个又一个胜利。而爱国主义教育基地红色资源作为历史进程中的产物,是在发挥人民群众力量创造历史过程中创造的。

3.持久的民族性

民族性是爱国主义教育基地红色资源的识别标志,是区别于其他任何国家革命历史文化资源的重要特征。这种属性历经实践检验和历史沉淀,深刻融入

---

① 习近平:《在庆祝中国共产党成立 100 周年大会上的讲话》,《人民日报》2021 年 7 月 2 日,第 2 版。

② 中共中央马克思恩格斯列宁斯大林著作编译局:《马克思恩格斯选集》第 4 卷,北京:人民出版社,2012 年,第 248 页。

③ 毛泽东:《毛泽东选集》第 1 卷,北京:人民出版社,1991 年,第 136 页。

④ 邓小平:《邓小平文选》第 1 卷,北京:人民出版社,1994 年,第 217 页。

爱国主义教育基地红色资源的发展历程，并伴随时代变迁而历久弥新。

(1)传承了中华文明优质资源。爱国主义教育基地红色资源作为一种特殊的文化形态，是在消化、吸收中华优秀传统文化的过程中不断孕育、发展起来的，是中华文化的有机构成。它植根于中华优秀传统文化的沃土，形成于中华民族的伟大革命实践，是对中华优秀传统文化的传承，承担着延续中华文明优质资源的重任。爱国主义教育基地红色资源在特定历史时期产生，隶属于中华文化，在革命实践中，爱国情怀、舍生忘死、甘于奉献等红色基因与中华文化中的精忠报国、舍生取义、天下理念等资源相呼应，其精神内涵与中华文化一致，是对中华文化的继承与发展。同时，爱国主义教育基地红色资源内含民族精神和民族品格，这些精神是在抵御外侮、争取民族独立和解放、开创国家富强和人民幸福伟大斗争中形成的独具特色的民族精神。随着时代发展，爱国主义教育基地红色资源又赋予了民族精神新的内涵，这些精神也在不断丰富着爱国主义教育基地红色资源的内容。

(2)延续了民族精神核心要义。爱国主义教育基地红色资源是伴随革命活动而产生，但它并不回避自身阶级本质是服务于工人阶级和广大人民群众的属性，在充分发挥其政治宣传、政治引领价值过程中反映了中国人民以革命手段谋求民族独立的伟大精神，并在实践中不断丰富和完善自身内涵。回顾中华民族发展史，我们发现：在五千多年历史长河中，华夏儿女在悠久灿烂的中华文化教育熏陶下，培养了热爱和平、团结友爱、追求自由、坚持正义、善于创新的优秀品质，形成了以爱国主义为核心的民族精神。中国共产党在领导人民进行革命、建设和改革伟大实践中，不仅留下了丰富的物质遗产，而且通过对民族精神的继承与转换，完成了一种新的富有时代气息的精神建构，形成了独具特色的革命精神。这些物质遗产和革命精神共同构成了爱国主义教育基地红色资源与时俱进的特色，它延续着民族精神，扩大着中华文明对世界文明的贡献。

(3)不懈追求民族自立自强。爱国主义教育基地红色资源是近代以来中国在发展实践中展示出的民族自立自强的物质和精神样态的直接体现。中华民族在历史上有过令人惊叹的辉煌成就，但近代以来随着国力衰弱和外敌入侵，开始遭受践踏和侮辱。中国共产党成立以后，由小到大，从稚嫩走向成熟，成为领导中国革命的马克思主义执政党。在中国共产党的领导下，中华儿女同心同德，开始了争取自由和解放的艰难历程，完成了民族独立和人民解放的历史任务。中华人民共和国成立后，中国共产党领导全国人民开始了改变积贫积弱状况、争取国家富强和人民幸福的新征程。经过多年建设，中华民族获得了空前的巨大成就，更加自信地屹立于世界民族之林。在追求强国建设和民族复兴的光辉历史进程中，留下的不可磨灭的革命印迹，涌现出的感人至深的革命事迹，形成的激励人心的革命精神，成为中华民族弥足珍贵的物质和精神财富。

4.鲜明的时代性

时代性是爱国主义教育基地红色资源的鲜亮底色,从发生缘起的角度看,体现出一定的历史性,是经历不同历史发展时期的时代精华。换言之,爱国主义教育基地红色资源能够根据不同时代发展需求和关切与时俱进地得到创新发展。

(1)思想体系具有开放性特质。爱国主义教育基地红色资源是一个物质与精神相结合的产物或体系,它并不是封闭僵化的,而是一个善于与外部世界进行不断交流、借鉴和吸收的"活化整体"。西方文明中的科学、民主等价值理念也为爱国主义教育基地红色资源的发展提供了文化滋养,促进了其内涵不断丰富完善①。爱国主义教育基地红色资源思想体系的开放性在于它不断吸收人类文明的优秀成果并与中国实际相结合。它以马克思主义为指导,立足本国实际并予以创新和发展。中国特色社会主义进入新时代,爱国主义教育基地红色资源作为中华文明的一种形态,也逐渐走向世界,融入世界文明体系之中,这极大地增强了爱国主义教育基地红色资源对外影响力,因为马克思主义和爱国主义教育基地红色资源的本质要求都不能故步自封,而是要在开放交流中持续丰富发展。

(2)理论品格具有创新性动力。爱国主义教育基地红色资源之所以能够长久存在、持续发挥作用,归根到底就在于具有与时俱进的属性,并被赋予了强大的生命力。爱国主义教育基地红色资源不断推陈出新,在每个历史阶段均有独特创造和独特贡献②。习近平总书记指出:"必须坚持守正创新。我们从事的是前无古人的伟大事业,守正才能不迷失方向、不犯颠覆性错误,创新才能把握时代、引领时代。"③爱国主义教育基地红色资源是时代精华、精神淬炼。一方面,坚守红的底色之正不动摇。在不同历史时期都要客观对待爱国主义教育基地红色资源,积极开展调研,还历史本原,旗帜鲜明地反对和抵制历史虚无主义;认真组织宣讲,持续推动用好爱国主义教育基地红色资源,搞好红色教育;努力塑造品牌,集中展示党的根本宗旨和优良作风。另一方面,创新红的理论之新不停步。无论世事如何变幻都要始终突出以历史为根,以红色为本,在内容之新、方法之新上下功夫;深刻理解爱国主义教育基地红色资源蕴含的革命精神,在革命文物、革命故事所映射的进步思想基础上,厚植理论创新根基;准确把握爱国主

---

① 杜向民,郗波,王立洲:《高校红色文化教育传承研究》,北京:中国社会科学出版社,2021年,第10页。

② 张珊:《思想政治教育红色文化资源研究》,北京:社会科学文献出版社,2022年,第49页。

③ 习近平:《高举中国特色社会主义伟大旗帜 为全面建设社会主义现代化国家而团结奋斗——习近平同志代表第十九届中央委员会向大会作的报告摘登》,《人民日报》2022年10页17日,第2版。

义教育基地红色资源与中国共产党人精神谱系辩证关系，在理论层面做好解读和阐释。

(3)核心指向具有先进性魅力。爱国主义教育基地红色资源从本质上说是辩证唯物主义和历史唯物主义的，它符合事物和社会的发展规律，是一种先进性资源。随着时代变迁，中国共产党具体任务也有所调整，但爱国主义教育基地红色资源始终围绕中心任务和要求适时发展，保持与时俱进的理论品格。由此，作为社会不同发展阶段的先进性文化成果，它与中国共产党在每一阶段承担的历史任务紧密相连，带有鲜明的时代特征。爱国主义教育基地红色资源以先进的马克思主义为指导，是马克思主义中国化成果，这种先进性是从马克思主义自身继承而来，并且在持续完善中。爱国主义教育基地红色资源具有勇于斗争的勇气，由于爱国主义教育基地红色资源是从实践中形成的，就其外部而言，它从一开始就面临着与落后的封建主义文化、官僚资本主义文化进行争夺主流意识形态的争斗；就其内部而言，也面临着不同思想、不同观点的交锋。在这些斗争中，其先进性优势不断彰显，成为引领夺取斗争胜利的重要力量。

(二)类型划分和现实样态

爱国主义教育基地红色资源是在近代中国历史演进中，由中国共产党领导而形成发展的，具有明显的形态上的多样性，从不同维度看，呈现出来的状态是不完全一致的。有鉴于此，本研究尝试从级别、功能和形式三个维度来对爱国主义教育基地红色资源进行类型划分。

1.级别分类

以级别(具体指命名基地的单位的行政级别)为依据，对爱国主义教育基地红色资源进行类别划分，这个很好理解。在中国党政机关内部，行政级别总体上可以分为国家级、省部级、厅局级、县处级、乡科级等。为便于管理，我们一般会把爱国主义教育基地红色资源划分为国家级、省级、市(自治州)级、县(区)级四个级别。从1997年6月，中宣部首次公布全国百个爱国主义教育示范基地至今，已发布7批585个基地，地方各级各类爱国主义教育示范基地也陆续进行了公布。以青海省为例，目前发布了124个各级爱国主义教育示范基地，其中，国家级8个、省级33个、市(自治州)53个、县(区)级30个。需要注意的是，这些爱国主义教育示范基地并非都是本研究所要进行深入探讨的对象，本研究主要是在一线调研、座谈交流、样本分析的基础上，选定了其中的71个市(自治州)以上具有明显红色资源属性的爱国主义教育示范基地作为研究对象。本书第四章将着重对这71个爱国主义教育基地红色资源情况进行详细介绍。这些爱国主义教育基地红色资源在教育内容和教育功能上互相呼应、互相补充，较好地发挥了爱国主义教育的功能和价值。

2.功能分类①

爱国主义教育基地红色资源，按照教育功能分为革命传统教育、历史文化教育、经济科技成果教育和大中小学生社会实践教育四种类型②。以青海省为例，爱国主义教育基地红色资源的主要类型：一是革命传统教育导向类，包括（但不限于）各类纪念馆、纪念地、标志物、革命战争重要战役纪念设施、历史遗址遗迹等；二是历史文化教育开发类，包括（但不限于）博物馆、纪念馆、文物保护单位、名人故居、档案馆、自然科技馆、工商业遗址、自然人文景观、历史文化街区等；三是经济科技成果教育保证类，包括（但不限于）建设成就标志地、重大建设项目等；四是大中小学生社会实践教育引导类。目前，青海省市（自治州）级以上的71个爱国主义教育基地红色资源中，包括革命传统教育导向类20个，历史文化教育开发类19个，经济科技成果教育保证类19个，大中小学生社会实践教育引导类13个③。

3.形式分类

爱国主义教育基地红色资源从表现形式来看，主要有两种形态：一种是物质形态，另一种是精神形态（根据研究需要，仅将研究重点放在这两种形态上）。物质形态是基础，主要是指那些可感知的、可具体化的实体存在；精神形态是上层建筑，是由人类社会实践和意识活动中长期蕴化出来的价值观念、审美情趣、思维方式等构成的，综合起来即为中国共产党人精神谱系在内的革命精神、历史文化等。具体而言，当爱国主义教育基地红色资源以实体的形态存在时，它从属于物的范畴，大致包括“人”“事”“物”三种形态，主要有革命英雄遗物、红色建筑遗址、红色革命纪念馆、博物馆等。当爱国主义教育基地红色资源以精神的形态存在时，它则从属于意识形态领域，主要是指中宣部公布的纳入中国共产党人精神谱系的伟大精神（46种），以及与之相关联的爱国元素、历史文化资源等。

---

① 功能分类：主要是参照了杨艳梅的著作《爱国主义教育基地开发与应用研究———以北京市海淀区为例》中的提法。

② 杨艳梅：《爱国主义教育基地开发与应用研究——以北京市海淀区为例》，北京：中国科学技术出版社，2020年，第22-23页。

③ 类别划分和数量分布，主要是根据团队深入调研和在科学分析基础上进行的归纳总结，仅用于科学研究。

第二节
爱国主义教育基地红色资源的理论源流

爱国主义是民族精神的核心,是中华民族生生不息、薪火相传的精神血脉。千百年来,中华民族之所以能够历经磨难而不衰,饱尝艰辛而不屈,关键在于爱国传统已深深融入民族意识之中。爱国主义教育基地红色资源是一种汇集物质和精神双重属性的爱国主义教育载体,深入挖掘其形成的理论源流对于创新发展爱国主义教育基地红色资源具有深远意义。本研究试图从横向多维视角、纵向时间跨度相结合来深入探寻,梳理了马克思主义的国家理论、中国共产党人的爱国传统、中华优秀传统文化的爱国精神、中华民族共同体意识的爱国情怀等,依此溯源了爱国主义教育基地红色资源的理论基础。

一、马克思主义的国家理论

马克思主义国家理论不仅在人类思想史上实现了关于国家学说的革命性突破,也为无产阶级夺取和运用国家政权提供了理论指南,是中国共产党领导革命、建设和改革的指导思想,成为爱国主义教育基地红色资源的理论源头。

(一)国家起源论

国家起源是解开国家之谜的钥匙,决定了国家性质、职能、命运等一系列问题。马克思指出,国家源于社会,“确切地说,国家是社会在一定发展阶段上的产物”①。在马克思看来,社会结构和国家是在现实中从事活动、进行生产和生活过程中产生的,“家庭和市民社会都是国家的前提,它们才是真正活动着的;而在思辨的思维中这一切却是颠倒的”②。“政治国家没有家庭的自然基础和市

① 中共中央马克思恩格斯列宁斯大林著作编译局:《马克思恩格斯文集》第 4 卷,北京:人民出版社,2009 年,第 189 页。

② 中共中央马克思恩格斯列宁斯大林著作编译局:《马克思恩格斯全集》第 3 卷,北京:人民出版社,2002 年,第 10 页。

民社会的人为基础就不可能存在。它们对国家来说是必要条件。"①概括起来，就是"市民社会决定国家""国家最终回归市民社会"。恩格斯指出："社会为了维护共同的利益，最初通过简单的分工建立了一些特殊的机关。随着时间的推移，这些机关——为首的是国家政权——为了追求自己的特殊利益，从社会的公仆变成了社会的主人。"②国家是社会在一定发展阶段的产物，社会生产力发展水平越低，社会制度就越受原始血缘关系的限制。随着生产力水平提高，新的生产关系逐渐取代了血缘关系。而剩余产品引起私有制产生，阶级和阶级矛盾也随之出现了。针对歪曲马克思主义国家理论的机会主义思潮，列宁重申恩格斯的话来阐明自己的观点："国家并不是从来就有的。曾经有过不需要国家而且根本不知国家和国家权力为何物的社会。在经济发展到一定阶段而必然使社会分裂为阶级时，国家就由于这种分裂而成为必要了。"③

马克思主义经典作家揭示了国家产生的基本脉络：生产力发展→社会分工→私有制→阶级→国家。也就是说，国家不是来自社会外部的一种存在，而是社会内部自身运动的结果。这表明，国家的形成不仅是为了解决阶级矛盾，实现阶级统治的需要，也是管理社会公共事务的要求。由此不难看出国家起源的必然性。

（二）国家本质观

马克思从国家和（市民）社会相区别的角度阐释国家起源及其本质，国家是统治阶级借以实现其利益的形式，是整个市民社会获得集中表现的形式。恩格斯指出："国家是承认：这个社会陷入了不可解决的自我矛盾，分裂为不可调和的对立面而又无力摆脱这些对立面。而为了使这些对立面，这些经济利益互相冲突的阶级，不致在无谓的斗争中把自己和社会消灭，就需要有一种表面上凌驾于社会之上的力量，这种力量应当缓和冲突，把冲突保持在'秩序'的范围以内；这种从社会中产生但又自居于社会之上并且日益同社会相异化的力量，就是国家。"④恩格斯高度概括了国家本质即阶级性。关于社会性，马克思、恩格斯也多次论及，在《不列颠在印度的统治》中，马克思从亚洲古时候历史中发现，那时的

---

① 中共中央马克思恩格斯列宁斯大林著作编译局：《马克思恩格斯全集》第 3 卷，北京：人民出版社，2002 年，第 12 页。

② 中共中央马克思恩格斯列宁斯大林著作编译局：《马克思恩格斯全集》第 3 卷，北京：人民出版社，2002 年，第 54 页。

③ 中共中央马克思恩格斯列宁斯大林著作编译局：《马克思恩格斯文集》第 4 卷，北京：人民出版社，2009 年，第 193 页。

④ 中共中央马克思恩格斯列宁斯大林著作编译局：《马克思恩格斯选集》第 4 卷，北京：人民出版社，2012 年，第 170 页。

政府一般有财政、军事和公共工程三个部门,一切政府都必须执行举办公共工程的经济职能。在《资本论》中,他们认为资本主义生产方式下的国家"完全同在专制国家中一样,在那里,政府的监督劳动和全面干涉包括两方面:既包括由一切社会的性质产生的各种公共事务的执行,又包括由政府同人民大众相对立而产生的各种特有的职能"①。列宁也关注了国家经济功能,要通过武装工人的国家对社会生产进行监督和计算,这样"整个社会将成为一个管理处,成为一个劳动平等和报酬平等的工厂"②。

国家作为社会的代表与统治阶级的工具,承认国家的社会性与承认其阶级性是一致的。它必须维护统治阶级利益,也要担负社会管理职责。一方面,国家的阶级性起决定性作用。另一方面,国家的社会性又是阶级性的补充,社会正常运行是统治阶级取得统治合法性的基础。但这些举措的真实目的是维护统治阶级的根本利益,社会性归根结底是服务阶级性的。

(三)国家职能观

马克思提出,国家是"用暴力对付被统治阶级,是维持统治阶级的生活条件和统治条件的必要手段"③的机器。恩格斯指出:"由于国家是从控制阶级对立的需要中产生的,同时又是在这些阶级的冲突中产生的,所以,它照例是最强大的、在经济上占统治地位的阶级的国家,这个阶级借助于国家而在政治上也成为占统治地位的阶级,因而获得了镇压和剥削被压迫阶级的新手段。"④列宁在领导俄国革命实践中为了建立和巩固无产阶级政权,特别突出国家政治统治职能,强调"国家是特殊的强力组织,是镇压某一个阶级的暴力组织"⑤。事实上,国家政治统治核心职能是通过统治工具和机器来维护和实现的。关于社会管理职能,马克思指出,如果没有社会管理职能存在,政治权力就没有办法作用于每个社会成员身上,也就没有办法转化为政治统治的内在力量。恩格斯指出:"一切

---

① 中共中央马克思恩格斯列宁斯大林著作编译局:《马克思恩格斯文集》第7卷,北京:人民出版社,2009年,第431页。

② 中共中央马克思恩格斯列宁斯大林著作编译局:《列宁全集》第31卷,北京:人民出版社,2012年,第97页。

③ 中共中央马克思恩格斯列宁斯大林著作编译局:《马克思恩格斯选集》第3卷,北京:人民出版社,2012年,第209页。

④ 中共中央马克思恩格斯列宁斯大林著作编译局:《马克思恩格斯选集》第4卷,北京:人民出版社,2012年,第172页。

⑤ 中共中央马克思恩格斯列宁斯大林著作编译局:《列宁选集》第3卷,北京:人民出版社,1995年,第130页。

政治权利起先总是以某种经济的、社会的职能为基础的。”①列宁在俄国革命胜利后提出:“现在我们主要的政治应当是:从事国家的经济建设,收获更多的粮食,开采更多的煤炭,解决更恰当地利用这些粮食和煤炭的问题,消除饥荒,这就是我们的政治。”②正是列宁运用国家的社会管理职能,并制定方针政策,才使新生的苏维埃政权得以巩固和发展。可见,国家在政权建设及发展中,政治统治与社会管理职能缺一不可。

关于马克思主义国家职能理论,以往的研究关注更多的是国家政治统治职能,社会管理职能往往被忽视。事实上,我们全面理解和把握国家职能,既要看到国家职能的双重性,又要清醒地认识到,国家社会管理职能始终是服务和从属于政治统治职能的,社会职能的扩大并不意味要抹杀政治统治职能。

(四)国家消亡论

马克思提出,国家作为人类社会发展到一定历史阶段的产物和阶级矛盾不可调和的表现,在人类历史发展阶段中有其存在的必然性。无产阶级专政和民主一方面扬弃和超越了资产阶级民主,另一方面国家并不是永世长存的,终将走向消亡。无产阶级专政和民主的历史使命,就是为国家消亡创造条件。巴黎公社历史经验表明,无产阶级“要求建立一个不但取代阶级统治的君主制形式、而且取代阶级统治本身的共和国。公社正是这个共和国的毫不含糊的形式”③。然而,巴黎公社实行的还是阶级统治,人类的最终解放还远未实现,恩格斯进一步阐释道,“阶级不可避免地要消失,正如它们从前不可避免地产生一样。随着阶级的消失,国家也不可避免地要消失。以生产者自由平等的联合体为基础的、按新的方式组织生产的社会,将把全部国家机器放到它应该去的地方,即放到古物陈列馆去,同纺车和青铜斧陈列在一起”④。当然,国家的消亡不是人为的,“那时,国家政权对社会关系的干预在各个领域中将先后成为多余的事情而自动停止下来。那时,对人的统治将由对物的管理和对生产过程的领导所代替。

---

① 中共中央马克思恩格斯列宁斯大林著作编译局:《马克思恩格斯选集》第 3 卷,北京:人民出版社,2012 年,第 509 页。

② 中共中央马克思恩格斯列宁斯大林著作编译局:《列宁选集》第 4 卷,北京:人民出版社,1995 年,第 308-309 页。

③ 中共中央马克思恩格斯列宁斯大林著作编译局:《马克思恩格斯选集》第 3 卷,北京:人民出版社,2012 年,第 98 页。

④ 中共中央马克思恩格斯列宁斯大林著作编译局:《马克思恩格斯选集》第 4 卷,北京:人民出版社,2012 年,第 170 页。

国家不是‘被废除’的，它是自行消亡的”①。取而代之的“自由人的联合体”就是共产主义社会。列宁也提出资本主义国家不可能自行消亡，必须通过无产阶级革命来实现。而在无产阶级革命胜利后，无产阶级国家或半国家将逐步自行消亡。

随着生产力、生产关系的发展，当条件具备时国家也就失去存在的价值而走向灭亡。但国家消亡并不是一蹴而就的，必须通过国家的力量使国家最终走向消亡。这也就揭示了在人类社会发展进程中，国家从无到有最终走向消亡的螺旋式上升轨迹，从根本上摆脱了历史循环论的束缚。

二、中国共产党人的爱国传统

中国五千年历史孕育了深厚的爱国精神，形成了悠久的爱国传统，是中华民族始终屹立于世界民族之林的意志支撑。爱国是历史的、具体的，不同时期有不同内涵，呈现不同时代特征。② 中国共产党一经成立，就把马克思主义作为指导思想，在革命、建设、改革历史进程中始终围绕民族独立、人民解放，国家富强、人民幸福的中心任务发扬爱国传统，传承爱国精神，为爱国主义教育基地红色资源创新发展注入强劲的动力。

（一）毛泽东爱国主义思想

“毛泽东同志是近代以来中国伟大的爱国者和民族英雄”③，他以科学社会主义为指引，基于国情的正确判断，赋予爱国主义以时代命题，即拯救中华民族于危亡，夺取中国革命胜利；振兴富强中华于世界，坚定不移走社会主义道路。首先，重视必胜信念与忧患意识。中国革命的必然胜利与社会建设的必然推进是毛泽东对中国人民伟大力量的信任与肯定，而这种信任源自人民群众广泛的爱国意识和强烈的民族自尊。忧患意识与必胜信念的结合，既是对中华民族美好家园的热爱、守护与珍惜，更是对中华儿女美好心灵和奋斗壮举的坚定信赖。其次，统筹悠久历史与美好未来。中华民族悠久的历史文化，构成了中国的过去、塑造着中国的现在和未来。爱国就要爱国家的历史和文化，这是一个国家不可割舍的骨血。这种爱不是盲目的、非理性的，而是要一分为二地看待国家历史这个复杂的矛盾体。用科学态度、在尊重历史唯物主义辩证法基础上客观对待

---

① 中共中央马克思恩格斯列宁斯大林著作编译局：《马克思恩格斯选集》第 3 卷，北京：人民出版社，1995 年，第 320 页。

② 朱桂莲：《爱国主义教育研究》，北京：中国社会科学出版社，2008 年，第 51 页。

③ 习近平：《在纪念毛泽东同志诞辰 130 周年座谈会上的讲话》，《人民日报》2023 年 12 月 27 日，第 2 版。

国家的历史与现在。最后,融通爱国主义与国际主义。毛泽东指出:“国家的统一,人民的团结,国内各民族的团结,这是我们的事业必定要胜利的基本保证。”①中国共产党人既是爱国主义者,也是国际主义者,他以保卫祖国、反对侵略为自己的战斗口号。爱国主义即国际主义在民族解放战争中的实施,只有把自己的事情办好了、把中国的发展做好了,才会对人类进步做出更多贡献。

(二)邓小平爱国主义思想

作为一个坚定的马克思主义者和共产主义者,邓小平继续在新的历史时期贯彻和推进马克思主义与中国实际的融合发展,形成了邓小平爱国主义思想。首先,维护国家利益是实质。邓小平主张热爱中国、维护主权和国家利益的根本在于热爱社会主义制度,这既是根基也是当代中国基本特征。邓小平对世界和平怀有强烈的责任心,中国的社会主义现代化建设与世界局势、环境发展有紧密联系,世界和平也是中国发展的前提。其次,实现民族复兴是主题。邓小平的人生经历使他对国家、民族怀有强烈的责任感,珍惜民族独立和国家富强的局面,把培育民族自尊心、增强民族自豪感作为爱国主义的时代内容。实现民族复兴的根本就是让国家强大起来,最根本途径就是解放和发展生产力,没有经济复兴,民族复兴只能是天方夜谭。最后,实现共同富裕是旨向。共同富裕是古今中外无数哲人政客孜孜以求的理想目标,邓小平结合前人探索、改革实践,对实现共同富裕进行了系统的、全方位的探索,而这种探索也体现了邓小平爱国主义思想的崇高旨向。

(三)江泽民爱国主义思想

江泽民指出:“爱国主义是一个历史范畴,在社会发展的不同阶段、不同时期有不同的具体内容。我们所讲的爱国主义,作为一种体现人民群众对自己祖国深厚感情的崇高精神,是同促进历史发展密切联系在一起的,是同维护国家独立和广大人民的根本利益密切联系在一起的。”②一方面,捍卫社会主义制度是灵魂。面对世界范围内社会主义事业陷入低潮局面,必须立足自身、发展自我,而社会主义制度的巩固和完善是中国发展的基本前提,这也直接决定了爱国的主题,即捍卫社会主义制度。这一时期的爱国主要表现为献身于建设和保卫社会主义现代化事业,献身于促进祖国统一事业。另一方面,开展爱国主义教育是引领的重要途径。面对不断发展变化的时局,唯有通过各种生动、活泼的形式进行广泛、深入、持久的爱国主义教育和宣传,不断增强民族自尊心和自豪感。爱

① 毛泽东:《毛泽东选集》第七卷,北京:人民出版社,1999年,第216页。

② 江泽民:《江泽民文选》第一卷,北京:人民出版社,2006年,第121页。

国主义教育的重点在于,要从青少年抓起,认真学习和了解祖国的历史,尤其是近代以来的历史;对广大青年而言既要热情关怀、大胆使用,又要严格要求、积极引导。

(四)胡锦涛爱国主义思想

党的十六大以来,以胡锦涛同志为总书记的党中央把对爱国主义的认识提升到了社会主义核心价值体系重要内容的高度。首先,民族融合与国家统一是根基,也是推进社会主义现代化建设、全面建设小康社会、坚持和发展中国特色社会主义的重要力量源泉。在实现中华民族伟大复兴的征程上,一定要大力弘扬爱国主义精神,团结一切可以团结的力量,万众一心为实现中华民族伟大复兴而奋斗。其次,民族精神弘扬是要义。"爱国主义是中华民族的精神核心,是动员和凝聚全民族为振兴中华而奋斗的精神力量。"①要在传承性中继承和发扬中华民族爱国主义传统,用中华优秀传统文化滋养新时期爱国主义精神。在现实中批判性地吸收民族精神的优秀遗产。最后,构建和谐社会是目标。马克思主义在党和国家工作中的指导地位已经确立并不断得到巩固,爱国主义、集体主义、社会主义思想深入人心,教育科技文化事业不断发展,思想道德素质和科学文化素质不断提高,民族凝聚力显著增强。这些都是有利于构建社会主义和谐社会最基本的前提条件②。

(五)习近平总书记爱国主义重要论述

党的十八大以来,习近平总书记充分肯定爱国主义在新时代中国特色社会主义现代化建设中的积极作用,在全面推进强国建设、民族复兴伟业中的时代价值和重要意义。首先,中国梦是新时代爱国主义鲜明主题。在家国同构的传统下,爱国如爱家、爱家即爱国的情感互通和价值互已通成为中华民族深层观念的认同。从集体意识来看,中国梦是民族梦、国家梦,是漫长历史发展积淀和近代以来发展成就基础上的时代展望。从整体视角来看,中国梦是中华民族的共同梦,内涵大局意识、核心意识。其次,党的领导和社会主义道路是新时代爱国主义的本质特征,它塑造着当代中华民族的历史,勾画着国家发展的蓝图。中国共产党是以马克思主义为指导思想的政党,不同时期以革命理想武装全党,克服各种困难行进在民族复兴道路上;社会主义道路塑造了现代中国的内在本质,决定了国家建设和发展的走向。最后,人类命运共同体拓宽了新时代爱国主义理论视野。人类命运共同体意识在推动人类社会前进中发挥着积极作用,它以合作

---

① 胡锦涛:《胡锦涛文选》第三卷,北京:人民出版社,2016 年,第 560 页。

② 胡锦涛:《胡锦涛文选》第二卷,北京:人民出版社,2016 年,第 278-279 页。

共赢为目标促进人类对现实境遇的改善、对共同理想的追求。爱国主义突破了国家界限,体现了走和平之路,而中国道路完全摒弃了西方道路的基本样态和逻辑:中国不走剥削掠夺的老路,坚定走独立自主的和平发展新路。

三、中华优秀传统文化中的爱国精神

《新时代爱国主义教育实施纲要》指出:"对祖国悠久历史、深厚文化的理解和接受,是爱国主义情感培育和发展的重要条件"①,中华优秀传统文化是中华民族的精神命脉,蕴含着丰富的爱国思想、充盈着厚重的爱国感情、体现着博大的爱国情怀,成为涵养爱国主义教育基地红色资源的重要源泉。

(一)中华优秀传统文化内蕴爱国情愫

中华优秀传统文化源远流长、博大精深,深刻影响爱国思想的形成与发展,它在不同历史发展时期,呈现出不同主题的爱国旨向,是厚植家国情怀的重要养料。

1.孕育了宝贵的精神品格

中华优秀传统文化经过历史积淀,蕴含丰富的哲学思想、人文精神和价值理念,并在继承创新中不断发展,在应时处变中不断升华,积淀着中华民族最深沉的精神追求,是中华民族生生不息、发展壮大的丰厚滋养。习近平总书记指出:"亲仁善邻、协和万邦是中华文明一贯的处世之道,惠民利民、安民富民是中华文明鲜明的价值导向,革故鼎新、与时俱进是中华文明永恒的精神气质,道法自然、天人合一是中华文明内在的生存理念。"②"中华优秀传统文化是中华文明的智慧结晶和精华所在,是中华民族的根和魂,是我们在世界文化激荡中站稳脚跟的根基。"③它"代表着中华民族独特的精神标识"④,而内涵其中的爱国主义精神,是重要的精神品格和精神气质。从历史演进角度看,"先秦为第一阶段,中华民族爱国主义精神初步形成。汉至唐为第二阶段,这个时期,'爱国'的观念开始大量出现,标志着中华民族爱国主义的确定形成。宋至清为第三阶段,这一时期的民族冲突大大激发了人们反抗民族压迫的爱国情感和意识,是爱国主义

---

① 《中共中央国务院印发〈新时代爱国主义教育实施纲要〉》,《人民日报》2019 年 11 月 13 日,第 6 版。

② 习近平:《深化文明交流互鉴 共建亚洲命运共同体——在亚洲文明对话大会开幕式上的主旨演讲》,《人民日报》2019 年 5 月 16 日,第 2 版。

③ 《习近平在中共中央政治局第三十九次集体学习时强调 把中国文明历史研究引向深入 推动增强历史自觉坚定文化自信》,《人民日报》2022 年 5 月 29 日,第 1 版。

④ 习近平:《论中国共产党历史》,北京:中央文献出版社,2021 年,第 126 页。

精神的成熟和发展期。晚清近代为第四阶段，近代以来爱国主义的精神进入了一个崭新的时期，以独立自强、民族复兴为主题，迎来了中华民族爱国主义精神发扬、升华的新的历史时代。”①中华优秀传统文化的独特气质为人们认识和改造世界提供有益启迪，为新时代治国理政提供了有益启示，为道德风尚建设提供了有益启发。

2.创新了文化的表达方式

中华优秀传统文化内涵的思想理念、道德规范和文化素养，不论过去、现在，还是未来其价值都是永恒的。党的十八大以来，以习近平同志为核心的党中央高度重视文化自信，坚持把马克思主义与中国实际结合起来，与中国五千年文明史结合起来，推动中华优秀传统文化创造性转化、创新性发展；将中华文明中的和合文化、大同思想、天下情结在新的历史条件下发扬光大。新时代“要认真汲取中华优秀传统文化的思想精华和道德精髓，大力弘扬以爱国主义为核心的民族精神和以改革创新为核心的时代精神，深入挖掘和阐发中华优秀传统文化讲仁爱、重民本、守诚信、崇正义、尚和合、求大同的时代价值。”②2014 年，教育部印发的《完善中华优秀传统文化教育指导纲要》强调，中华优秀传统文化教育事关中国特色社会主义教育、构建中华优秀传统文化传承体系、培育和践行社会主义核心价值观等重要工作；2017 年，中共中央办公厅、国务院办公厅印发的《关于实施中华优秀传统文化传承发展工程的意见》指出，围绕立德树人根本任务，把中华优秀传统文化全方位融入思想道德教育、文化知识教育、艺术体育教育、社会实践教育各环节；2021 年，《教育部关于印发〈革命传统进中小学课程教材指南〉〈中华优秀传统文化进中小学课程教材指南〉的通知》明确，中华优秀传统文化进中小学课程教材，是强化中华优秀传统文化铸魂育人功能，落实以中华优秀传统文化涵养社会主义核心价值观，实现中华优秀传统文化传承发展系统化、长效化、制度化的重要举措。

（二）中华优秀传统文化滋养爱国情感

中华文明培育了国人崇高的价值追求、思想理念和道德规范。讲仁爱、重民本、守诚信、崇正义、尚和合、求大同的思想，自强不息、敬业乐群、扶正扬善、扶危济困、见义勇为、孝老爱亲的美德，在滋养爱国情感的过程中发挥着不可替代的作用。

---

① 陈来：《论中华民族爱国主义的精神》，《哲学研究》2019 年第 10 期，第 11 页。

② 《习近平在中共中央政治局第十三次集体学习时强调 把培育和弘扬社会主义核心价值观作为凝魂聚气强基固本的基础工程》，《光明日报》2014 年 2 月 26 日，第 1 版。

1.重义轻利、先义后利的思想内核

义利之辨体现的是道德行为与物质利益、个人利益、社会利益的关系。义指民族、国家和社会的整体利益，利指个人利益。儒家思想中义与利之间是一种对立统一的辩证关系，形成了以重义轻利、以义取利为主流的价值取向。《礼记·中庸》有言：义者，宜也。它强调善和美是应当的、合理的。《论语》中提到“义”24次，《孟子》中使用“义”108次。孔子把义看作立身处世之本，重义轻利，把义与利看作完全对立。孟子继承发展了义的思想，把义作为人的行为准则。《孟子·告子上》陈述：生亦我所欲也，义亦我所欲也，二者不可得兼，舍生而取义者也。墨家强调：义利并重，认为义与利是统一的。《墨子·经上》指出：义，利也，义即利人。一个人立身处世，要有所为有所不为，取舍的标准就是义，要见利思义、见得思义、见危受命，看到利益便能想起该不该得，看见得利的事就要思考是否合乎义；要先人后己、舍己为人，反对见利忘义、唯利是图。要做到见利思义则需要勇，勇是一种维护群体利益而担当道义的敢作敢当精神。因此，义与利这种对立且统一的思想从义的高度为爱国情感注入了活力。

2.自强不息、刚健有为的思想力量

首先，中华优秀传统文化崇尚行动。《周易·乾·象》指出，“天行健，君子以自强不息”。《老子》第三十三章提出，“知人者智，自知者明。胜人者有力，自胜者强。知足者富，强行者有志。不失其所者久，死而不亡者寿”。它提醒世人：能够了解、认识别人的人是智慧的，能够了解、认识自己的人才是高明的；能够战胜别人的人是有力的，能够克服自身弱点的人才是刚强的。知道满足的人是富有的，努力勤行的人是有志气的。始终不离根基的人就能够长久，肉体死了但精神永存的人才是长寿的。其次，中华优秀传统文化富有动能。《孟子·告子下》指出，“天将降大任于是人也，必先苦其心志，劳其筋骨，饿其体肤，空乏其身，行拂乱其所为，所以动心忍性，增益其所不能”。它告诫世人：一个人要想承担重大的责任，就必须经历一系列的艰难困苦和磨炼。这些磨炼包括内心的痛苦、身体的劳累、饥饿的折磨、贫困的煎熬以及做事的失败。通过这些磨炼，人的意志就会得到锤炼，性格就会变得更加坚韧，同时也会获得更多的能力和智慧。最后，中华优秀传统文化蕴含坚韧。“有学者统计，从公元前206年到1949年的两千多年间，中国仅大水灾就发生过1029次，大旱灾1056次。”①中华民族在任何困难和风险面前从来不放弃、不退缩、不止步，五千年文明史就是一部与困难抗争、与命运搏击的奋斗史。文化赋予思想的力量，推动了爱国从理论层面转向实践层面，展现了具体的爱国行动。

---

① 宣言：《丹心从来系家国》，《人民日报》2020年9月17日，第1版。

(三)中华优秀传统文化厚植爱国情意

中华优秀传统文化蕴含丰富的爱国元素,虽然受时代或阶级局限,有时表现为对王朝、君主的忠诚无私,或受夷夏之别的观念束缚而带有狭隘的地域色彩,但其主流和本质是积极健康的,是爱国精神的重要组成。

1.天下意识观念中的爱国

有人认为,古代中国人始终没有国家观念,只有天下意识,这是不符合历史事实的。① "国"在不同朝代其内容是不同的。西周时期,"国"是指天子赐给诸侯的封地;春秋战国时期,"国"是指群雄争霸的列国,即春秋五霸、战国七雄;秦始皇统一天下之后,"国"指的是以王权为核心的王朝。家国天下的"国"指的是具体王朝。王朝对于家族意味着公,对于天下意味着私。"从西周到清代,有过封建制、贵族制和王权官僚制三种不同制度:西周是家国一体的宗法封建制,秦汉是有限的王权官僚制,魏晋南北朝到隋唐是中世贵族制,宋元明清则是绝对的王权官僚制。"②"天下"在古代多指中国的全部土地。春秋战国时期,仁人志士基本上以"平治天下"为己任,但"天下"与"国"是不同的,直到建立中央集权的统一王朝后,"天下"与"国"所指范围才趋于一致。范仲淹有"先天下之忧而忧,后天下之乐而乐"的情怀,这里的"天下"既指整个华夏民族所居住的土地,又指宋王朝所统治的范围。但"当我们以历史唯物主义态度,根据今天的时代特征和广大人民群众的根本利益来继承这两句话时,我们理解的'天下',就应当是整个中华民族的利益"③。顾炎武提道:"有亡国,有亡天下。亡国与亡天下奚辨?"在他看来,"亡国"和"亡天下"是不同的,"国"是指封建统治阶级的利益,而"天下"代表人民的利益。

2.忠君情怀思想中的爱国

在封建社会,君主是国家的代表和象征,故忠君思想在特定时代也是爱国的表现。爱国与忠君密切关联,汉代开始就已在史籍中大量出现。《汉纪·孝惠皇帝纪》有言:"亲民如子,爱国如家";《晋书·列传第十八》指出,"抚下犹子,爱国如家";《晋书·载记第二》强调,"古之圣王爱国如家";《孟子·公孙丑下》提到,"域民不以封疆之界,固国不以山谿之险,威天下不以兵革之利"。这些观点把先秦的忠贞思想与爱国结合起来,显示了爱国观念深入人心。《孝经学·要旨第二》中提到了爱国与治国的关系:"其爱国也至,故其谋国也审";《寒松堂全集》卷十有言,居官应"本天理良心,爱国爱君",晚清曾国藩、胡林翼、张之洞等

① 陈来:《论中华民族爱国主义的精神》,《哲学研究》2019 年第 10 期,第 11–19 页。

② 许纪霖:《家国天下》,上海:上海人民出版社,2017 年,第 385 页。

③ 罗国杰:《中国传统道德:教育修养卷》,北京:中国人民大学出版社,1995 年,第11 页。

也坚持倡导爱国。可见，在封建社会里的忠君与爱国紧密相连。总之，爱国主义是中华优秀传统文化、革命文化、社会主义先进文化的思想内核，但也要看到"传统文化在其形成和发展过程中，不可避免会受到当时人们的认识水平、时代条件、社会制度的局限性的制约和影响，因而也不可避免会存在一些陈旧过时或已成为糟粕的产物"①。因此，在肯定中华优秀传统文化的同时，也要用历史唯物主义观点进行分析；要吸收精华、品读经典，努力把文化要义融入爱国精神，在民族复兴中发挥积极作用。

四、中华民族共同体意识下的爱国情怀

要"大力弘扬以爱国主义为核心的民族精神、以改革创新为核心的时代精神，不断增强对中华民族的认同感和自豪感，振奋各族人民奋进新征程、建功新时代的精气神"②。中华民族共同体意识饱含爱国情怀，是推动民族团结的纽带，成为爱国主义教育基地红色资源的活力之源。

（一）凝聚民族复兴磅礴力量

习近平总书记指出："一百年来，中国共产党团结带领中国人民进行的一切奋斗、一切牺牲、一切创造，归结起来就是一个主题：实现中华民族伟大复兴。"③"只有铸牢中华民族共同体意识，才能有效应对实现中华民族伟大复兴过程中民族领域可能发生的风险挑战，才能为党和国家兴旺发达、长治久安提供重要思想保证。"④

1. 团结进步、共同繁荣是根本

各民族共同团结奋斗、共同繁荣发展是中华民族的生命所在、力量所在、希望所在。2013 年 3 月 17 日，习近平总书记在第十二届全国人民代表大会第一次会议上指出："中国梦是民族的梦，也是每个中国人的梦。""实现中国梦必须凝聚中国力量。这就是中国各族人民大团结的力量。"⑤2015 年 9 月 30 日，习近平

---

① 孙亮：《开掘全人类共同价值的中华优秀传统文化资源》，《思想政治工作研究》2022 年第 5 期，第 24 页。

② 《习近平在中共中央政治局第九次集体学习时强调 铸牢中华民族共同体意识 推进新时代党的民族工作高质量发展》，《人民日报》2023 年 10 月 29 日，第 1 版。

③ 习近平：《在庆祝中国共产党成立 100 周年大会上的讲话》，《求是》2021 年第 14 期，第 5 页。

④ 《习近平在中央民族工作会议上强调 以铸牢中华民族共同体意识为主线 推动新时代党的民族工作高质量发展》，《光明日报》2021 年 8 月 29 日，第 1 版。

⑤ 习近平：《在第十二届全国人民代表大会第一次会议上的讲话》，《光明日报》2013 年 3 月 18 日，第 1 版。

总书记在会见基层民族团结优秀代表时指出:“实现中华民族伟大复兴的中国梦是各民族大家的梦,也是我们各民族自己的梦。”①2021 年 4 月 25 日至 27 日,习近平总书记在广西考察时指出:“在全面建设社会主义现代化国家的新征程上,一个民族都不能少,各族人民要心手相牵、团结奋进,共创中华民族的美好未来,共享民族复兴的伟大荣光。”②在全面推进强国建设、民族复兴伟业中,各民族都是主力军、生力军,唯有在交往、交流、交融中形成磅礴力量,才能克服前进道路上的各种艰难险阻,顺利实现伟大梦想。

2.坚定信念跟党走是关键

各民族坚定信念跟党走,坚定信念走中国特色社会主义道路是中华民族伟大复兴的关键所在。2021 年 7 月 22 日,习近平总书记在西藏考察调研时强调:“我们 56 个民族是中华民族共同体,要同舟共济、迈向第二个百年奋斗目标。只要我们跟着中国共产党走、坚定走中国特色社会主义道路、同心协力、加强民族团结,就一定能够如期实现中华民族伟大复兴的辉煌目标。”③2021 年 8 月 27 日至 28 日,在中央民族工作会议上,习近平总书记总结了 12 条党关于加强和改进民族工作的重要思想,排在第一位的就是“必须从中华民族伟大复兴战略高度把握新时代党的民族工作的历史方位,以实现中华民族伟大复兴为出发点和落脚点,统筹谋划和推进新时代党的民族工作”④。伟大、光荣、正确的中国共产党用百年奋斗取得的民族工作的历史性成就雄辩地证明:只有坚持党的领导,各族人民才会不断从胜利走向胜利,民族团结之花才会越开越艳,幸福生活才会越来越好。

3.各族人民亲如一家是基础

各族人民亲如一家,是实现中华民族伟大复兴的坚实基础。“中华民族一家亲,同心共筑中国梦,这是全体中华儿女的共同心愿,也是全国各族人民的共同目标”⑤,还“是新时代我国民族团结进步事业的生动写照,也是新时代民族工

---

① 《习近平在会见基层民族团结优秀代表时强调 中华民族一家亲 同心共筑中国梦》,《光明日报》2015 年 10 月 1 日,第 1 版。

② 《习近平在广西考察时强调 解放思想深化改革凝心聚力担当实干 建设新时代中国特色社会主义壮美广西》,《人民日报》2021 年 4 月 28 日,第 1 版。

③ 《习近平在西藏考察时强调 全面贯彻新时代党的治藏方略 谱写雪域高原长治久安和高质量发展新篇章》,《人民日报》2021 年 7 月 24 日,第 1 版。

④ 《习近平在中央民族工作会议上强调 以铸牢中华民族共同体意识为主线 推动新时代党的民族工作高质量发展》,《光明日报》2021 年 8 月 29 日,第 1 版。

⑤ 《习近平在会见基层民族团结优秀代表时强调 中华民族一家亲 同心共筑中国梦》,《光明日报》2015 年 10 月 1 日,第 1 版。

作创新推进的鲜明特征"①。实现中华民族伟大复兴,离不开各族人民大团结的力量。因此,"要以铸牢中华民族共同体意识为主线,把民族团结进步事业作为基础性事业抓紧抓好"②"要各民族手挽着手、肩并着肩,共同努力奋斗"③"要全面贯彻党的民族理论和民族政策,坚持共同团结奋斗、共同繁荣发展,促进各民族像石榴籽一样紧紧拥抱在一起,推动中华民族走向包容性更强、凝聚力更大的命运共同体"④。中华民族在世界上作为一个整体出现,实际上是由56个民族共同组成,缺一不可,"五指分开力量分散,形成拳头汇聚合力",各民族唯有形成合力、亲如一家,才会在民族复兴道路上披荆斩棘、势如破竹,奋勇向前。

(二)把握民族关系实质内核

党的十八大以来,以习近平同志为核心的党中央高度重视民族工作,创新推进民族团结进步创建工作,平等团结互助和谐的社会主义民族关系不断巩固和发展。习近平总书记指出:"只有铸牢中华民族共同体意识,才能增进各民族对中华民族的自觉认同,夯实我国民族关系发展的思想基础,推动中华民族成为认同度更高、凝聚力更强的命运共同体。"⑤

1.各族人民真正成为国家主人

中国特色社会主义新型民族关系是各族人民真正成为国家主人的重要保障。《中华人民共和国宪法》明确规定:维护和发展各民族的平等、团结、互助、和谐关系。它第一次从法律上确立起具有中国特色的社会主义新型民族关系,使各族人民真正成为国家主人。2014年3月4日,习近平总书记在参加全国政协十二届二次会议少数民族界委员联组会时强调:"正确认识和处理民族关系,最根本的是要坚持民族平等,加强民族团结,推动民族互助,促进民族和谐。"⑥2023年10月,习近平总书记在中共中央政治局第九次集体学习时强调:"要推

---

① 习近平:《在全国民族团结进步表彰大会上的讲话》,《光明日报》2019年9月28日,第2版。

② 习近平:《在全国民族团结进步表彰大会上的讲话》,《光明日报》2019年9月28日,第2版。

③ 习近平:《在全国民族团结进步表彰大会上的讲话》,《光明日报》2019年9月28日,第2版。

④ 习近平:《在全国民族团结进步表彰大会上的讲话》,《光明日报》2019年9月28日,第2版。

⑤ 《习近平在中央民族工作会议上强调 以铸牢中华民族共同体意识为主线 推动新时代党的民族工作高质量发展》,《光明日报》2021年8月29日,第1版。

⑥ 中共中央文献研究室:《习近平关于社会主义政治建设论述摘编》,北京:中央文献出版社,2017年,第147页。

进各民族人口流动融居，构建互嵌式社会结构和社区环境，创造各族群众共居共学、共建共享、共事共乐的社会条件，持续深化民族团结进步创建工作。”①

2.铸牢中华民族共同体意识成为民族工作主线

中华民族共同体意识是国家统一之基、民族团结之本、精神力量之魂。2014 年 9 月，习近平总书记在中央民族工作会议上指出：“中国特色解决民族问题的正确道路，就是坚持在中国共产党领导下，坚持中国特色社会主义道路，坚持维护祖国统一，坚持各民族一律平等，坚持和完善民族区域自治制度，坚持各民族共同团结奋斗、共同繁荣发展，坚持打牢中华民族共同体的思想基础，坚持依法治国，加强各民族交往交流交融，促进各民族和睦相处、和衷共济、和谐发展，巩固和发展平等团结互助和谐的社会主义民族关系，共同实现中华民族伟大复兴。”②铸牢中华民族共同体意识不仅是民族工作的主线，更是维护各族人民群众根本利益的必然要求。

3.中华民族共同体理论体系得到了丰富

中国特色社会主义新型民族关系是马克思主义民族理论同中国民族问题具体实际相结合的产物。2019 年 9 月 27 日，习近平总书记在全国民族团结进步表彰大会上指出：“我们党创造性地把马克思主义民族理论同中国民族问题具体实际相结合，走出一条中国特色解决民族问题的正确道路，确立了党的民族理论和民族政策，把民族平等作为立国的根本原则之一，确立了民族区域自治制度，各族人民在历史上第一次真正获得了平等的政治权利、共同当家做了主人，终结了旧中国民族压迫、纷争的痛苦历史，开辟了发展各民族平等团结互助和谐关系的新纪元。”③中华民族共同体理论是不断丰富、发展和完善的体系，随着民族工作的进展而接续发展，这符合中国国情和现实发展需要，具有强大的生命力和指导作用。

（三）维护民族利益高度自觉

“只有铸牢中华民族共同体意识，构建起维护国家统一和民族团结的坚固思想长城，各民族共同维护好国家安全和社会稳定，才能有效抵御各种极端、分裂思想的渗透颠覆，才能不断实现各族人民对美好生活的向往，才能实现好、维

① 《习近平在中共中央政治局第九次集体学习时强调 铸牢中华民族共同体意识 推进新时代党的民族工作高质量发展》，《人民日报》2023 年 10 月 29 日，第 1 版。

② 中共中央文献研究室：《习近平关于社会主义政治建设论述摘编》，北京：中央文献出版社，2017 年，第 150 页。

③ 习近平：《在全国民族团结进步表彰大会上的讲话》，《光明日报》2019 年 9 月 28 日，第 2 版。

护好、发展好各民族根本利益。”①这不仅是一种信念追求,更是一种行动力量。

1.国家统一的基础

铸牢中华民族共同体意识是维护国家统一的基础。团结统一是国家的最高利益,是各族人民共同利益。2014 年 9 月 30 日,习近平总书记在第六次全国民族团结进步表彰大会上指出:“民族团结是我国各族人民的生命线。”②“全党要牢记我国是统一的多民族国家这一基本国情,坚持把维护民族团结和国家统一作为各民族最高利益。”③党的二十大以来,全国各族人民迈上了以中国式现代化全面推进强国建设、民族复兴伟业的新征程,全面建成社会主义现代化强国,一个民族也不能少。

2.民族团结的根本

铸牢中华民族共同体意识是实现民族团结的根本。团结是战胜一切困难的强大力量,是凝聚人心、成就伟业的重要保证。2014 年 9 月,习近平总书记在中央民族工作会议上指出:“做好民族工作,最关键的是搞好民族团结,最管用的是争取人心。我们要高举各民族大团结的旗帜,坚持绵绵用力、久久为功,把加强民族团结作为战略性、基础性、长远性工作来做。”④2015 年 12 月 30 日,习近平总书记在主持十八届中共中央政治局第二十九次集体学习时指出:“要教育引导全国各族人民像爱护自己的眼睛一样珍惜民族团结,维护全国各族人民大团结的政治局面,不断增强对伟大祖国、中华民族、中华文化、中国共产党、中国特色社会主义的认同,坚决维护国家主权、安全、发展利益,旗帜鲜明反对分裂国家图谋、破坏民族团结的言行,筑牢国家统一、民族团结、社会稳定的铜墙铁壁。”⑤

3.凝聚力量的关键

铸牢中华民族共同体意识是汇聚起实现民族复兴磅礴力量的关键。2021 年 7 月,习近平总书记在庆祝中国共产党成立 100 周年大会上指出:“以史

---

① 《习近平在中央民族工作会议上强调 以铸牢中华民族共同体意识为主线 推动新时代党的民族工作高质量发展》,《光明日报》2021 年 8 月 29 日,第 1 版。

② 《中央民族工作会议暨国务院第六次全国民族团结进步表彰大会在北京举行》,《光明日报》2014 年 9 月 30 日,第 1 版。

③ 《中央民族工作会议暨国务院第六次全国民族团结进步表彰大会在北京举行》,《光明日报》2014 年 9 月 30 日,第 1 版。

④ 中共中央文献研究室:《习近平关于社会主义政治建设论述摘编》,北京:中央文献出版社,2017 年,第 152 页。

⑤ 《习近平在中共中央政治局第二十九次集体学习时强调 大力弘扬伟大爱国主义精神 为实现中国梦提供精神支柱》,《光明日报》2015 年 12 月 31 日,第 1 版。

为鉴、开创未来,必须加强中华儿女大团结。”①要团结一切可以团结的力量、调动一切可以调动的积极因素,寻求最大公约数、画出最大同心圆,最大限度形成全体中华儿女心往一处想、劲往一处使的生动局面,汇聚起实现民族复兴的磅礴力量! 总之,一百多年来,在革命、建设、改革进程中取得的一切成就,是中国共产党人、中国人民、中华民族团结奋斗的结果。无论是在民族危亡之际同仇敌忾、抵御外侮,还是和平时期同心同德、艰苦奋斗,都让中国人民深深感受到,团结就是力量,团结才能胜利。因此,没有各民族像石榴籽一样紧紧团结在一起,就没有中华民族的今天,更不会有中华民族伟大复兴中国梦实现的明天。

第三节

爱国主义教育基地红色资源的价值意蕴、功能优势与运行机理

一、爱国主义教育基地红色资源的价值意蕴

“用好红色资源,传承好红色基因,把红色江山世世代代传下去”②是中国共产党人的优良传统。爱国主义教育基地红色资源见证着党的奋斗历程、承载着党的优良传统,具有不可替代的时代价值,成为引领和推动思想政治教育创新发展的重要资源。

(一)塑造理想信念的价值

爱国主义教育基地红色资源是坚定理想信念的营养剂。习近平总书记指出:“理想信念就是共产党人精神上的‘钙’,没有理想信念,理想信念不坚定,精神上就会‘缺钙’,就会得‘软骨病’。”③爱国主义教育基地红色资源内涵丰富、形式多元、影响深邃,具有很强的理想信念塑造的价值。

1.树立正确的价值观

爱国主义教育基地红色资源蕴涵着极其丰富的革命精神和厚重的历史文化,每一种革命精神、每一处革命遗迹、每一位革命英雄、每一件革命文物无不映

① 习近平:《在庆祝中国共产党成立100周年大会上的讲话》,《求是》2021年第14期,第13页。

② 习近平:《用好红色资源 传承好红色基因 把红色江山世世代代传下去》,《求是》2021年第10期,第4页。

③ 习近平:《习近平谈治国理政》第一卷,北京:外文出版社,2018年,第15页。

射着革命先辈们的远大理想和家国情怀,深刻影响了一代又一代中国人的世界观、人生观、价值观,增进了中国人对价值观的认知力、认同感和践行力,推动了其良好道德品质和文明行为的养成,促进了他们昂扬向上精神和健康发展新理念的形成。

2.坚定革命理想

各级各类博物馆、纪念馆、展览馆、革命遗址、烈士陵园等爱国主义教育基地不仅是进行思想政治教育的重要场所,也是铸牢中华民族共同体意识、传播革命文化、弘扬革命理想的重要阵地。对爱国主义教育基地红色资源史料的发掘整理和集中展示,能够呈现出中国共产党人坚贞不屈的革命理想和敢为人先的英雄气概,这些都成为引领主流文化发展、价值观念取向和砥砺行动准则的重要标尺,促使人们在身临其境中积极思考、坚定信心、形成信念。

3.养成良好风尚

爱国主义教育基地红色资源是取之不尽、用之不竭的精神养料,是弘扬社会正能量的有机构成。利用好爱国主义教育基地红色资源,积极开展载体活动,发挥爱国主义教育基地红色资源独一无二的精神特质,引导广大民众厚植爱党、爱国、爱社会主义情感,营造出“以科学的理论武装人、以正确的舆论引导人、以高尚的精神塑造人、以优秀的作品鼓舞人”①的良好氛围,形成积极健康的社会氛围、校园风气,彰显出爱国主义教育基地红色资源“润物无声”的文化力量。

(二)凝聚思想共识的价值

爱国主义教育基地红色资源是凝聚思想共识的润滑剂。习近平总书记指出:“新的征程上,我们必须坚持大团结大联合,坚持一致性和多样性统一,加强思想政治引领,广泛凝聚共识。”②爱国主义教育基地红色资源是近代历史演进过程中重大历史事件、重大历史节点、重要历史人物和重要历史纪念日的集中体现,具有强大的思想共识凝聚的价值。

1.厚植思想政治根基

思想政治教育意在引导广大民众尤其是青少年坚定政治立场,运用科学的方法提高认识世界和改造世界的能力,自觉为实现当前和长远目标而努力,归根到底是做人的工作。爱国主义教育基地红色资源蕴含厚重的历史养料和思政元素,它能够润物无声地引导人、潜移默化地教育人,不断坚定“对马克思主义的

① 江泽民:《江泽民文选》第三卷,北京:人民出版社,2006年,第559页。

② 习近平:《习近平谈治国理政》第四卷,北京:外文出版社,2022年,第13页。

信仰、对中国特色社会主义的信念、对实现中华民族伟大复兴的信心"①。

2.抵御错误思潮侵蚀

当今世界正经历百年未有之大变局,伴随着社会结构、文化模式、价值观念的深刻变革,广大民众尤其是青少年在思想层面呈现出多元化、多样性的发展态势,难免会听到企图弱化马克思主义指导地位的杂音。爱国主义教育基地红色资源承载着党和人民艰苦奋斗的宝贵成果,是进行思想政治教育的重要载体,能够有效抵御各种错误思潮的侵蚀,构筑起坚实的思想壁垒。

3.巩固意识形态阵地

"意识形态工作是为国家立心、为民族立魂的工作",一定要"建设具有强大凝聚力和引领力的社会主义意识形态"②,而思想政治教育是把握意识形态的战略工程。爱国主义教育基地红色资源是思想政治教育的流动教室、鲜活教材、无声教师,利用好一件件红色文物、一个个红色故事、一位位红色英雄、一幕幕红色场景,能够教育广大民众,增强国家认同感,守好意识形态阵地。

(三)培育民族精神的价值

爱国主义教育基地红色资源是进行爱国主义教育的催化剂。习近平总书记指出:"没有先进文化的积极引领,没有人民精神世界的极大丰富,没有民族精神力量的不断增强,一个国家、一个民族不可能屹立于世界民族之林。"③爱国主义教育基地因其独特资源而"日益成为激发爱国热情、凝聚人民力量、弘扬民族精神、传承红色基因的重要场所"④,始终如一发挥着深远的民族精神培育的价值。

1.涵养家国情怀

面对世界多极化、经济全球化、社会信息化和文化多样化的影响,广大民众尤其是青少年的思想和行为不自觉地受到冲击,家国情怀被稀释,极易引发国家意识淡薄、民族精神缺失、家乡情怀淡化等问题。爱国主义教育基地红色资源作为鲜活的历史教科书,记录了中国革命、建设、改革的伟大历程,赓续着百年大党

---

① 习近平:《在学习贯彻习近平新时代中国特色社会主义思想主题教育工作会议上的讲话》,《求是》2023 年第 9 期,第 9-10 页。

② 习近平:《高举中国特色社会主义伟大旗帜 为全面建设社会主义现代化国家而团结奋斗——在中国共产党第二十次全国代表大会上的报告》,《人民日报》2022 年 10 月 26 日,第 1 版。

③ 习近平:《坚定文化自信,建设社会主义文化强国》,《求是》2019 年第 12 期,第 6 页。

④ 《中宣部部署在中国共产党成立一百周年庆祝活动中突出发挥爱国主义教育基地作用》,《人民日报》2021 年 3 月 6 日,第 17 版。

奋斗的红色血脉,深深扎根于广大民众理想信念和日常思维的深处,促使他们增强民族归属感和家乡荣誉感。

2.坚定文化自信

"文化自信是一个国家、一个民族发展中最基本、最深沉、最持久的力量。"①爱国主义教育基地红色资源是文化自信的重要内容,是一种特殊的文化形态,是民族气节的外在展示,为国家自强、民族自立提供了强大的精神动力。通过讲述红色故事、再现革命场景,爱国主义教育基地红色资源所蕴藏的精神力量在日常生活中影响广大民众、带动校园风气、引领社会风尚,增强民族凝聚力和文化软实力。

3.汲取教育智慧

教育人、激励人、塑造人不仅需要知识的输入,更需要精神的引导。爱国主义教育基地红色资源不仅具有广博的知识体系,而且内含丰富的精神资源,是民族精神和华夏文明的传承,它以独特的存在形式让广大民众感知历史、了解文化,在学、思、用中体悟中国文明在延续中涵养而成的基本价值和文化基因,增强民族自尊心、自信心和自豪感。

(四)传承历史文化的价值

爱国主义教育基地红色资源是传承历史文化精髓的"黏合剂"。习近平总书记指出,我们一定要重视历史文化保护传承,保护好中华民族精神生生不息的根脉。② 爱国主义教育基地红色资源诠释了"没有共产党就没有新中国"的奋斗历史,传承了近现代以来红色经典的历史文化的价值。

1.坚定历史自信

历史是最好的教科书,记载着过去、呈现着当下、昭示着未来。爱国主义教育基地红色资源展现了建党以来不同时期的革命遗址遗迹,蕴含着中国共产党带领各族人民艰苦奋斗、迎难而上的辉煌历程,展示了中华民族历经沧桑积淀而成的优秀品质。爱国主义教育基地红色资源的生命力和历史感于无声处影响和感召着广大民众尤其是一代又一代青少年,增强了他们的历史责任感和使命感。

2.丰富精神谱系

中国共产党人精神谱系是中国共产党百年奋斗的思想精华与精神风貌,与爱国主义教育基地红色资源相辅相成、相得益彰,后者是前者的物质载体,前者

---

① 习近平:《习近平谈治国理政》第四卷,北京:外文出版社,2022 年,第 103 页。

② 张晓松,朱基钗,杜尚泽等:《开创富民兴陇新局面——习近平总书记甘肃考察纪实》,《光明日报》2019 年 8 月 24 日,第 1 版。

是后者的精神表达。爱国主义教育基地红色资源丰富了中国共产党人精神谱系的内涵,从建党精神、延安精神、改革开放精神、脱贫攻坚精神等伟大精神出现的不同时期,可以看到历史性伟大成就和与之相对应的爱国主义教育基地。爱国主义教育基地红色资源的价值和魅力时刻感染着广大民众,促使他们加深对革命精神的理解和认知。

3.传承红色文化

红色文化是马克思主义中国化的成果,是蕴含丰富红色资源、厚重文化底蕴的文化形态。爱国主义教育基地红色资源为红色文化的传承提供动力,是红色文化大发展大繁荣的根基。爱国主义教育基地红色资源是流淌的记忆、珍贵的史实、历史的见证。依托爱国主义教育基地红色资源汇聚的红色血脉、形成的红色文化,成为助推中国式现代化的精神伟力。

二、爱国主义教育基地红色资源的功能优势

爱国主义教育基地红色资源蕴含独特的革命传统教育元素、独特的历史文化教育素材、独特的经济科技教育资料、独特的大中小学生社会实践教育养料,将其融入思想政治教育全过程,呈现出教育导向、教育开发、教育保证、教育引导等独有的功能优势,这些资源对于坚定理想信念、厚植历史底蕴、培养创新精神、造就时代新人具有重要意义。

(一)独特的革命传统教育与思想政治教育导向功能优势

革命传统教育是培树理想信念的指南针。在硝烟战火中淬炼而成的革命理想和革命精神,是中国革命取得伟大胜利、建设改革取得重大成就、新时代乘势而上的重要因素。无论过去、现在还是未来,导向功能都是革命传统教育的内在优势。

1.坚定理想信念

"理想信念是立党兴党之基,也是党员干部安身立命之本。"①爱国主义教育基地红色资源数量众多、分布广泛,有利于广大民众跨越时空与革命前辈、英雄先烈、改革先锋、时代楷模展开对话,感悟奋斗者对理想信念的选择、坚定和践行,帮助广大民众树立正确的理想信念。一方面,教育基地建设支撑理想信念教育。从1997年6月至今,中宣部先后公布了7批585个国家级爱国主义教育示范基地,各地也相继公布和创建了很多爱国主义教育示范基地,这些教育基地成

---

① 习近平:《努力成长为对党和人民忠诚可靠、堪当时代重任的栋梁之才》,《求是》2023年第13期,第4页。

为理想信念教育和引导的重要支撑和物质标识。另一方面，政策优势推动理想信念教育。《2011—2015 年全国红色旅游发展规划纲要》《2016—2020 年全国红色旅游发展规划纲要》等规划的出台，推动了爱国主义教育基地红色资源创新发展，拓宽了理想信念教育的渠道，实现了教育成果的转化。

2.明确奋斗目标

“中华民族伟大复兴绝不是轻轻松松、敲锣打鼓就能实现的”①，需要全体中国人民在仰望星空时脚踏实地、在斗志满怀时明确目标。爱国主义教育基地红色资源中的每一处革命遗迹、每一件历史文物、每一个真实故事，都铭刻着革命前辈为了实现中华民族伟大复兴的奋进身影，激励着广大民众树立奋斗目标。首先，爱国主义教育基地红色资源的厚重内容是营养剂。在当代中国，爱国主义的本质是坚持爱国和爱党、爱社会主义相统一。国家历史、民族历史、优秀传统文化、国情社情的教育是爱国主义教育的重要内容，能够厚植奋斗目标的根基。其次，爱国主义教育基地红色资源的真实故事是指明灯。以英雄人物名字命名的纪念馆、烈士陵园以及先辈们的英雄事迹，鞭策着广大民众确立前行目标并为之不懈奋斗。最后，爱国主义教育基地红色资源的配套设施是驱动器。硬件上，从设计、修复到新建，始终坚持高标准、严要求；软件上，线上线下解说一体化、科技赋能常态化、教育培训制度化，无不展现着红色故事的魅力。

3.锻造行为准则

“空谈误国，实干兴邦。”②爱国主义教育基地红色资源再现了中国共产党人和爱国民众面对强敌时的英勇无畏、面对封锁时的自力更生、面对落后时的发愤图强。中国共产党人将革命理想内化于心、外化于行的壮举，能够激发和带动广大民众务实奋进、砥砺前行。首先，发扬革命传统是立足点。“理论联系实际”“密切联系群众”“批评与自我批评”的革命传统是中国共产党人的宝贵历史财富，具有永恒的历史价值。这些革命传统深深浸润在革命、建设、改革不同历史时期的奋斗征程中。其次，弘扬道德法治是着力点。革命传统教育有助于引导广大民众传承中华传统美德、维护宪法权威，坚定不移走中国特色社会主义法治道路。最后，激扬爱国情感是落脚点。从优秀文化和历史传统中汲取营养，增强文化自豪感、归属感和荣誉感，从多民族融合发展的历史和现状中铸牢中华民族共同体意识，从中国共产党领导中国人民取得的伟大成就中坚定民族自信。

（二）独特的历史文化教育与思想政治教育开发功能优势

历史文化教育是培厚创新潜能的营养土。中华儿女在民族复兴史、国家奋

---

① 习近平：《习近平谈治国理政》第四卷，北京：外文出版社，2022 年，第 59 页。

② 习近平：《习近平谈治国理政》第一卷，北京：外文出版社，2018 年，第 36 页。

斗史、人类发展史上创造出的一个又一个人间奇迹,这些都离不开历史文化的教育。

1.尊重差异性

“多样性是世界的基本特征,也是人类文明的魅力所在。”①在交往交流交融过程中,各族人民懂得了求同存异,学会了尊重差异和包容个性。包容和尊重个体在价值观念、行为习惯方面的差异,是思想政治教育开发功能的重要体现。首先,理解个体差异有利于强化自我认同感和尊严感。世界因不同文明而精彩,社会因不同个体而多样。个体受所处环境、成长经历等因素影响,导致受不同地区文化浸润,进而成长为迥然不同的个体,这需要更多善意的对待。其次,接受个体差异有利于促进兴趣发挥和个体发展。理解个体差异产生的客观因素,接受个体存在差异的客观事实,才能更好地理解、接受并尊重个体差异,才能给个体以充足的发展空间,进而让其得到能力的提升。最后,尊重个体差异有利于增强社会凝聚力和向心力。差异是个体存在的实际情况,忽视差异并不能消除差异,甚至造成相反的后果。因此,唯有尊重和引导差异,才是对待差异的正确做法,也是促进社会和谐的必经之路。

2.调动积极性

习近平总书记指出:“在新的时代条件下,我们要继续前进,就必须增进全国各族人民的大团结,调动一切可以调动的积极因素。”②爱国主义教育基地红色资源将文字和图片、声音和影像、科技和美学、历史和现实有机结合,鼓励支持广大民众在各行各业积极主动地为强国建设、民族复兴伟业添砖加瓦,并激发和调动对未知事物的热情、激情和探索欲望,是思想政治教育开发功能的集中展示。首先,培养积极性是必要条件。爱国主义教育基地红色资源展示内容全面、布展手段先进、科技元素丰富,能够从多方面激发广大民众的思考主动性,引导他们学习和研究背后的历史背景、英雄事迹、艰辛历程。其次,调动积极性是必然要求。只有主观意愿强烈、主动求知求索,广大民众才能在不断观察、持续思考、实践锻炼、合作交流中,增强爱国主义教育基地红色资源的观察能力、思维能力、整合能力、实践能力。最后,发挥积极性是必由之路。爱国主义教育基地红色资源厚植历史和文化沃土,是发挥积极性进行探索的重要场域,能够帮助广大民众进一步坚定政治立场、提升文化水平、增强实践能力。

---

① 习近平:《同舟共济克时艰,命运与共创未来——在博鳌亚洲论坛2021年年会开幕式上的视频主旨演讲》,《人民日报》2021年4月21日,第2版。

② 习近平:《在中央政协工作会议暨庆祝中国人民政治协商会议成立70周年大会上的讲话》,《求是》2022年第6期,第9页。

3.培养创造性

“人民是历史的创造者,是真正的英雄。”①只有坚持在中国共产党的领导下充分发挥人民群众的主观能动性,历史的车轮才会朝着中华民族伟大复兴的方向滚滚前行。通过爱国主义教育基地红色资源,广大民众用心用情用力保护源远流长的中国历史、讲述博大精深的中华文化,这些足以激发中国人民的家国情怀、民族情感,进而持续转化为创新创造的正能量。培养和造就人的思维创新和实践创新是思想政治教育的目的。首先,要养成脚踏实地、知行合一的品质。厚重的爱国主义教育基地红色资源推动了“空谈误国、实干兴邦,坚定信心、同心同德,埋头苦干、奋勇前进”成为一种现实引领和行动指针。其次,要形成持之以恒、不怕失败的品质。艰辛奋斗的历程通过爱国主义教育基地的实体形式呈现出来,锻造了“不积跬步,无以至千里;不积小流,无以成江海”的精神,引领中国人民在不懈的实践中找寻成功之道。最后,铸就了善于发现、勇于创新的特质。爱国主义教育基地红色资源所蕴含的精神,引领、培养了一大批立足国情、善于发现问题,结合现实、勇于解决问题,敢于破除旧观念、旧做法,勤于发现事物新规律的时代新人。

(三)独特的经济科技成果教育与思想政治教育保证功能优势

经济科技成果教育是维护社会稳定的压舱石。面对世界之变、时代之变、历史之变加速演进,以及非传统安全因素作用日益增强的现实,迫切需要经济科技成果发挥思想政治教育保证功能的作用,以巩固强国建设、民族复兴伟业推进中的教育、科技、人才一体化发展的基础。

1.凝聚政治共识

“人心是最大的政治,共识是奋进的动力。”②爱国主义教育基地红色资源展示了在中国共产党领导下,中国从站起来、富起来到强起来的伟大飞跃,体现出中国共产党的伟大、光荣、正确。历史昭示:这些伟大成就有助于进一步增进中国人民对中国共产党的政治认同,不断凝聚政治共识,确保了民族复兴道路上人民在政治立场、政治方向、政治原则、政治道路上同党中央保持高度一致。首先,在政治方向上同党中央保持高度一致。共产主义远大理想和中国特色社会主义共同理想,不仅是中国革命、建设、改革历程中得以坚守的一种信念,更是爱国主义教育基地红色资源形成与发展进程中的一种践行,展示了政治的坚定性。其次,在政治原则上绝不能含糊。“两个维护”是党的政治原则和政治规矩。爱国

① 习近平:《习近平谈治国理政》第四卷,北京:外文出版社,2022年,第8页。
② 习近平:《习近平谈治国理政》第三卷,北京:外文出版社,2020年,第326页。

主义教育基地红色资源集中展示的经济科技成果，是做到“两个维护”的生动案例。最后，在政治制度上要坚定自信。不同于西方国家多党制、一党制，中国坚持的是中国共产党领导的多党合作和政治协商制度，历史和现实已经证明其优越性。依托爱国主义教育基地红色资源大力宣传经济科技成果，发挥政治制度巨大优越性。

2.取得思想一致

青海原子城（中国第一个核武器研制基地）、青藏公路建设指挥部旧址以及青藏铁路等爱国主义教育基地红色资源充分彰显了在科学理论指导下，以精诚所至、团结一心的向心力和凝聚力取得的经济科技领域方面的巨大成就。实践表明，这些伟大成就有利于纠正思想上的片面性，保证广大民众真学、真懂、真信、真用科学理论，坚定不移用中国化马克思主义武装头脑、指导实践、推动工作。首先，确保思想动机一致。爱国主义教育基地红色资源中呈现的包括经济科技成果在内的伟大成就，是学习贯彻习近平新时代中国特色社会主义思想的强大动力，进一步坚定了强国建设、民族复兴伟业的强大信心。其次，确保思想方法科学。经济科技成果是一种物质呈现，归结起来，就是在中国共产党的坚强领导下，遵循一切从实际出发、实事求是的辩证唯物主义世界观的根本要求，是科学理论和方法指导下的成果。最后，确保思维方式正确。爱国主义教育基地红色资源兼具物质和精神双重属性的特征，是在理论指导实践、实践丰富理论过程中不断丰富和发展的，这一充满辩证思维的过程，也是克服片面思维的重要方式和路径。

3.实现步调统一

习近平总书记强调：“历史和现实都告诉我们，只有社会主义才能救中国，只有中国特色社会主义才能发展中国。”①爱国主义教育基地红色资源展示的经济科技成果，在经济基础层面上深刻回答了“实现中华民族伟大复兴进入了不可逆转的历史进程”的时代之问，保证全国各族人民在世界百年未有之大变局的激荡中站稳脚跟，在中国特色社会主义道路上向着实现中国式现代化方向阔步前进。首先，确保明确行为规范。汲取爱国主义教育基地红色资源中蕴含的磅礴伟力，特别是经济科技成果形成过程中历经坎坷而意志不动摇、遭受挫折而愈挫愈勇的精气神，成为实现自身价值和努力奋进的信念支撑。其次，确保方向正确。爱国主义教育基地红色资源中，革命实践表明只有社会主义才能救中国，改革实践证明只有社会主义才能发展中国，新时代实践指明只有中国特色社会主义才能实现强国建设和民族复兴。最后，确保及时纠正偏差。慢走或疾行，短

---

① 习近平：《习近平谈治国理政》第一卷，北京：外文出版社，2018 年，第 22 页。

途或长征，时常有走上岔路或掉队的成员，在全面推进中国式现代化新征程上存在偏差要及时“喊看齐”，不断地发现偏差、纠正偏差，确保步调一致，在实现中华民族伟大复兴的大道上奋力前进。

（四）独特的大中小学生社会实践教育与思想政治教育引导功能优势

社会实践教育是培植时代新人的根据地。爱国主义教育基地红色资源因其蕴含着丰厚的历史资源和思政元素，成为大中小学组织开展社会实践教育的首选地，也成为在润物无声中实现引导功能的主阵地。

1.丰富课堂教学

教师是课堂教学的重要主体，通过了解爱国主义教育基地红色资源，有助于增添教育的丰富性、生动性。而学生作为主要主体，在学习爱国主义教育基地红色资源的过程中能够拓宽学的广度、拓展学的深度。在教学互动中，形成全程相互启发、共同成长的良性循环。首先，做好教的准备。课前精心准备授课内容、创新授课方式，让课堂活起来；课堂调动学生积极性，用真故事吸引学生注意力，达到预期效果；课后及时进行教学小结，加强与学生交流，形成师生共鸣。其次，强调学的地位。明确学生主体地位，课前、课中、课后，做到尊重老师、尊重课堂、尊重知识。课前主动预习、发现问题；课中积极交流、解决疑问；课后及时回顾、巩固知识。最后，加强教与学互动。打破“以教为中心”的传统教学理念，突出双主体互动，画出师生共同学习、共同交流、共同讨论的教学同心圆。

2.拓展实践教学

实践教学是课堂教学的延伸，是“理论性与实践性相统一”的具体实践。首先，整合实践资源。爱国主义教育基地红色资源是中国人民在探索国家出路的伟大斗争和实现民族复兴的不懈奋斗中，留下的历史印记，包括实物、遗址、纪念馆以及文献记录等，是实践教学的重要养料。其次，延伸实践半径。以爱国主义教育基地红色资源为中心，推动实践教学的半径从传统课堂延伸到第二课堂，从校园延伸到社会，画出实践教学的最大同心圆，在促进青年学生了解社会、了解国情方面具有重要作用。最后，探索实践新路。借助科学技术，设计研发出包括“云游博物馆”“云实验”“云展览”等“云实践”平台，形成实践路径多元、形式多样的实践课程新选择。

3.融合课内课外教学

内容有限的课堂教学与形式无限的社会实践融合起来，推动育人模式不断创新突破。首先，举办红色教育比赛。利用爱国诗歌、革命歌曲、红色故事等丰富资源，依托重要节日举办以爱国为主题的诗歌朗诵、红歌合唱、微党课、微团课等比赛，实现主动学、积极说、乐于记的局面。其次，组建红色宣讲队伍。由教师宣讲团和学生宣讲团融合宣讲，把史料转化为教材、把现场转化为课堂，把红色故事讲深、讲实、讲透，推动爱国主义教育红色资源宣讲的通俗化、趣味化、体验化。最后，参观红色教育基地。革命博物馆、纪念馆、党史馆、烈士陵园等都是爱国主义教育基地红色资源的重要组成，通过使用这些资源，广大青年学生可以在重温党的光辉奋斗史中感受革命先辈高尚的理想信念、坚定的目标追求、无畏的牺牲精神。

三、爱国主义教育基地红色资源的运行机理

运行机理是创新发展的重要依托，也是爱国主义教育基地红色资源融入思想政治教育的范式探索，内含坚定的立场是定向指南针、多维的主体是有生力量、厚重的内容是核心要素、实用的原则是基本遵循。深入探究创新发展的运行机理，有利于深度挖掘爱国主义教育基地红色资源的物质与精神属性内核，积极担负爱国主义教育基地红色资源创新发展的时代使命，引领爱国主义教育成为社会风尚。

（一）坚定的立场是创新发展的定向指南针

思想政治教育归根到底是解决人的思想意识问题。爱国主义教育基地红色资源丰富的教育元素、强大的育人价值为教育活动提供有力支撑。推动爱国主义教育基地红色资源创新发展，要把握创新发展的坚定立场，深挖红色资源的本质内核，促进优质服务的思政教育。

1.政治定力是根本所在

政治定力是思想形成与发展的根基、是保持党的先进性的必然要求、是推进社会主义事业永续发展的根本保证。爱国主义教育基地红色资源根植于中国共产党人的顽强拼搏、不懈奋斗的光辉历史，具有强大的思想塑造力和精神引领力，是思想政治教育的生动教材。要利用好爱国主义教育基地红色资源，汲取一件件红色文物、一个个红色故事、一幕幕红色场景中蕴含的精神力量和红色基因；要用身心体悟思想政治教育的本质属性和时代价值，坚定政治立场、保持政治定力、锤炼政治品格。

2.理想信念是动力源泉

当今的生活早已远离战火纷飞的年代，但和平安逸的生活容易使人患上理想信念缺失的“软骨病”。随着社会结构、文化模式、价值观念的深刻变革，人民群众的思想意识也呈现出多元化态势，社会中不乏企图弱化甚至取代马克思主义指导地位的杂音。坚定理想信念能够为人生提供远大奋斗目标、强大前进动力和牢固精神支柱，帮助人们在不同社会思潮中坚守马克思主义信仰、中国特色

社会主义信念、中华民族伟大复兴信心。爱国主义教育基地红色资源蕴含的丰富内涵、多样形式为坚定理想信念提供鲜活养料、厚植历史自信、坚守思想底线。

3.信仰追求是价值底蕴

爱国主义教育基地红色资源作为信仰追求的依托,推动其融入思想政治教育,是育人育才的需要,是社会主义核心价值观的导向。它集中展示了近现代历史演进中重大历史事件和重大历史节点,重要历史人物和重要历史纪念日,每一种精神、每一处遗迹、每一位英雄、每一件文物都映射着中国共产党人坚贞不屈的革命理想和敢为人先的英雄气概。要利用好爱国主义教育基地红色资源、传承好红色基因,设计好红色教育,引导人们坚定信仰追求,促进社会形成良好风尚,培养一大批符合党和国家发展需要的时代新人。

(二)多维的主体是创新发展的有生力量

爱国主义教育基地红色资源承载了中国共产党带领全国各族人民艰苦奋斗、迎难而上的辉煌历程,展示了中华民族历经沧桑积淀而成的优秀品质,是时代的精华,也是思想政治教育的重要内容。推动爱国主义教育基地红色资源创新发展离不开多维主体的共同参与。

1.教育者主体是主导力量

教育者在思想政治教育中要发挥好自觉性、选择性、创造性的作用,使受教育者产生预期变化,这对教育者和教育内容都提出了更高的要求。爱国主义教育基地红色资源蕴含厚重的政治思想等精神资源,教育者要利用爱国主义教育基地红色资源开展思想政治教育,走近红色资源,挖掘精神内涵;要重视思想政治教育准备过程,即教育者自我提升的过程;要善用思想政治教育教学方法,激发活力,发挥好分布广泛、便于开发、教育面广、感染力强的优势,运用好体验式、参观式、主题式、网络式的方法,发挥好主导力量的引领优势。

2.受教育者主体是主要力量

受教育者具有多层需求,集中起来即为物质和精神两方面,爱国主义教育基地红色资源兼具物质和精神属性,能够满足受教育者的需要。同时,受教育者又推动爱国主义教育基地红色资源传承弘扬,形成主体与内容互动。爱国主义教育基地红色资源凭借内在优秀品质和外在崇高形象成为优质的教育资源,它继承了伟大的民族精神、融汇了中华民族的斗争精神,展现了不同时期的丰功伟绩。要利用好爱国主义教育基地红色资源蕴含的教育元素,涵养受教育者主体,赋能思想政治教育,推动受教育者提升思想认知、规范道德行为、完善主体品格,发挥好主体力量的价值优势。

3.教育活动主体是载体力量

思想政治教育活动是教育者利用教育资源对受教育者施以影响,改进其政治觉悟和思想品德的方式。当前教育活动的模式已不能满足教育需要,迫切需要新的活动内容和活动形式。爱国主义教育基地红色资源具备为教育活动提供经验、手段和载体的基础,其蕴含先进的文化内涵、高贵的革命精神、厚重的革命历史、感人的英雄事迹,拓展了教育内容、延伸了教育载体、激活了教育主体,推动了教育活动从思政小课堂走向社会大课堂;促进了教育双主体的身心体悟,有助于发挥教育活动的载体优势。

(三)厚重的内容是创新发展的核心要素

历史史实是爱国主义教育基地红色资源创新发展的催化剂,思想教育、政治教育、道德教育、心理教育是构成教育活动的重要内容。推动爱国主义教育基地红色资源融入思想政治教育,要以真实内容为基础、配置要素为手段,引导融得入、融得好,融出效果。

1.思想教育引领了方向

面对价值取向多元、思维方式多样,行动独立性、多样性增强的现实,加强思想教育和引导,保持意志清醒和坚定,是应对变局的不二法门。爱国主义教育基地红色资源具有真实性,真人真事真物既能打动人心又能凝聚人心,具有感染力和凝聚力;它以时代思想为指导,具有感召力和引领力。要发挥爱国主义教育基地红色资源在思想教育方面的优势,推动思想优势转化为行动效能,激发爱国热情、增强爱国意识、凝聚思想共识。

2.政治教育明确了主旨

爱国主义教育基地红色资源在政治上体现人民意志,在内涵上包含爱国思想,将爱国主义教育基地红色资源融入思想政治教育具有政治价值。要立足爱国主义教育基地红色资源,培养正确的政治方向和坚定的政治目标,提高政治鉴别力、判断力,维护团结稳定的政治局面。要挖掘爱国主义教育基地红色资源的历史印记,把党的光辉历史、志士仁人的崇高精神、革命英雄的光荣事迹融入教育全程,明确政治态度、坚定政治立场、保持政治认同、强化政治观念,实现大局稳定。

3.道德教育坚定了自信

道德教育是隐性教育重要内容,潜移默化、润物无声地影响着个体成长。爱国主义教育基地红色资源中每一段历史、每一个事迹、每一件文物、每一处遗址、每一种精神,都彰显着高尚道德品质,是道德教育的鲜活教材。要汲取爱国主义教育基地红色资源中无私奉献、艰苦奋斗、诚实守信的道德品质;要学习爱国主义教育基地红色资源中以国家和民族利益为重，以集体和他人利益为先的英雄人物，坚定道德教育自信、涵养道德激励土壤、丰富道德模范内涵。

4.心理教育增强了自觉

当今生活节奏变快、信息交织错乱等现象容易引发心理问题。爱国主义教育基地红色资源作为心理教育的宝贵资源，能够有效应对这种心理变化。历史表明，爱国主义教育基地红色资源塑造了中华民族顽强意志，蕴含着中华儿女革命精神，这种历史印记具有心理教育价值。要厚植爱国主义教育基地红色资源，发挥其教育功能、塑造坚强意志，以无畏精神迎接困难挑战；要涵养爱国主义教育基地红色资源，推动成为创造美好生活的精神支柱，增强心理健康的自觉自信。

（四）实用的原则是创新发展的基本遵循

原则是从自然界和人类历史中抽象出来的，能够反映事物发展客观规律的真理性认识，是做人谋事的准则。推动爱国主义教育基地红色资源融入思想政治教育创新发展，要符合思想政治教育的客观规律，并遵循教育教学活动的基本原则。

1.坚持疏通与引导结合

在国内，随着个体的主体意识和法治意识的增强，自主思考、求异求新的需求持续增长，多元文化在网络这片沃土上茁壮生长；在国外，西方社会思潮也为争夺话语权和影响力，通过各种手段进行发声，试图抢占思想阵地，这些都在挑战马克思主义在我国思想领域的主导地位。因此，要在思想政治教育中坚持疏通与引导相结合的原则，利用好、传承好、弘扬好爱国主义教育基地红色资源，把丰厚的历史养料和多元的思政元素融入思想政治教育创新发展，在润物无声流程中启发、拨乱反正进程中引导、潜移默化过程中育人。

2.坚持理论与实践并重

要运用好爱国主义教育基地红色资源，把课堂教学和实践教学结合起来，探索富有生机活力的实践活动，挖掘取之不尽、用之不竭的爱国主义教育基地红色资源以补充课堂教学。要创新教学形式，重视体验互动，延伸实践性、情景性、体验式教育活动，使受教育者在实践中感受红色魅力，发挥好爱国主义教育基地红色资源的育人功能。要利用好革命博物馆、纪念馆、党史馆、烈士陵园等红色基因库，组织研学研修，汲取红色文物、红色故事、红色场景的强大力量，在身心浸润中形成思考、坚定信心、树立信念，让爱国主义教育基地红色资源在理论与实践的加持中推动思想政治教育创新发展。

3.坚持教育与自我教育统一

要发挥教育者主导和受教育者能动作用,实现合力效果最大化:教育者要发挥好核心中枢作用,依托思想政治教育,利用红色资源、传承红色基因、讲述红色故事;要根植爱国主义教育基地红色资源拓展教育内容、丰富教育载体,实现多维元素相辅相成、融合发展。受教育者要发挥好能动辅助作用,客观地认识自我、要求自我、调控自我,努力实现自我教育、自我提升、自我超越;要积极参与蕴含红色素材的社会实践教育活动,通过对红色人物和红色故事进行自我教育与提升,达成育人目标。

第三章 青海省爱国主义教育基地红色资源创新发展现状分析

党的十八大以来，习近平总书记高度重视红色资源保护传承和创新发展工作，多次强调“要把红色资源利用好、把红色传统发扬好、把红色基因传承好”。① 爱国主义教育基地红色资源见证着党的奋斗历程、承载着党的优良传统。系统、全面梳理并呈现青海省爱国主义教育基地红色资源现状，对于深入贯彻落实习近平总书记关于红色资源重要讲话和指示批示精神，加大力度保护传承、创新发展爱国主义教育基地红色资源，奋力推进中国式现代化青海篇章意义深远。

第一节 青海省爱国主义教育基地红色资源的基本情况及其创新发展的主要做法

一、青海省爱国主义教育基地红色资源的分布

长期以来，青海省高度重视爱国主义教育基地红色资源的保护传承和创新发展工作。经过多年不懈的努力，目前，青海省基本上形成了一个层次较分明、门类较齐全、设施较完备、功能较丰富、宣传较到位的爱国主义教育基地红色资源网络体系，为开展爱国主义教育搭建了多元的平台，开拓了广阔的空间。

---

① 《习近平在视察南京军区机关时强调 贯彻全军政治工作会议精神 扎实推进依法治军从严治军》，《光明日报》2014 年 12 月 16 日，第 1 版。

青海省爱国主义教育基地红色资源按照功能优势划分为四种类型：一是独特的革命传统教育导向类，如中国工农红军西路军纪念馆、果洛藏族自治州班玛县红军沟革命遗址、青海党史教育展馆等；二是独特的历史文化教育开发类，如中国藏医药文化博物馆、中国青海柳湾彩陶博物馆、青海省博物馆等；三是独特的经济科技成果教育保证类，如青海原子城（中国第一个核武器研制基地）、青藏公路建设指挥部旧址（将军楼）、青藏铁路等；四是独特的大中小学生社会实践教育引导类，如玉树抗震救灾纪念馆、青海民族大学“理想信念与传统文化”教育基地、红光村红色教育基地等。具体名称及分布情况，如表 3-1 所示[仅统计国家级、省级和市（自治州）级爱国主义教育基地红色资源]。

表 3-1 青海省爱国主义教育基地红色资源情况统计

序号	名称	级别	类型	地址	是否免费
1	中国工农红军西路军纪念馆	国家级	独特的革命传统教育导向类	青海省西宁市南川东路西宁市烈士陵北侧	是
2	果洛藏族自治州班玛县红军沟革命遗址	国家级	独特的革命传统教育导向类	果洛藏族自治州班玛县亚尔堂乡东部	是
3	青海党史教育展馆	省级	独特的革命传统教育导向类	青海省西宁市城西区黄河路 2 号中共青海省委党校	是
4	湟源县小高陵精神展览馆	省级	独特的革命传统教育导向类	青海省西宁市湟源县和平乡小高陵村	是
5	大通回族土族自治县烈士陵园	省级	独特的革命传统教育导向类	青海省西宁市大通回族土族自治县城关镇陵园路 396 号	是
6	祁连县西路军和解放军二军纪念苑	省级	独特的革命传统教育导向类	青海省海北藏族自治州祁连县龙鳞公园内	是
7	中共玉树藏族自治州委党史陈列馆	省级	独特的革命传统教育导向类	玉树藏族自治州玉树市结古镇民主路折隆达巷 401 号	是
8	湟源县烈士陵园	市（自治州）级	独特的革命传统教育导向类	西宁市湟源县城关镇青藏路 100 号	是
9	解放军剿匪指挥部（慕容古寨）	市（自治州）级	独特的革命传统教育导向类	西宁市湟中区拦隆口镇拦一村金仓岭慕容古寨	是

续表

序号	名称	级别	类型	地址	是否免费
10	互助土族自治县烈士陵园	市(自治州)级	独特的革命传统教育导向类	海东市互助土族自治县威远镇安定村东南方向80米	是
11	民和回族土族自治县烈士陵园	市(自治州)级	独特的革命传统教育导向类	海东市民和回族土族自治县川口镇东垣南路	是
12	循化撒拉族自治县烈士陵园	市(自治州)级	独特的革命传统教育导向类	海东市循化撒拉族自治县城东尕庄	是
13	天峻县烈士陵园	市(自治州)级	独特的革命传统教育导向类	海西蒙古族藏族自治州天峻县天木路雪合勒牧民小区西北侧	是
14	格尔木市烈士陵园	市(自治州)级	独特的革命传统教育导向类	海西蒙古族藏族自治州格尔木市机场路4号	是
15	海西蒙古族藏族自治州党员先锋事迹陈列馆	市(自治州)级	独特的革命传统教育导向类	海西蒙古族藏族自治州海西会议中心三楼	是
16	钱学森科技馆	市(自治州)级	独特的革命传统教育导向类	海西蒙古族藏族自治州高级中学科创教育中心一楼	是
17	果洛藏族自治州爱国主义教育基地暨民族团结进步展厅	市(自治州)级	独特的革命传统教育导向类	果洛藏族自治州玛沁县甘德路38号	是
18	玉树藏族自治州公安局警史馆	市(自治州)级	独特的革命传统教育导向类	玉树藏族自治州玉树市琼龙科巷401号	是
19	玉树市隆宝镇红色教育基地	市(自治州)级	独特的革命传统教育导向类	玉树藏族自治州玉树市隆宝镇政府院内	是
20	称多县通天河大桥暨守桥民兵班	市(自治州)级	独特的革命传统教育导向类	玉树藏族自治州称多县歇武镇的直门达通天河渡口	是
21	中国藏医药文化博物馆	国家级	独特的历史文化教育开发类	西宁市城北区生物园区经二路36号	是
22	中国青海柳湾彩陶博物馆	国家级	独特的历史文化教育开发类	海东市乐都区高庙镇柳湾村	是

续表

序号	名称	级别	类型	地址	是否免费
23	青海省档案馆	省级	独特的历史文化教育开发类	西宁市七一路 346 号	是
24	青海省博物馆	省级	独特的历史文化教育开发类	西宁市城西区新宁广场东侧	是
25	青海省自然资源博物馆	省级	独特的历史文化教育开发类	西宁市城西区海晏路 75-1 号	是
26	青海青藏高原自然博物馆	省级	独特的历史文化教育开发类	西宁市城北区生物园区经二路 21 号	是
27	西宁市档案馆	省级	独特的历史文化教育开发类	西宁市城中区南关街 43 号	是
28	湟源县丹噶尔古城	省级	独特的历史文化教育开发类	西宁市湟源县城关镇明清老街	是
29	海西蒙古族藏族自治州民族博物馆	省级	独特的历史文化教育开发类	海西蒙古族藏族自治州德令哈市柴达木东路	是
30	都兰县博物馆	省级	独特的历史文化教育开发类	海西蒙古族藏族自治州都兰县察汉乌苏镇希望街热水墓群保护中心	是
31	西宁市博物馆	市(自治州)级	独特的历史文化教育开发类	西宁市城北区门源路西宁市群众文化艺术交流活动中心	是
32	青海藏文化馆	市(自治州)级	独特的历史文化教育开发类	西宁市湟中区鲁沙尔镇莲花湖畔	是
33	高原明珠西宁城市馆	市(自治州)级	独特的历史文化教育开发类	西宁市城西区西山一巷 5 号“高原明珠”多功能观光塔 1 层	否
34	湟源县博物馆	市(自治州)级	独特的历史文化教育开发类	西宁市湟源县城关镇明清老街北侧	是
35	河湟文化博物馆	市(自治州)级	独特的历史文化教育开发类	海东市乐都区文教路东侧	是
36	海东市档案馆	市(自治州)级	独特的历史文化教育开发类	海东市平安区新平大道 199-2 号	是

续表

序号	名称	级别	类型	地址	是否免费
37	互助土族自治县博物馆	市(自治州)级	独特的历史文化教育开发类	海东市互助土族自治县威远镇南大街9号	是
38	民和回族土族自治县档案局	市(自治州)级	独特的历史文化教育开发类	海东市民和回族土族自治县川口镇南大街6号	是
39	循化撒拉族自治县档案馆	市(自治州)级	独特的历史文化教育开发类	海东市循化撒拉族自治县积石大街144号	是
40	青海原子城(中国第一个核武器研制基地)	国家级	独特的经济科技成果教育保证类	海北藏族自治州海晏县金银滩草原	是
41	青藏公路建设指挥部旧址(将军楼)	国家级	独特的经济科技成果教育保证类	海西蒙古族藏族自治州格尔木市金峰西路	是
42	青藏铁路	国家级	独特的经济科技成果教育保证类	属国家重大工程,无场馆	是
43	青海省科技馆	省级	独特的经济科技成果教育保证类	西宁市城西区五四西路74号	是
44	青海油田格尔木炼油厂展厅	省级	独特的经济科技成果教育保证类	海西蒙古族藏族自治州格尔木市黄河东路29号	是
45	青海油田发展史和勘探展厅	省级	独特的经济科技成果教育保证类	甘肃省敦煌市七里镇	是
46	青海省北山国家森林公园	省级	独特的经济科技成果教育保证类	海东市互助土族自治县加定镇桥头村	否
47	互助土族自治县塘川镇双树村党支部	省级	独特的经济科技成果教育保证类	海东市互助土族自治县塘川镇双树村	是
48	贵德国家地质公园	省级	独特的经济科技成果教育保证类	海南藏族自治州贵德县尕让乡阿什贡村1号	否
49	龙羊峡发电分公司展厅	省级	独特的经济科技成果教育保证类	黄南州共和县龙羊峡镇龙羊峡发电分公司	是
50	冷湖地中4井	省级	独特的经济科技成果教育保证类	海西蒙古族藏族自治州冷湖镇	是

续表

序号	名称	级别	类型	地址	是否免费
51	青海省海西公路总段段史馆	省级	独特的经济科技成果教育保证类	海西蒙古族藏族自治州德令哈市长江路26号	是
52	青海油田展览馆（格尔木）	省级	独特的经济科技成果教育保证类	海西蒙古族藏族自治州格尔木市青海油田化工管理中心院内	是
53	互助土族自治县高原特色现代农业示范园区管委会	市（自治州）级	独特的经济科技成果教育保证类	海东市互助土族自治县威远镇南郊	是
54	孟达国家级自然保护区	市（自治州）级	独特的经济科技成果教育保证类	海东市循化撒拉族自治县境内孟达山区	否
55	三兰巴亥景区（骆驼泉）	市（自治州）级	独特的经济科技成果教育保证类	海东市循化撒拉族自治县积石镇街子村	是
56	海东工业园区乐都工业园	市（自治州）级	独特的经济科技成果教育保证类	海东市乐都区纬二路	是
57	中国·青海清洁能源利用展示馆	市（自治州）级	独特的经济科技成果教育保证类	海西蒙古族藏族自治州天峻县快尔玛乡	是
58	德令哈天文科普馆	市（自治州）级	独特的经济科技成果教育保证类	海西蒙古族藏族自治州德令哈市长江路36号	是
59	玉树抗震救灾纪念馆	国家级	独特的大中小学生社会实践教育引导类	玉树藏族自治州玉树市结古镇西杭路西端	是
60	青海民族大学“理想信念与传统文化”教育基地	省级	独特的大中小学生社会实践教育引导类	西宁市城东区夏都大街（文实校区）	是
61	“新青海精神高地”主题教育展馆	省级	独特的大中小学生社会实践教育引导类	西宁市城西区西关大街66号（青海美术馆三楼）	是
62	西宁市青少年航空科普教育基地	省级	独特的大中小学生社会实践教育引导类	西宁市城东区八一东路43号	是
63	红光村红色教育基地	省级	独特的大中小学生社会实践教育引导类	海东市循化撒拉族自治县查汗都斯乡红光村	是

续表

序号	名称	级别	类型	地址	是否免费
64	时代楷模纪念馆	省级	独特的大中小学生社会实践教育引导类	海北藏族自治州海晏县三角城镇湟水大街3号	是
65	果洛藏族自治州图书馆	省级	独特的大中小学生社会实践教育引导类	果洛藏族自治州玛沁县大武镇气象路	是
66	中国科学院西北高原生物研究所青藏高原生物标本馆	市(自治州)级	独特的大中小学生社会实践教育引导类	西宁市城西区新宁路	是
67	国家人防群众防空防灾宣传教育(西宁)基地	市(自治州)级	独特的大中小学生社会实践教育引导类	西宁市城西区昆仑路8号	是
68	西宁市东关大街小学	市(自治州)级	独特的大中小学生社会实践教育引导类	西宁市城东区东关大街	是
69	凤山书院	市(自治州)级	独特的大中小学生社会实践教育引导类	海东市乐都区滨河北路	是
70	海东市第一中学	市(自治州)级	独特的大中小学生社会实践教育引导类	海东市乐都区碾伯镇仓门街	是
71	禅古村爱国主义教育基地	市(自治州)级	独特的大中小学生社会实践教育引导类	玉树藏族自治州结古镇南扎曲河畔	是

二、青海省爱国主义教育基地红色资源创新发展的做法

近年来,作者持续关注青海省爱国主义教育基地红色资源的创新发展,2017年12月,作者作为博士服务团成员在青海省挂职一年,专门对爱国主义教育基地红色资源进行了深入调研;2019年至今,作者作为青海省西宁市社科联兼职副主任,每年都会集中一段时间回青海进行专题调研和学术交流。青海省8个国家级爱国主义教育基地红色资源、29个省级爱国主义教育基地红色资源、34个市(自治州)级爱国主义教育基地红色资源作者都参观考察过。调查发现,青海省拥有丰富的爱国主义教育基地红色资源、厚重的爱国主义教育基地红色基因、绵延的爱国主义教育基地红色血脉,这些精神养料不仅成为主题教育的流动教室、鲜活教材、无声教师,也成为锻炼脚力、眼力、脑力、笔力的社会场域,更是懂青海、爱青海、兴青海的重要动力,成为涵养城市红色底蕴的重要资源。

总之,这些年青海省围绕爱国主义教育基地红色资源保护传承、创新发展,

立足自身特色、博采众长，努力在“大调研、大宣讲、大课题、大品牌”上下足功夫，推动了对青海省爱国主义教育基地红色资源的保护与传承并使其蔚然成风①。

（一）组织大宣讲

接地气的宣讲宣传才能入脑入心，同时，宣讲宣传也是全社会共同营造关心、关注青海省爱国主义教育基地红色资源氛围的有效手段。

1.发挥好宣讲队伍的优势

坚持以省市两级党委讲师团力量为主，以职能部门宣讲力量为辅，主辅融合开展宣讲，把史料转化为教材，把现场转化为课堂，把红色故事讲深、讲透、讲活；坚持调动属地单位积极性，认真组织策划活动，利用各种机会、创造各种条件，以讲红色故事、讲红色历史、讲红色人物的形式进行立体化宣讲，推动全省爱国主义教育基地红色资源宣讲通俗化、趣味化、体验化；坚持加强骨干队伍业务培训，围绕“红色资源、红色故事、红色教育”主题，各有侧重地进行分类指导，打造了一支政治过硬、本领高强的青海省爱国主义教育基地红色资源宣讲队伍。

2.设计好宣讲内容的形式

坚持数字化赋能，推动青海省爱国主义教育基地红色资源动起来。依托实物、图片、模型、绘画作品、雕塑、景观、影像等传统资源，利用声、光、电等现代手段，推动形成沉浸式体验青海省爱国主义教育基地红色资源的新模式。坚持常态化展陈，促进青海省爱国主义教育基地红色资源用起来。依托青海省爱国主义教育基地红色资源名录，有计划、有组织地安排大中小学、机关、企事业单位人员参观。坚持常态化教育，助力爱国主义教育基地红色资源活起来。依托主题教育契机，特别是重大纪念日、重大历史节点，组织开展各种纪念活动，把青海省爱国主义教育基地红色资源优势转化为行动力量。

3.策划好宣传渠道的方式

坚持拓宽多元宣传渠道，融合传统媒体和新兴媒体优势，聚焦群众期待，满足群众需要，开展对象化、分众化、互动化的宣传，把鲜活的故事讲鲜活、把感人的事件讲感人、把彻底的理论讲透彻。坚持给作品创作提供空间，围绕青海省爱国主义教育基地红色资源题材，进行文艺作品和文学作品创作，打造一批具有本土化特色、民族化品牌的红色文艺精品力作。坚持给活动开展营造氛围，聚焦红色人物、红色遗址、红色事件主线，开展红色征歌评选、书画展览展示、红色场景

---

① 董仲磊：《聚焦大调研大宣讲大课题大品牌有力推动青海红色资源保护与利用》，《青海日报》2023年7月17日，第7版。

沉浸式体验等系列主题活动。

(二)开展大调研

调查研究是高质量开展工作先手棋,也是掌握青海省爱国主义教育基地红色资源底数的直接方式。

1.成立组织机构,夯实整体性根基

坚持健全省市两级联席会议机制,从顶层设计角度进行统筹、指导和协调,形成保障青海省爱国主义教育基地红色资源调研顺利推进的工作局面。坚持落实青海省爱国主义教育基地红色资源调研的职责分工,明确"调研什么""怎样调研",形成全社会力量共同推动、责任部门分工明确的调研工作氛围。

2.组建专业队伍,发挥专业性优势

坚持依托高校和科研院所人才优势,发挥智囊团和思想库作用,及时分析、追踪青海省爱国主义教育基地红色资源现状,捕捉、研判、掌握属地单位及职能部门关切,了解新情况、解决新问题;坚持因地制宜、尊重历史,兼顾不同类别的爱国主义教育基地红色资源属性及特征,制定不同保护方案和发展思路;坚持调动社会力量参与青海省爱国主义教育基地红色资源保护,各级党组织和党员领导干部要身先垂范、主动作为,做到信息上合作共享、研判上互补短板、处置上相互配合,合力推动青海省爱国主义教育基地红色资源创新发展。

3.聚焦主题主旨,做实系统性调研

坚持深入一线,在发现问题上求真,坚持从群众中来到群众中去,倾听群众声音。坚持扑下身子,身到心至,掌握青海省爱国主义教育基地红色资源第一手材料。坚持紧盯短板,在分析问题上求深。坚持去伪存真,于小问题中悟大道理。坚持透过现象看本质,提炼青海省爱国主义教育基地红色资源保护的共性难题。坚持务求效果,在解决问题上求实,坚持问题导向,在破解难题上下功夫。坚持直奔主题、排查症结,打通青海省爱国主义教育基地红色资源保护的堵点和难点,把深入调研作为解决现实问题的有效办法和最佳捷径。

(三)设计大课题

课题是深入研究的重要支撑,也是系统梳理青海省爱国主义教育基地红色资源实质内核,有效应对各种社会思潮的有力武器。

1.分门别类设计课题

坚持聚焦青海省爱国主义教育基地红色资源,立足青海实际,对现有资源进行梳理分类,精心设计一批课题,详细说明课题要点,明确"研究什么""怎样研究"。如从功能优势角度可分为独特的革命传统教育导向类、独特的历史文化教育开发类、独特的经济科技成果教育保证类、独特的大中小学生社会实践教育引导类等。坚持细化研究方向,体现时代特征,聚焦问题导向,突出创新意识,着力推出一批方向正确、水平精深、质量上乘的研究成果。

2.揭榜挂帅推动课题

坚持整合资源和力量,以课题推动青海省爱国主义教育基地红色资源创新发展。揭榜挂帅形式可以实现以单位名义进行,多单位联合揭榜时要确定一个主体单位。坚持鼓励理论研究部门和实际工作部门联合形成攻坚组揭榜,推动课题高质量完成。坚持高标准要求承接课题的单位,如具备较强的研究实力、稳定的人才团队、良好的社会声誉,确保课题高水平、高质量完成。

3.组织专家把关课题结项

坚持严格的结项程序。既要看成果数量,又要看成果质量;既要有实名评审,又要有匿名审查,依此形成综合性鉴定意见。坚持基础性研究成果要具有真实性,能够准确阐释青海省爱国主义教育基地红色资源的重大意义、思想内涵和时代价值;坚持应用性研究成果要具有针对性,能够与城市发展融合,起到较高的决策参考价值。

4.推动高质量成果转化应用

坚持畅通成果呈报渠道,通过筛选推出一批质量高、应用性强的成果,整理形成内参并呈报领导,发挥好专家资政建言作用。坚持落实领导批示转办交办机制,承办部门要主动对接专家,深入了解改进思路,推动成果落地落实。坚持多渠道宣传推介课题成果,形成优秀成果汇编,供有关领导和部门参阅;开设专栏将优秀成果公开发表,发挥好成果的应用价值。

(四)塑造大品牌

打造品牌是推动青海省爱国主义教育基地红色资源系统化研究、全面性发展、创造性转化的重要举措。

1.加快推进立法

坚持未雨绸缪,扎实做好立法的各项筹备工作。通过省内外调研,了解各地红色资源立法情况,做到心中有数,做好吸收借鉴;通过专家研讨、部门座谈,吸纳不同意见。坚持"小切口""小快灵",严谨推进立法工作,集中时间和精力完成条例初稿,按照立法流程加速推进。坚持系统思维,完善青海省爱国主义教育基地红色资源保护中长期规划,推动形成有效保护、永续利用、持续发展的闭环体系。

2.坚定开发方向

坚持把握红色主基调,推进教育人民与造福人民良性互动,依托青海省爱国主义教育基地红色资源开辟第二课堂，让旧址遗迹成为红色教室、文物史料成为红色教材、英烈模范成为红色教师；依托“红色旅游+”推动多元业态融合发展，促进就业增收，巩固拓展脱贫攻坚成果。坚持唱响红色主旋律，依托革命文物、纪念设施，如博物馆、纪念馆、展览馆等，打造内容鲜活、形式新颖、群众喜爱的精品节目，把红色基因融入群众日常点滴。

3.推动红色文旅产业发展

坚持“把社会效益放在首位，实现社会效益和经济效益相统一”原则，把红色旅游纳入青海省旅游产业规划。坚持红色人文景观和绿色自然景观相结合、革命传统教育与旅游产业发展相融合，打造一批红色文旅基地和红色精品线路；开发一批红色旅游项目和红色文创产品。坚持深度融合观光游、文化游、生态游、民俗游、研学游、乡村游等，打造红色旅游品牌，做强做优乡村红色产业链条，促进农民生活水平提升。

三、外省市调研爱国主义教育基地红色资源的亮点与启示

“他山之石，可以攻玉。”这些年来，作者在深入调研、持续跟踪青海省爱国主义教育基地红色资源的基础上，不拘泥于一隅，积极拓宽视野，跳出青海看全国，面向全国各地优质的爱国主义教育基地红色资源，深入实地、主动学习、认真总结，把亮点做法、积累的经验、引发的思考汇聚起来，找到普遍适用的规律性内容，融入青海省爱国主义教育基地红色资源的保护传承和创新发展进程中。

近几年来，作者先后调研了辽宁省“六地”，即抗日战争起始地、解放战争转折地、新中国国歌素材地、抗美援朝出征地、共和国工业奠基地、雷锋精神发祥地相对应的场馆，沈阳的“九·一八”历史博物馆、锦州的辽沈战役纪念馆、本溪的辽宁东北抗日义勇军纪念馆、丹东的抗美援朝纪念馆、沈阳的中国·工业博物馆、抚顺的雷锋纪念馆；到辽宁省大连市普兰店区、长海县、庄河市、瓦房店市、旅顺口区、金州区、高新区、甘井子区、中山区、西岗区、沙河口区等 11 个县市区 50 余处红色点位进行调研摸底。到江西省南昌市、吉安市、赣州市，参观方志敏烈士纪念园、小平小道陈列馆、南昌八一起义纪念馆、南昌新四军军部旧址陈列馆、吉安市博物馆、渼陂古村、东固革命根据地旧址群、钓源古村、梅岭三章主题园、南昌起义军余部大余整编旧址、南方红军三年游击战争纪念馆、油山镇赣南游击词主题园、中共赣南特委旧址等 13 处红色旧址及场馆；到贵州省遵义市的遵义会议会址、遵义会议纪念馆、娄山关红军战斗遗址等 8 处场馆遗址。到陕西省、甘肃省、四川省、重庆市、云南省、河南省等地的 20 余处爱国主义教育基地进行调研和学习。

特别是 2023 年 9 月—2024 年 8 月，作者有幸成为北京大学的访问学者。在

访学期间,作者克服各种困难,对北京市的香山双清别墅、李大钊烈士陵园、张思德纪念馆、北大红楼等20余处爱国主义教育基地进行参观学习,从一线调研交流中积累了很多素材,得到了很多启示,引发了很多思考。这些有益成果都将有利于推动青海省爱国主义教育基地红色资源创新发展研究。

(一)呈现的亮点

通过调研,作者深感要推动爱国主义教育基地红色资源创新发展,必须有鲜明的主题、明晰的脉络、充实的内容、新颖的方式和浓厚的氛围,同时还要有法律的保障。所调研的外省市爱国主义教育基地红色资源,在拓宽展出场地、改善陈列设施、丰富展陈内容、改进教育手段、推动保护传承、促进创新发展等方面都做了大量卓有成效的工作,推动了爱国主义教育基地红色资源创新发展的社会化、大众化,有助于实现主体认知、保护传承和融入发展的有机统一。

1.重视立法保护,突出地域特色

所调研的外省市爱国主义教育基地红色资源创新发展的共同点是坚持条例先行、注重顶层设计、强化政策供给,让爱国主义教育基地红色资源产生更大的溢出效应,为爱国主义教育基地红色资源的发现认定、传承弘扬、管理保护、创新发展保驾护航。比如,重庆市出台了《重庆市红色资源保护传承规定》,江西省吉安市出台了《吉安市红色文化遗存保护管理办法(试行)》,四川省出台了《四川省红色资源保护传承条例》,甘肃省出台了《甘肃省红色资源保护传承条例》,云南省出台了《云南省烈士纪念设施保护管理办法(试行)》,河南省出台了《河南省革命文物保护条例》。

2.重视展陈效果,激发家国情怀

所调研的外省市爱国主义教育基地红色资源场馆的展陈都有鲜明的主题、明晰的脉络、充实的内容、新颖的方式和浓厚的氛围。在展陈场地、设施建设、呈现内容上各场馆都做了大量工作;在坚持历史研究、紧跟时代要求上持续发力;在创新上力求突破,制作线上展馆、开展网络主题活动,不断扩大爱国主义教育基地红色资源影响力和持久力。如位于北京市的北大红楼,位于江西省南昌市的方志敏烈士纪念园和南昌八一起义纪念馆,位于河南省洛阳市的洛阳博物馆等。

3.重视媒体宣传,打造红色品牌

媒体宣传推介是红色品牌打造和红色氛围养成的重要土壤。所调研的外省市注重把媒体宣传、载体搭建、科技赋能作为打造红色品牌、促进学术交流的基础性工作来抓,取得了借势成势促交流、面向高端促交流、联建共享促交流的效果,实现了宣传多维度与品牌高质量的有机结合。如位于辽宁省沈阳市的"九·一八"历史博物馆,位于辽宁省锦州市的辽沈战役纪念馆,位于辽宁省抚顺市的雷锋纪念馆，位于陕西省延安市的延安革命纪念馆、枣园、杨家岭、宝塔山、清凉山、凤凰山等。

4.重视人才培养，满足宣讲需要

宣讲人才是爱国主义教育基地红色资源创新发展和保护传承的灵魂。所调研的外省市都非常重视宣讲人才队伍建设，在实际工作中坚持固本培元、夯实根基，把培养本土人才、盘活人才资源作为支撑爱国主义教育基地红色资源发展的主要举措，以引、培、留、育为抓手，统筹推进宣讲人才队伍建设。如位于北京市的中国共产党历史展览馆宣讲队伍建设、香山双清别墅宣讲队伍建设、张思德纪念馆宣讲队伍建设，贵州省遵义市的遵义会议纪念馆宣讲队伍建设等。

5.重视资金投入，夯实发展基础

爱国主义基地红色资源的场馆建设、保护传承、创新发展，离不开充足的财力作基础和支撑。所调研的外省市近几年都加大了资金投入力度，为各级各类爱国主义教育基地红色资源的保护传承、创新发展奠定了坚实的物质基础和财力保障。如位于江西省赣州市的南昌起义军余部大余整编旧址、南方红军三年游击战争纪念馆、中共赣南特委旧址，位于陕西省西安市的八路军西安办事处纪念馆，位于甘肃省张掖市高台县的中国工农红军西路军纪念馆。

（二）形成的模式

梳理外省市在爱国主义教育基地红色资源创新发展方面的特色做法时发现：他们在坚持历史研究、充实场馆内容、迭代展陈技术、紧跟时代要求上持续发力，使得场馆常办常新；不定期组织专项展览、学术交流、专家讲座等，不断扩大影响力、感染力和塑造力，形成了线上线下为一体的多元化参观、培训、教育的工作格局。

1.爱国主义教育基地红色资源创新发展的立足点在立法

加强立法和顶层设计是爱国主义教育基地红色资源创新发展的根本。所调研的外省市共同点在于与时俱进的立法和政策配套。主要经验是：立足实际，赢得各级党委、人民政府和社会各界理解，为顶层设计提供组织保障；主动作为，最大限度争取有关领导和部门支持，为政策配套抓住关键点；抢抓机遇，借势接续完善政策配套和顶层设计。

2.爱国主义教育基地红色资源创新发展的支撑点在平台

搭建载体和提供舞台是爱国主义教育基地红色资源创新发展的活力之源。所调研的外省市通过学术交流、实践研修等方式，推动交流合作，扩大爱国主义教育基地红色资源的社会影响。突出抓阵地建设，创建产学研为一体的阵地；重点抓人才建设，建立爱国主义教育基地红色资源人才库；着力抓宣传建设，形成一批有影响力的品牌平台和人才队伍。

3.爱国主义教育基地红色资源创新发展的着力点在成效

爱国主义教育基地红色资源创新发展能否取得成效,关键在于政策落地、措施跟进以及服务贴心。所调研的外省市成功做法在于:配套政策全面,顶层设计长远,提高了爱国主义教育基地红色资源创新发展的权威性,激发了爱国主义教育基地红色资源创新发展的积极性、主动性、创造性;以服务中心、服务大局为指针,加强爱国主义教育基地红色资源创新发展的政策研究,融入并提升为地方发展服务的能力。

4.爱国主义教育基地红色资源创新发展的生命线在联动

爱国主义教育基地红色资源创新发展最大的特点是联动。所调研的外省市充分发挥联动作用,彰显"合"的功能:突出"上联",主动对接各级党委、人民政府的中心工作,准确把握领导决策需求,找准定位;主动"下联",健全组织体系、加强基础建设、创新宣讲方式、拓宽服务渠道,实现互动;积极"外联",加强对外沟通,参与经验交流和做法分享。

(三)引发的思考

外省市在爱国主义教育基地红色资源创新发展方面的先进管理理念、优质服务水平等经验和做法,对青海省全力推进爱国主义教育基地红色资源创新发展具有重要的参考价值。

1.敢于担当是前提

新时代对爱国主义教育基地红色资源创新发展提出了更高的要求。各级职能部门要切实担当起时代赋予的使命,发挥优势、履行职责。近年来,青海省在深度整合现有爱国主义教育基地红色资源基础上积极赴外省市参观学习,这不失为一个很好的办法。与调研过的省市相比,青海省爱国主义教育基地红色资源创新发展面临着起点不高、基础薄弱、后续衔接不足的现实问题。如果不主动作为、自我加压,青海省爱国主义教育基地红色资源的创新发展与外省市的差距将会越来越大。因此,在推动青海省爱国主义教育基地红色资源创新发展的各个岗位上的工作人员,必须有紧迫感、使命感和责任感,必须积极作为、勇于担当和全力以赴。

2.实施立法是保障

"无规矩不成方圆",完善的法律法规是做好工作的重要保障。调研过的省市均已出台相关条例或政策,虽然颁布时间不同,但都是通过立法来推动保护和促进发展的。当前,青海省爱国主义教育基地红色资源的保护条例尚未出台,保护机构不明确、力量也单薄、资金有缺口,相关的交流互动也不多,尽快立法无疑是突破口。虽然青海省爱国主义教育基地红色资源保护的法治化进程起步较晚,但各级领导高度重视,能够积极协调有关部门和地方高校、科研院所开展座谈、研讨等基础性工作,这也为后续立法做了前期铺垫。

3.明确机构是关键

机构完整和健全是推动各项工作有效开展的有力支撑。与调研过的省市相比,青海省爱国主义教育基地红色资源保护传承和创新发展的机构单一、人员紧缺、经费匮乏,市县区组织架构更无从谈起,宣讲队伍参差不齐,宣讲活动与民众需求存在着较大差距,甚至在青海省爱国主义教育基地红色资源创新发展研究领域内部也存在重研究、轻宣讲的现象。为此,要尽快设立专门机构或议事机构,机构可放在党委宣传部门,便于统一管理和运行;要设置一定数量的宣讲课题,突出宣讲价值和意义,真正把青海省爱国主义教育基地红色资源创新发展工作落到实处。

4.平台建设是核心

平台是扩大宣传、进行交流的重要场所。调研过的省市充分发挥自身优势,整合课题立项、基地建设、专家库等资源,拓宽成果转化渠道,精心打造新型智库。青海省在平台搭建方面已取得了一些成果,但聚焦爱国主义教育基地红色资源创新发展方面的平台不多。下一步,要强化导向作用,促进青海省爱国主义教育基地红色资源智库建设;要强化主体作用,积极打造青海省爱国主义教育基地红色资源的特色品牌;要强化载体作用,构建青海省爱国主义教育基地红色资源的交流平台;要强化评价作用,聚焦青海省爱国主义教育基地红色资源的研究内容;要强化桥梁作用,拓展青海省爱国主义教育基地红色资源的成果转化渠道。

第二节
青海省爱国主义教育基地红色资源问卷分析

将爱国主义教育基地红色资源视为独立的客观存在,不仅有利于走出爱国主义教育基地与红色资源之间关系的认识误区,推动党史学习教育的学科化发展,也有利于拓宽思想政治教育资源的范畴,推动思想政治教育学科的时代化发展。因此,爱国主义教育基地红色资源确实是一个值得研究、值得思考的课题。本研究聚焦青海地区,固然受情感因素影响,但主要原因是青海是民族地区,在这里开展这一主题研究,其价值更大、意义更深、影响更远。为更加全面客观地了解基本情况,作者采用查阅文献资料、田野调查、专家座谈、个别访谈、问卷调查等形式进行摸底。其中,问卷调查采用了随机抽样的方式,依托青海省有关公众号发布"青海省爱国主义教育基地红色资源保护与传承问卷调查",并完成云端填答。共回收问卷4575份,筛查出无效问卷55份,获取有效问卷4520份,有效率为98.80%。在对有效问卷样本进行处理后,运用统计分析方法对数据分布特征进行梳理、归纳和分析,样本数据真实可靠,符合研究需要。

一、调查对象的基本情况

青海省爱国主义教育基地红色资源具有厚重的历史感,是极为珍贵的爱国主义教育素材,具有不可替代的时代价值和重要作用,成为引领和推动全省思想政治教育创新发展的重要资源,是铸牢中华民族共同体意识的重要载体。因此,做好青海省爱国主义教育基地红色资源创新发展的主体认知,不仅有利于其保护传承和创新发展,也有利于其作为强大精神力量推动现代化新青海建设。

数据显示,不同群体对青海省爱国主义教育基地红色资源创新发展表现出很高的兴趣,愿意参与其中,了解基本情况,积极参与评价,并提出中肯的意见,展现出了一种责任担当和有为形象。在青海省爱国主义教育基地红色资源问卷调查对象的身份来源中,机关、事业单位工作人员占66.87%,企业管理者或从业者占17.58%,自由职业者占1.35%,社区和社会组织工作者占2.54%,在校学生占2.58%,其他人员占9.08%。从年龄构成上来看,30岁以下的占23.06%,30~39岁的占39.05%,40~49岁的占24.48%,50岁及以上的占13.41%。从政治面貌上来看,中国共产党党员占48.97%,共青团员占11.31%,民主党派成员占0.60%,群众占39.12%。从学历结构上来看,大专及以下学历占25.20%,本科学历占69.05%,硕士研究生学历(在职研究生学历)占5.44%,博士研究生学历占0.31%。调查对象基本情况如表3-2所示。

表3-2 青海省爱国主义教育基地红色资源调查对象基本情况

身份	占比(%)	年龄	占比(%)	政治面貌	占比(%)	学历	占比(%)
机关、事业单位工作人员	66.87	30岁以下	23.06	中国共产党党员	48.97	大专及以下	25.20
企业管理者或从业者	17.58	30~39岁	39.05	共青团员	11.31	本科	69.05
自由职业者	1.35	40~49岁	24.48	民主党派成员	0.60	硕士	5.44
社区和社会组织工作者	2.54	50岁及以上	13.41	群众	39.12	博士	0.31
在校学生	2.58	—	—	—	—	—	—
其他人员	9.08	—	—	—	—	—	—
合计	100	合计	100	合计	100	合计	100

二、对青海省爱国主义教育基地红色资源的了解情况

爱国主义教育基地红色资源是中国共产党在革命斗争、建设发展和改革实践中创造的宝贵财富，具有独特的价值和功能，是弘扬红色文化、传承红色基因的重要阵地，也是思想政治教育创新发展的重要抓手。调查显示，绝大多数调查对象对青海省爱国主义教育基地红色资源创新发展的主体认知程度较深，表现出较大的兴趣。主要表现在：了解意愿强烈、了解渠道多元、参观数量增加、参观理由务实、喜欢类型多样、改进意见真诚等。

（一）了解意愿强烈

绝大多数调查对象对青海省爱国主义教育基地红色资源创新发展表现出较高的热情和期待，他们希望其得到更好发展，并且能够通过这样一种方式做出自己的努力和贡献。通过数据可以看到：大多数调查对象对青海省爱国主义教育基地红色资源是有所了解的，只是了解的程度不同而已。有 96.23%的调查对象对青海省爱国主义教育基地红色资源是有所了解的，具体呈现为：19.17%的调查对象对青海省爱国主义教育基地红色资源是“完全了解”，39.6%的调查对象对青海省爱国主义教育基地红色资源是“大多了解”，37.46%的调查对象对青海省爱国主义教育基地红色资源是“了解一些”。由此可见，绝大多数的调查对象还是比较关心关注青海省爱国主义教育基地红色资源的。但也不能忽略还有 3.77%的调查对象的答案为“不了解”的情况。具体情况如图 3-1 所示。

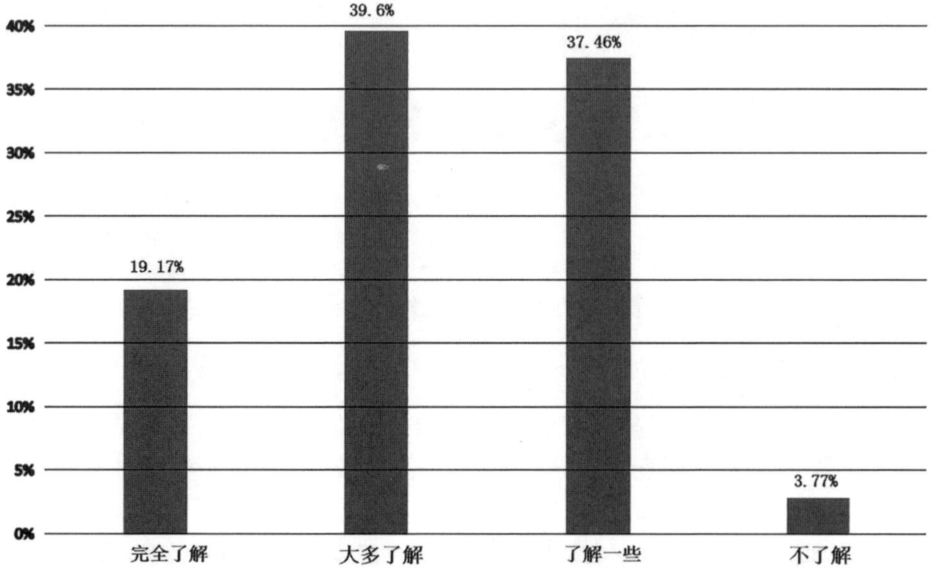

图 3-1　调查对象对青海省爱国主义教育基地红色资源的了解情况

(二)了解渠道多元

调查对象对青海省爱国主义教育基地红色资源的了解是多元化的、多渠道的,他们对爱国主义教育基地红色资源创新发展有期待、有要求。通过数据可以看到:数据分布比较分明,信息来源更加多维,了解渠道更加多元。调查对象中有51.15%的人是“通过集体组织参观方式”来了解青海省爱国主义教育基地红色资源的,有16.15%的人是“通过工作关系接触方式”来了解青海省爱国主义教育基地红色资源的,有10.79%的人是“通过微信、微博、抖音等新兴媒体推介方式”来了解青海省爱国主义教育基地红色资源的,有15.48%的人是“通过电视、广播、报纸等传统媒体宣传方式”来了解青海省爱国主义教育基地红色资源的,有3.57%的人是“通过朋友、同学介绍方式”来了解青海省爱国主义教育基地红色资源的,有2.86%的人是“通过其他渠道”来了解青海省爱国主义教育基地红色资源的,如图3-2所示。总而言之,多元的渠道、多维的方式也体现出调查对象对青海省爱国主义教育基地红色资源的关心关注。

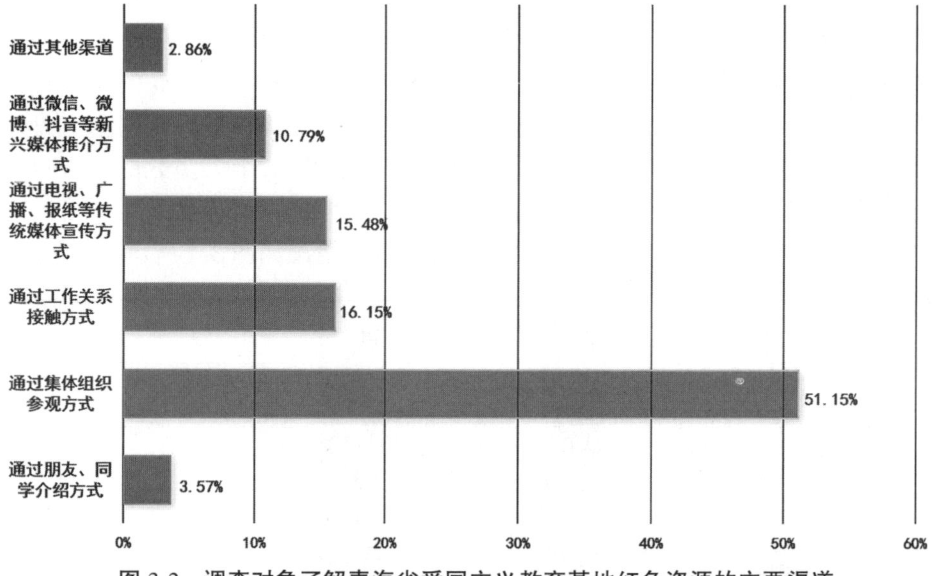

图3-2 调查对象了解青海省爱国主义教育基地红色资源的主要渠道

(三)参观数量增加

青海省爱国主义教育基地红色资源影响力的不断提升,激发了更多人愿意主动去了解、去认知。调查显示:在调查对象中有91.19%的人参观过青海省爱国主义教育基地,但在调查对象中“从来没去过”的人也占到了总数的8.81%。具体为,“参观5个以下”的人占总数的59.17%,“参观5~10个”的人占总数的28.61%,“参观10个以上”的人占总数的3.41%,如图3-3所示。从这个数据中可以清楚地看到,推动青海省爱国主义教育基地红色资源创新发展,宣传教育、扩大影响、形成品牌和引领推动仍然任重道远。

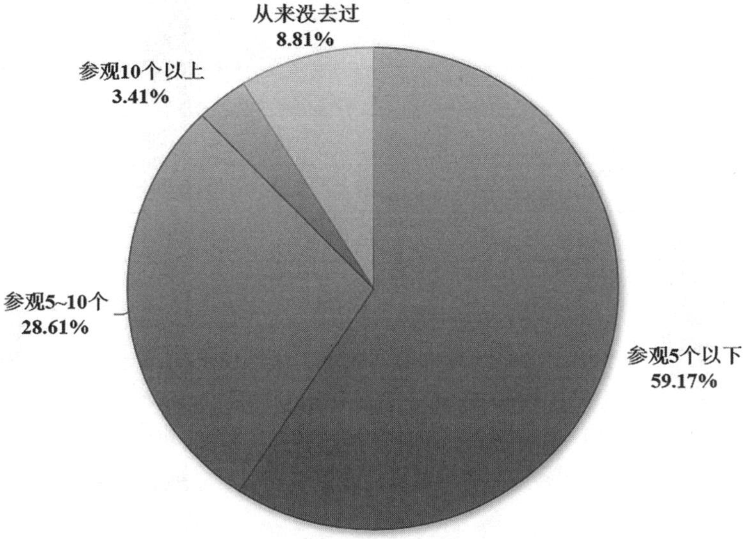

图 3-3 调查对象参观青海省爱国主义教育基地的情况

(四)参观理由务实

爱国主义教育的对象日益多元,客观上需要在推动教育体系、教育内容不断完善和丰富上持续加力。调查对象对参观青海省爱国主义教育基地并能够受到红色资源教育表现出较高的满意度,绝大多数调查对象认可这种既有实体参观又能潜移默化受到教育的润物无声的方式。从参观的出发点方面来看,在调查对象中“因工作需要”的人占总数的 23.10%,“因子女教育”的人占总数的 5.79%,“因个人兴趣”的人占总数的 11.98%,“因党团活动”的人占总数的 45.28%,“因单位团建”的人占总数的 13.85%,如图 3-4 所示。

(五)喜欢类型多样

随着对青海省爱国主义教育基地红色资源的研究深入、投入增加、重视升级,分门别类成为一种趋势,这也有利于不同群体对其进行有针对性的利用。学界普遍认同的一种分类方式是按革命传统教育导向类、历史文化教育开发类、经济科技成果教育保证类和大中小学生社会实践教育引导类来划分。数据显示:调查对象中有 54.4%的人喜欢“革命传统教育导向类”的资源,有 33.53%的人喜欢“历史文化教育开发类”的资源,有 5.36%的人喜欢“经济科技成果教育保证类”的资源,有 6.71%的人喜欢“大中小学生社会实践教育引导类”的资源,如图 3-5 所示。

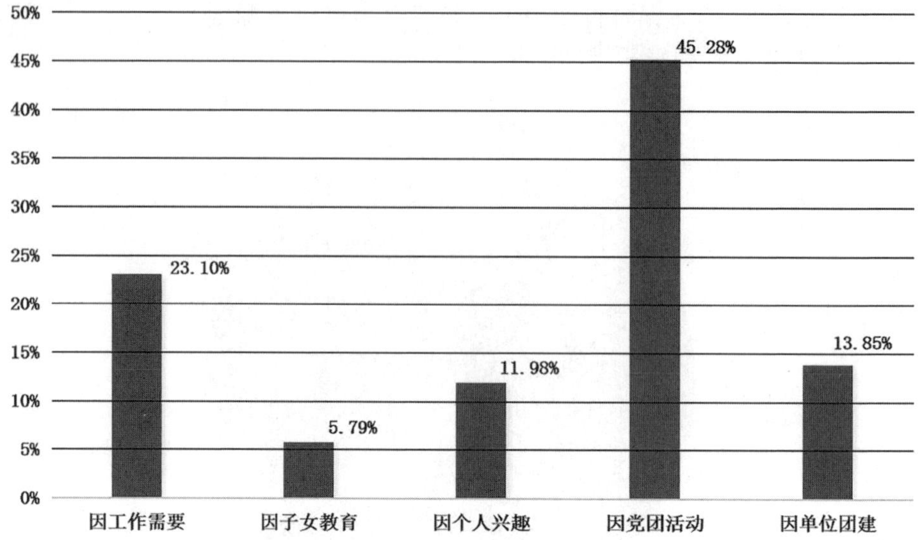

图 3-4　调查对象参观青海省爱国主义教育基地的出发点

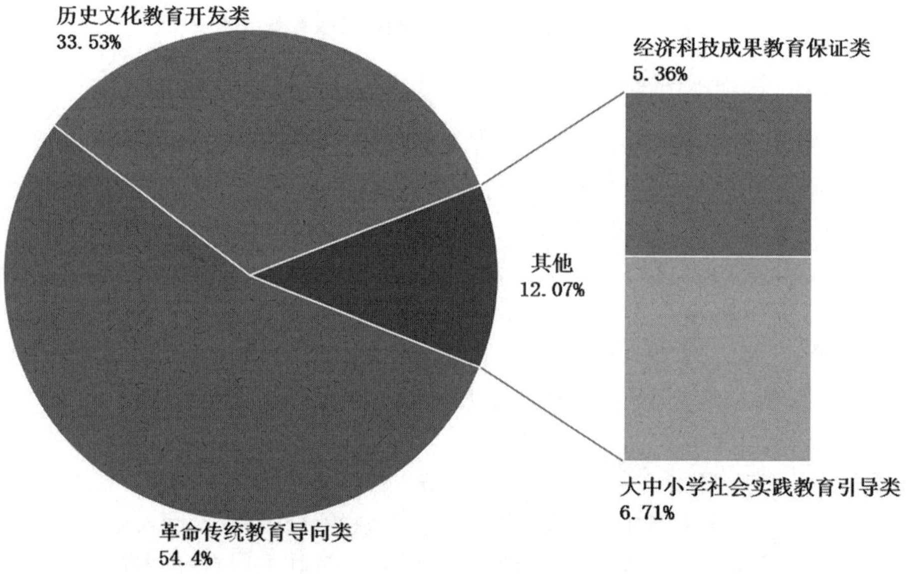

图 3-5　调查对象对青海省爱国主义教育基地红色资源的喜好

(六)改进意见真诚

绝大多数调查对象,针对自己不去或少去青海省爱国主义教育基地的原因提出了真诚的意见和改进的建议,表现出了一种负责任的态度。数据表明:调查对象中有15.56%的人认为“由于收取门票”，有51.35%的人认为“没有时间”，有11.27%的人认为“不感兴趣”，有42.22%的人认为“缺少创意”，有23.69%的人认为“单位没有组织”，有33.41%的人认为“不知道这些地方”，有21.15%的人则“由于其他原因”，如图3-6所示。

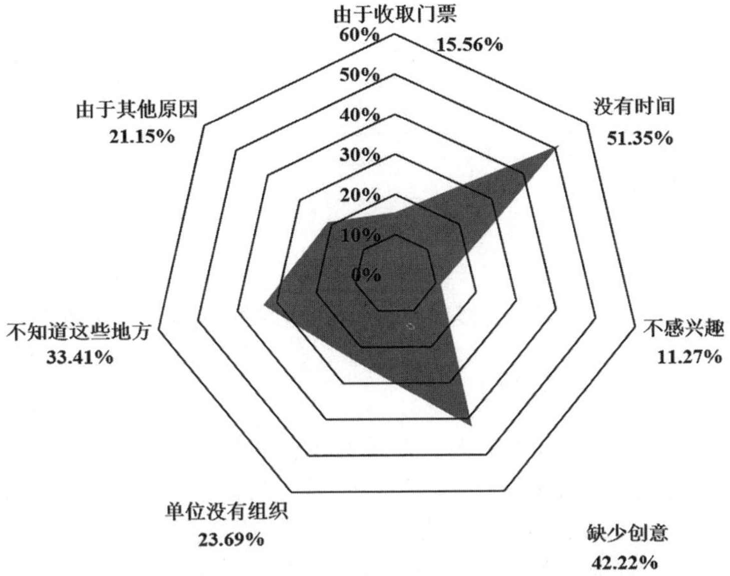

图3-6 调查对象不去或少去参观青海省爱国主义教育基地的原因

三、对青海省爱国主义教育基地红色资源保护传承的评价

调查显示，绝大多数的调查对象对青海省爱国主义教育基地红色资源保护传承的重要性有清晰的认知、深刻的理解，表现出很高的热情。他们认为：青海省爱国主义教育基地红色资源发挥了应有的作用，实现了积极的价值，展现了良好的风貌，但也存在一些问题。

(一)发挥了应有的作用

调查对象对青海省爱国主义教育基地红色资源作用发挥有比较客观的评价，呈现出的数据也基本反映了当前的实际。通过数据可以看出：在调查对象中有87.78%的人认为青海省爱国主义教育基地红色资源“已经起到了应有的作用”，有2.58%的人认为青海省爱国主义教育基地红色资源“没有起到应有的作用”，有9.64%的人表示“不清楚”，如图3-7所示。

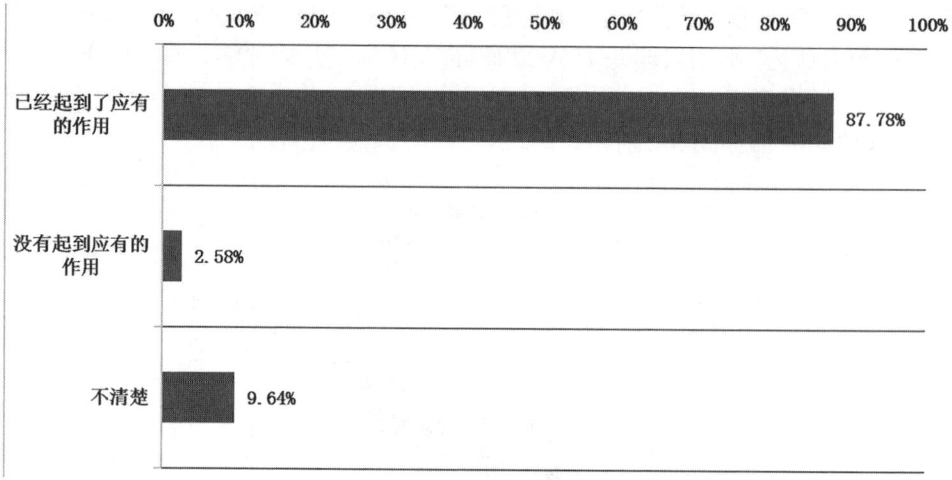

图 3-7 调查对象对青海省爱国主义教育基地红色资源发挥作用的评价

(二)实现了积极的价值

调查对象对青海省爱国主义教育基地红色资源的积极价值有较为理性的评价,他们围绕四种价值进行了客观、真实的选择,尤其是在“价值实现最成功方面”的选项中,有 40.52%的人认为“青海省爱国主义教育基地红色资源实现了经济科技引领价值”,有 78.10%的人认为“青海省爱国主义教育基地红色资源实现了思想政治教育价值”,有 69.92%的人认为“青海省爱国主义教育基地红色资源实现了历史文化传承价值”,有 72.90%的人认为“青海省爱国主义教育基地红色资源实现了革命传统教育价值”,如图 3-8 所示。

(三)展现了良好的风貌

调查对象对青海省爱国主义教育基地红色资源所展现的风貌有较为满意的评价,尤其是对聚焦整体氛围、展陈内容、科技赋能、生动讲解等方面进行了认真的填答。调查对象在“对所参观的青海省爱国主义教育基地红色资源最满意的地方”的回答中,有 34.76%的人认为是“场馆建筑、环境和整体氛围”,有 41.03%的人认为是“馆内展品和展览内容”,有 10.52%的人认为是“现代化辅助手段”,有 13.69%的人认为是“生动的讲解”,如图 3-9 所示。

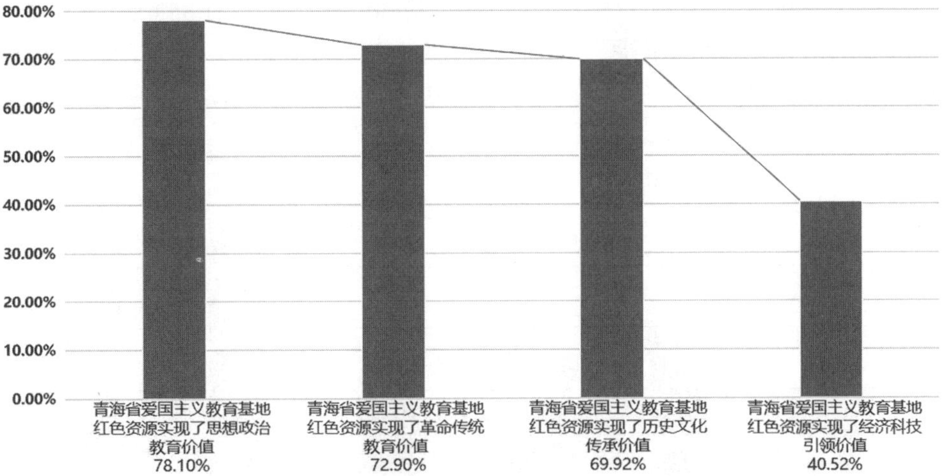

图 3-8 调查对象对青海省爱国主义教育基地红色资源价值实现最成功方面的评价

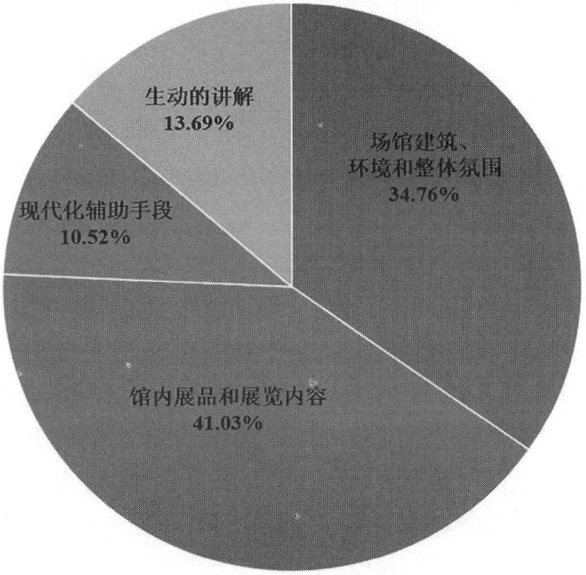

图 3-9 调查对象对所见的青海省爱国主义教育基地红色资源最满意的地方

(四) 存在的一些问题

调查对象对青海省爱国主义教育基地红色资源作用发挥不足或受限原因有全面的评价，基本代表了广大参观者对其创新发展的一种期待和要求，也是后续需要改进的方面。调查对象在“青海省爱国主义教育基地红色资源没有发挥出应有作用的原因”的多项选择中，有 18.45%的人认为是“收费问题”，有 35.32%的人认为是“交通问题”，有27.22%的人认为是“基础设施问题”，有35.48%的人认为是“服务意识和管理水平问题”，有66.31%的人认为是“宣传不到位的问题”，有60.44%的人认为是“教育形式单一、缺少吸引力的问题”，如图3-10所示。

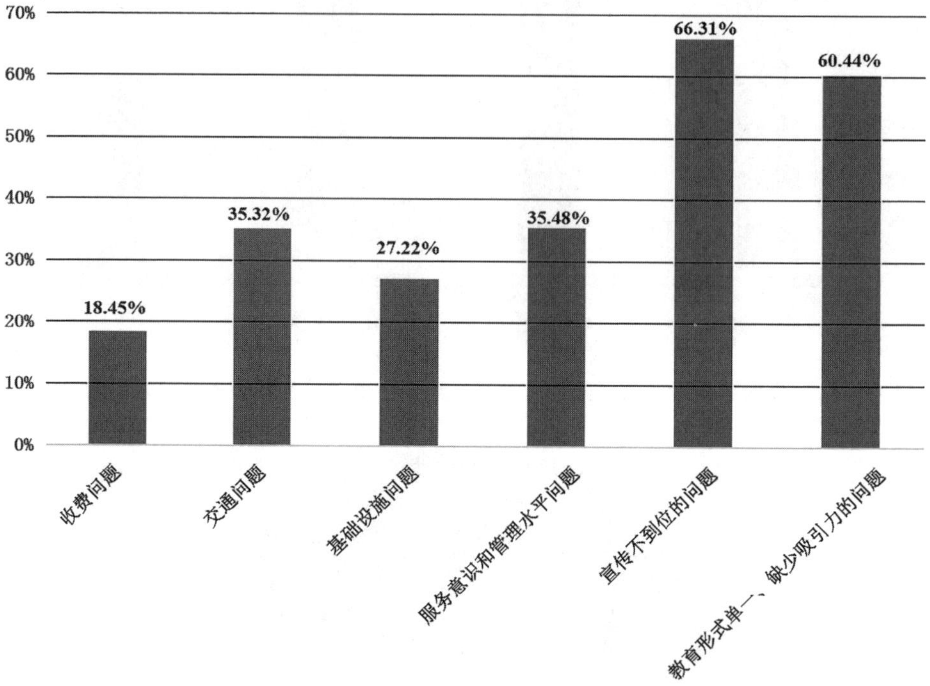

图3-10 调查对象对青海省爱国主义教育基地红色资源没有发挥应有作用的原因

四、对青海省爱国主义教育基地红色资源保护传承的建议

调查显示，绝大多数调查对象对青海省爱国主义教育基地红色资源创新发展予以高度重视，表现出了较深的思考，主要表现在：真诚的创新发展态度，务实的创新发展思路，科学的创新发展理念，超前的创新发展举措。

（一）要有真诚的创新发展态度

态度决定一切。在推动青海省爱国主义教育基地红色资源创新发展过程中，要倾听群众呼声，找准问题、把准脉搏，这样才会有针对性地改进。调查对象在“以党委和人民政府为主导，继续加大力度进行开发、保护与利用青海省爱国主义教育基地红色资源是否有必要”的回答中，有94.09%的人认为“有必要”，有2.58%的人认为“没有必要”，还有3.33%的人“处于不清楚状态”，如图3-11所示。

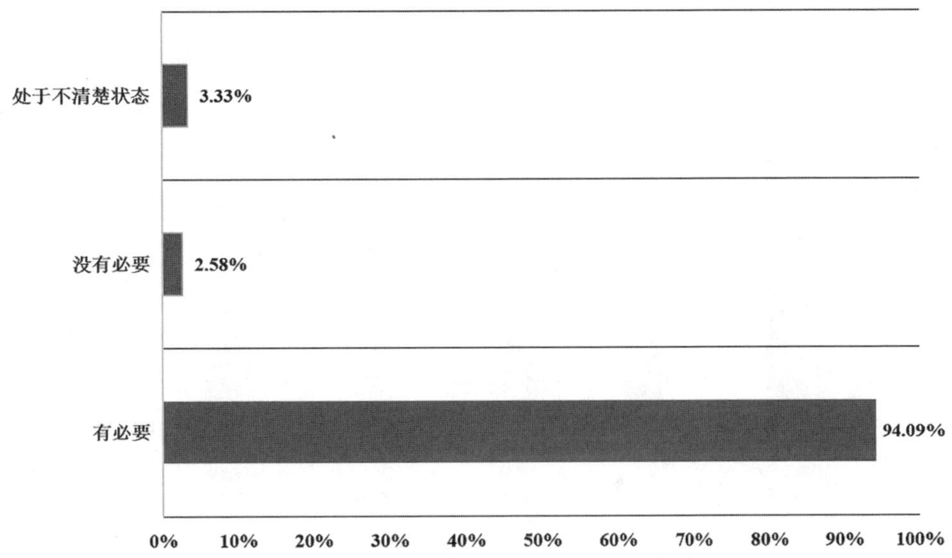

图 3-11　继续加大力度进行开发、保护与利用青海省爱国主义教育基地红色资源是否有必要

(二)要有务实的创新发展思路

思路决定出路。对于如何让更多的人了解青海省爱国主义教育基地红色资源这个问题,多项选择结果的呈现为青海省爱国主义教育基地红色资源的创新发展提供了参考。从数据上看,有77.02%的人认为“可以发挥党委、人民政府及其部门作用,扩大影响力”;有79.60%的人认为“可以加强开发利用,提升吸引力”;有62.90%的人认为“可以加大制度建设力度,形成品牌”;有76.71%的人认为“可以加大宣传力度,提升知名度”;有70.28%的人认为“可以加强与旅游管理部门的沟通合作”;有54.72%的人认为“可以加大软硬件建设投入”,如图3-12所示。

(三)要有科学的创新发展理念

理念源于实践。对于“如何保护青海省爱国主义教育基地红色资源”这个问题,调查问卷采用了多项选择的形式。从调查结果来看,调查对象中有91.94%的人认为“要从自身做起,既做参观者,又做保护者”;有85.56%的人认为“要带动身边人,营造保护传承青海省爱国主义教育基地红色资源的浓厚氛围”;有9.44%的人认为“要少去或不去参观”;有28.89%的人认为“要出台有关规章制度”,如图3-13所示。

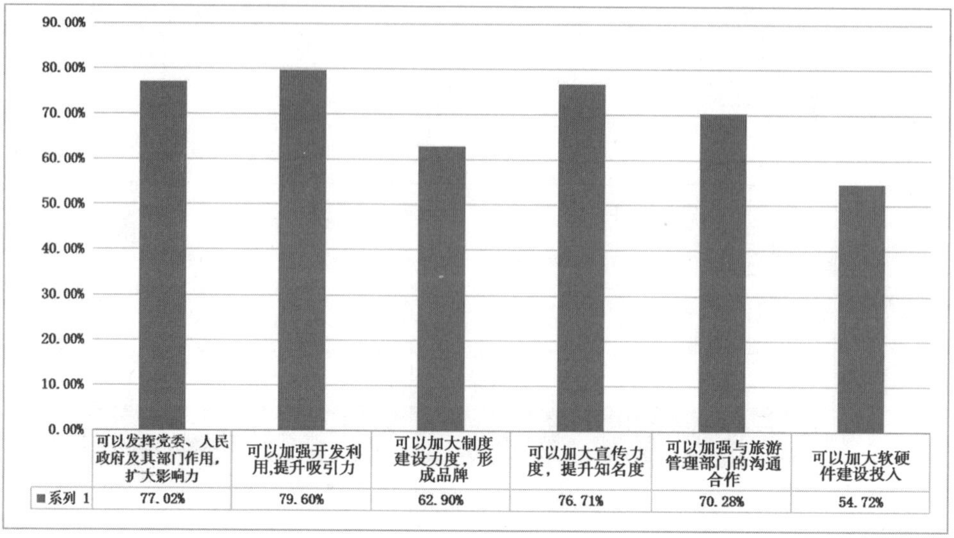

图 3-12　如何让更多的人了解青海省爱国主义教育基地红色资源

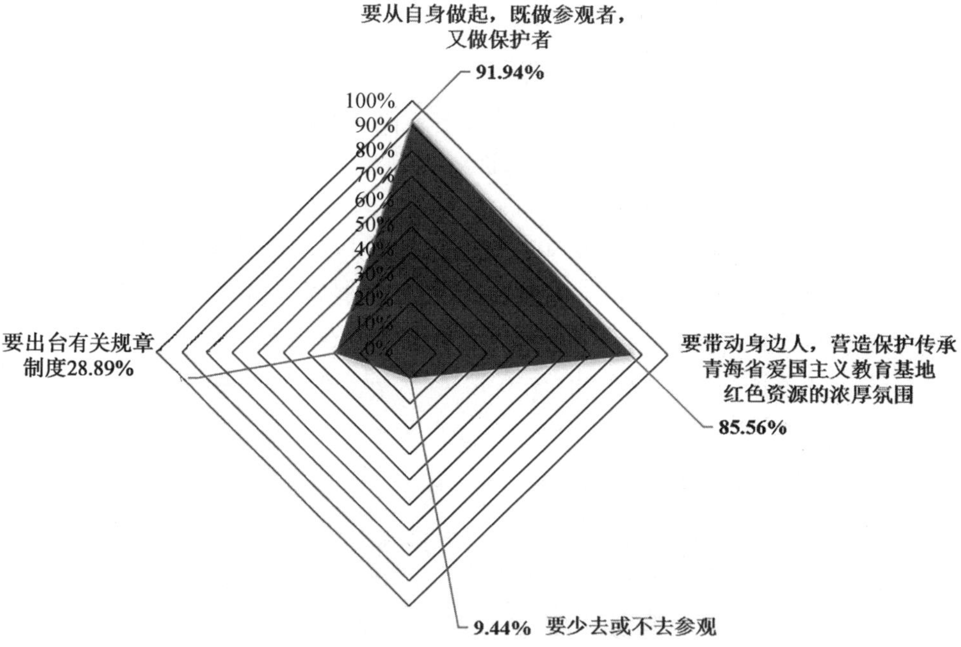

图 3-13　如何保护青海省爱国主义教育基地红色资源

（四）要有超前的创新发展举措

举措推动发展。对于如何推动青海省爱国主义教育基地红色资源融合发展的看法，在调查对象中有 89.44%的人认为是“很好的设想，应及时创新融合手段（如融合旅游、融入学生课堂等）”；有 6.71%的人“不清楚”；有 1.55%的人表示“无所谓”；有 2.3%的人认为“维持现有模式，没必要实行融合发展”，如图 3-14 所示。

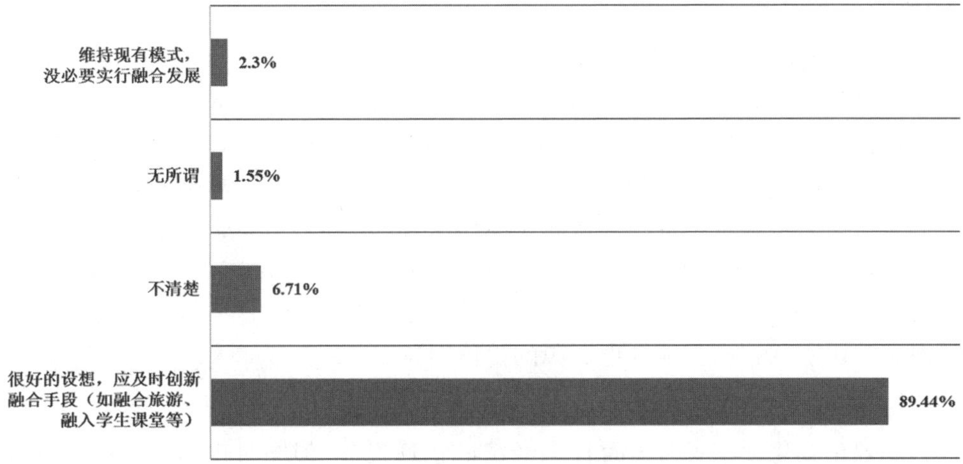

图 3-14 如何推动青海省爱国主义教育基地红色资源融合发展的看法

第三节 青海省爱国主义教育基地红色资源创新发展的现实境遇

青海省爱国主义教育基地红色资源在新时代境遇下，创新发展面临着诸多挑战，如在体系建构、主体认知、保护传承等方面仍存在不足。这既需要青海省能够正视客观存在的问题，也需要对此进行积极回应，“知其然、知其所以然”才能明确改进思路，才能全面系统推动青海省爱国主义教育基地红色资源创新发展。

一、体系建构相对不全

体系建构是青海省爱国主义教育基地红色资源创新发展的引导。如何进行体系构建，体系构建需要考虑哪些因素，这些都决定了青海省爱国主义教育基地红色资源创新发展的思路。就眼下而言，青海省在挑战应对、对象融入、内容选择上仍有一些不容忽视的问题。

（一）挑战应对不系统

有效应对各种挑战，积极化解各种风险，才能高质量推动青海省爱国主义教育基地红色资源创新发展，但在现实环境和时代背景下，一些现象仍需要高度关注。

1.西方文化思潮带来思想困惑

伴随经济全球化、文化多元化，不同文化交流日益增多，冲突和矛盾日渐凸显。特别是网络的迅猛发展，多元文化借助信息技术快速席卷全球。在汲取西方文化思想有益内容的过程中，广大民众也开始出现一些困惑情绪和对青海省爱国主义教育基地红色资源的认同焦虑。西方国家通过互联网、电影、电视等渠道输出意识形态，扩大西方文化影响，导致广大民众的生活方式和价值观念也发生转变，如追捧洋节日、大加赞赏西方大片展现的“自由”，这些现象都在影响着青海省爱国主义教育基地红色资源的价值引领。

2.市场经济发展引发追求盲目

高效市场化促进了青海省社会经济的快速发展，但同时也引发了一些人对物质利益的盲目追求，导致了唯利是图、见利忘义甚至触犯法律的行为。一些人开始越来越追求物质财富。尽管他们的生活条件改善了、生活水平提高了，但同时这些人信仰追求缺失、红色意识淡化，尤其缺乏诸如对爱国主义教育基地红色资源厚重底蕴的认知。

3.社会生活改善反噬价值观念

经过改革开放的发展，青海省已告别物质相对贫乏、精神文化生活相对单调的状态。当前的广大青年思想活跃、勇于创新，但也有一些人盲目崇拜西方国家所谓的“自由主义”“自我主义”“利己主义”，而对青海省甚至全国的红色文化、红色资源、红色基因没有正确而清晰的认知，导致对历史上出现过的问题和解决方法缺乏全面的认识，出现了理想信念动摇、价值观念西化，对社会道德、基本伦理产生了怀疑。这动摇了社会认同的基础，甚至造成了民族认同的危机。

（二）对象融入不全面

青海省爱国主义教育基地红色资源根植中国大地，具有顽强的生命力和感召力。但在青海省爱国主义教育基地红色资源创新发展过程中，仍然需要在其融入各级党委和人民政府层面、社会层面和学校层面上加大力度，推动形成融入日常而不觉的局面。

1.党委和人民政府的监管和指导要转化思路

各级党委和人民政府在青海省爱国主义教育基地红色资源创新发展中起到

方向引领的作用,但在现实中不难发现,各级党委和人民政府尽管做了大量的工作,也取得了阶段性成果,但也会出现心有余而力不足、监管和指导也需要转变思想的情况。主要表现在:对青海省爱国主义教育基地红色资源与其他资源合作共同发展有欠缺,当地党委和人民政府在资源开发和产品创设中指导不够,缺少与旅游、文化资源共同发展的思维;对青海省爱国主义教育基地红色资源创新发展规划相对滞后,与城市发展规划结合能力不足,对青海省爱国主义教育基地红色资源利用调整不及时,对创新发展的引导也不够;当前青海省爱国主义教育基地红色资源保护传承、创新发展的良性循环体系尚未全面建立,在利用的覆盖上、整合的完善上、隶属的规范上还需要进一步明确。

2.社会层面的教育和引导要创新思路

社会层面在青海省爱国主义教育基地红色资源创新发展中发挥基础性作用,它既承担各级党委和人民政府执行者的角色,又承担学校影响者的功能,但在现实社会场域所提供的教育和引导方式中也发现了一些问题,影响了社会功能的发挥,制约了广大民众参与的热情。主要表现在:宣传引导不佳影响了广大民众参与青海省爱国主义教育基地红色资源创新发展。由于受到传统教育模式的影响,社会层面在提供载体和平台对青海省爱国主义教育基地红色资源进行宣传时,方式较僵硬,仿佛为了宣传而宣传、为了教育而教育,没有考虑广大民众的真实想法,使他们从心理上难以接受。融合方式不新影响了广大民众参与的热情,融合手段和方法也过于单一,或者只讲求文化效益和社会效益,忽视了经济效益,这也打消了一些人参与的积极性。一些党建引领红色活动的载体设计也不吸引人、方式也不灵活,也导致广大民众不愿参与其中。

3.学校的融入感要加强

学校层面在青海省爱国主义教育基地红色资源保护传承中发挥着不可替代的作用,但在实际教育教学中由于学校缺乏主动性,青海省爱国主义教育基地红色资源融入学校的成果还要进一步加强,大中小学思政课一体化建设进展缓慢,学生对青海省爱国主义教育基地红色资源的认知还要进一步强化。主要表现在:(1)对红色教育的重视程度不够。由于思想政治教育结构是一个持续丰富的系统,这就需要红色资源、红色文化、红色基因、红色精神方面的教育内容持续更新和完善。(2)对红色精神的培养意识不强。在市场条件下,教育出现了功利性倾向,课程设置突出了专业技能,忽略了学生人文精神培育。(3)对青海省爱国主义教育基地红色资源了解不多。当前中小学把成绩作为主要指标,大学把绩点作为更实际追求,授课内容涉及青海省爱国主义教育基地红色资源的并不多,硕士生、博士生则受市场影响较大,过多看重物质,精神也出现懈怠,无暇顾及青海省爱国主义教育基地红色资源。①

(三)内容选择不均衡

青海省爱国主义教育基地红色资源经过多年发展和沉淀,内容丰富、形式各异,因此,如何对内容进行选择,既能实现创新发展的目标,又能达到资政育人的效果,意义重大且深远。但目前在内容的选择上还存在一些问题。

1.感知教育多,深入思考少

青海省“爱国主义教育基地红色资源兼具物质与精神双重属性,见证着党的奋斗历程、承载着党的优良传统”②,诞生了无数的英雄事迹、战斗经历,留下了丰富的革命遗址、遗迹,形成了历久弥新的红色精神,这些都是保护传承、创新发展的鲜活教材。但现实中存在着感知教育多、深入思考少的现象。表现在:一些人在参观学习中“让远离烽火硝烟的党员干部嗅一嗅‘红安的泥土’、试一试‘朱德的扁担’、走一走‘红军的小道’、坐一坐‘延安窑洞’、吃一吃‘主席套餐’、组织‘红色故事会’、摸一摸‘焦裕禄的藤椅’、看一看‘人间天河红旗渠’”③本无可厚非,但“听起来感动,说起来激动,就是无行动”的现象需要引起高度警觉,形式多样的感知教育尚未引发更多人的深度思考。

2.宏大叙事多,身边小事少

爱国主义教育基地红色资源创新发展是春风化雨、润物无声的浸润过程,而非惯性思维中的大张旗鼓。但实际情况是,青海省在挖掘、阐释、保护和传承过程中,一些部门和一些人往往重视宏大叙事,着重对重大历史事件、重要历史人物采用“高大上”的方式进行宣传推介,尤其在榜样、模范宣传中,会有意或无意地将英雄人物塑造成普通人难以企及的标杆,刻意忽视革命英烈的喜怒哀乐甚至一些不完美、小缺点,这些都影响了广大民众对革命先烈、英雄人物的立体全面认知。另外,忽视日常的挖掘,这里面既包括小人物、小故事的深度阐发,也包括身边人、身边事的挖掘梳理,实际上广大民众对青海省爱国主义教育基地红色资源中普通个体的关注度还是不够的。

3.经济因素考虑多,社会效益关注少

在青海省爱国主义教育基地红色资源创新发展中,都会与当地经济发展和

---

① 徐魁峰:《中华优秀传统文化融入思想政治教育研究》,北京:光明日报出版社,2023年,第117-118页。

② 董仲磊,高培轩:《爱国主义教育基地红色资源的时代价值》,《思想政治工作研究》2023年第11期,第33页。

③ 张珊:《思想政治教育红色文化资源研究》,北京:社会科学文献出版社,2022年,第229-231页。

社会进步关联起来、统筹兼顾。一方面,会考虑当地财政承受力,不能影响其发展。另一方面,会考虑爱国主义教育基地红色资源开发对当地长远发展的有效作用。但也有一些边远地区由于自然资源匮乏、交通不便、产业结构单一等实际情况,这就决定了其财政收入来源单一、总量不大,因此在爱国主义教育基地红色资源开发中,他们更倾向于开发知名度高、经济收益高的区域。一些地方将爱国主义教育基地红色资源称为"红色经济",有些企业"唯 GDP"论,无暇顾及社会效益,将爱国主义教育基地红色资源视为企业的宣传招牌、营销手段,开发中掺杂了大量的无关内容,广大民众易受误导,认知上也容易出现偏差,甚至被灌输错误理念,最终导致了爱国主义教育基地红色资源开发异化。

二、主体认知相对不足

主体认知是青海省爱国主义教育基地红色资源创新发展的前提,如何准确把握青海省爱国主义教育基地红色资源的时代定位,如何识别、筛选、整合、重组及优化多维主体,如何推动各主体之间协调互动实现资源最优发展①,这些都决定了创新发展的方向。当前,广大民众在主体认识、合力效应、良性互动方面仍有短板。

(一)思想认识有偏差

在青海省爱国主义教育基地红色资源创新发展视域中,现阶段来看主要存在着三种认识上的偏差,需要引起重视。

1.在认知上有僵硬化的倾向

在青海省爱国主义教育基地红色资源创新发展过程中,从宏观角度来看,有些人打着维护历史和传承历史的旗号,极端地看待历史人物和历史事件,不容许有其他解读,造成单纯强调集体利益而忽略个体需要,单纯强调吸收接受而缺乏开拓创新的错误倾向。列宁指出:"如果不是从全部事实的总和,从事实的联系去掌握事实,而是片面的和随便挑出来的,那么,事实就只能是一种儿戏,或者连儿戏都不如。"②从微观角度来看,历史虚无主义者出于自身需要,以"反思历史"为名,以"虚无历史"为手段,变本加厉地诋毁老一辈无产阶级革命家、抹黑党领导人民的奋斗史。这些现象既有地域性,也有局部性,但无一例外地都会不同程度地造成爱国主义教育基地红色资源有被模糊化认知的倾向。

---

① 张珊:《思想政治教育红色文化资源研究》,北京:社会科学文献出版社,2022 年,第 229-231 页。

② 中共中央马克思恩格斯列宁斯大林著作编译局:《列宁全集》第 23 卷,北京:人民出版社,2012 年,第 279 页。

2.在创新上有娱乐化的倾向

在青海省爱国主义教育基地红色资源创新发展过程中，由于会有资本的介入和市场的推力，一定程度上掩饰了追名逐利、欲盖弥彰、娱乐至上的真相，也造成主体在认知上失去了一些判断力，“一切向钱看”的怪圈成为一股不可忽视的力量，这是令人担忧的事情。一些人对青海省爱国主义教育基地红色资源内含的红色经典进行改编，呈现出“战争游戏化、我军偶像化、友军懦夫化、日伪白痴化”的现象，以此来吸引眼球、博取流量，其本质上是“生产者的资本逻辑与观众的众神狂欢的结合”①，遮蔽了青海省爱国主义教育基地红色资源的核心价值观念，过度的商业化、娱乐化的不良倾向，造成了意识形态风险的隐患。

3.在发展上有模糊化的倾向

在青海省爱国主义教育基地红色资源创新发展过程中，由于全球一体化的推进和多元价值观念的冲击、历史虚无主义和民族虚无主义思想的干扰，以及国内外敌对势力的歪曲抹黑，一些人的思想观念和行为方式发生了变化，出现了红色意识淡薄、红色文化断层、红色传播低俗化现象；一些人自身立场不坚定，往往易受腐朽落后，不积极、不健康文化的影响，导致对青海省爱国主义教育基地红色资源知之不多、知之不深，缺乏必要的常识和应有的敬畏；一些人在思想意识上存在西方化的倾向，他们试图采用西方文化理论来建构爱国主义教育基地红色资源理论体系，甚至在青海省爱国主义教育基地红色资源筛选中使用西方的价值标准，造成价值取向西化、思想认识淡漠。

（二）合力效应有欠缺

在青海省爱国主义教育基地红色资源创新发展中，合力效应是一种导向，即谁来推动发展、如何推动发展。但目前看，合力相对不足、不够，主要表现在四个方面，需要加以关注。

1.主体的职责定位不精准

作为青海省爱国主义教育基地红色资源创新发展的主体力量，各级党委和人民政府、社会、学校、个人都发挥着重要作用。各级党委和人民政府是主导力量，社会、学校是主要力量，个人是重要力量，不同角色定位承担着不同责任。但在实际中，存在着党委和人民政府对社会、学校管理过多、过细，个人的需求被忽视的现象，降低了多元主体参与发展的主动性。在市场化运作中，当地党委和人民政府就载体建设、精神传承等提出具体要求，甚至出于地方保护主义目的而优先选用本地资源、聘用本地人员、遴选本地专家等，无形中缩小了参与的范围、打

① 李松：《抗日神剧、话语霸权与媚俗艺术》，《文化研究》2014年第2期，第325-337页。

击了各个主体参与的积极性和广泛性。

2.客体的指导规范有缺失

青海省爱国主义教育基地红色资源创新发展的客体即其本身,它的发展需遵循一定的标准和规范,包括法律、政策、机制、规范、细则等,这些标准和规范在推动青海省爱国主义教育基地红色资源创新发展中发挥着积极的作用。但目前,一些地方尚未出台政策文件,在青海省爱国主义教育基地红色资源创新发展中缺乏统一的政策指导,对创新发展的主要内容、基本原则、方式方法不明就里。一些地方尚未形成制度化、规范化的领导体制和工作机制,导致法律保障缺乏、经费支持缺少、实践反馈缺失、监督管理缺位,使创新发展处于自发状态,出现"低级红""高级黑"现象①。

3.介体的呈现形式要创新

青海省爱国主义教育基地红色资源创新发展的介体即创设的不同载体形式,包括参与式、体验式、融入式、沉浸式等,把这些载体形式应用于红色文艺、红色图书、红色故事、红色讲堂中,成为创新发展的重要方式,而贯穿其中的信息技术则是关键。但当前,由于信息技术发展和设备迭代升级日新月异,管理者显得力不从心,始终处于被动地位,无法与时俱进地对青海省爱国主义教育基地红色资源供给进行创新、对话语模式进行更新。由于科技赋能青海省爱国主义教育基地红色资源起步较晚,红色专题网站、红色传播平台等立体化发展、图文声像并茂演示也受到一定程度的影响。

4.环体的影响因素在增加

青海省爱国主义教育基地红色资源创新发展的环体即为外部环境,包括时代背景,社会思潮涌动、媒体环境变化、人与人被动交流等,这些因素都不可避免地影响到了多元主体力量的凝聚。由于西方社会思潮渗透,我国主流意识形态的指导地位受到挑战,一些对中国革命、中华民族和青海人民有着重大贡献的民族英雄、伟大领袖、革命先烈,在一定程度上受到污蔑;由于自媒体监管的缺失,西方敌对势力借机散布各种谣言,一些网络"大 V"、网络水军相互勾结,充当敌对势力的代言人,散布歪理邪说,影响全国包括青海省在内的爱国主义教育基地红色资源创新发展。

(三)良性互动有短板

在青海省爱国主义教育基地红色资源场域中,良性互动是一种战略,即创新

① 王昕伟:《文化自信视域下红色基因的传承研究》,长沙:中南大学出版社,2023 年,第 204-205 页。

发展的持久力、高效性和长远性，但眼前看，在互动上还有一些问题，需要深入思考。

1.常态化的沟通不畅

在青海省爱国主义教育基地红色资源开发过程中，不同主体经常性的沟通还不够，就是常规性的沟通也不多，因而出现了重复性开发、交叉性开发、改造式开发的现象。一些地方为了追求经济利益，事前不沟通，开发过程中偏重娱乐设施建设，对革命遗迹修缮、纪念场馆更新一再拖延，导致建设数量和工程质量都不达标，影响了青海省爱国主义教育基地红色资源的吸引力和影响力；一些地方由于狭隘的保护主义，会有绕过沟通环节、不顾总体规划而单独进行开发建设的现象，一定程度上造成了资源的浪费。

2.长效化的交流不多

在青海省爱国主义教育基地红色资源保护过程中，本应进行长效化交流并形成一种机制，但主体之间交流并不多，导致各种资源分散不弥合，影响了保护的效果。由于决策政出多门和“九龙治水”现象的存在，整合资源进行保护的态势尚未形成；由于过分强调局部利益，只见利益不管责任，不愿联合、鲜见交流，死守一方爱国主义教育基地红色资源“寸土不让”，人为地破坏了整体性保护的步伐；“条块”观念根深蒂固，阻碍了生产要素在青海省爱国主义教育基地红色资源里面的合理配置，引发恶性竞争，造成一些矛盾。

3.制度化的协商不够

在青海省爱国主义教育基地红色资源传承过程中，有事多商量、遇事多商量、做事多商量的制度优势发挥得不好，广开言路、集思广益的制度化的协商氛围尚未形成。具体传承中，由于协商不够，也不及时，美好的规划层陷入思维定式中，缺少大局观和发展观；由于各自为战较多、合作共赢有欠缺，因而站在对方角度思考问题的情况就较少，特别是在青海省爱国主义教育基地红色资源创新发展中这种趋势较为明显；由于文创产品同质化、竞争无序化、价格随意等情况较为普遍，最后的结果就是各方的利益均受损，更谈不上发展了。

4.规范化的机制不全

在青海省爱国主义教育基地红色资源发展过程中，规范化、流程化、制度化是基本前提和重要保障，但现实中无论是开发保护，还是传承发展，在这些最基本的问题上还有一些方面需要调整和改进，如缺少有力有效的制度化建设，操作性不强，规范化的发展道路还很长。青海省爱国主义教育基地红色资源创新发展是一个整体性的问题，需要有共同的行动、各个层面的沟通协作，而且利益牵涉、责任划分也复杂。推动这种全局性的发展，操作性强、切实可行的方案必不可少，不能仅仅停留在口头上。

三、保护传承相对不够

保护传承是青海省爱国主义教育基地红色资源创新发展的核心,如何保护传承,怎样保护传承,需要在哪些方面下功夫,决定了创新发展的成效。比较而言,当前青海省主要在人才队伍、基础设施、服务意识、宣传方式等方面存在着一些不足。

(一)人才队伍专业化程度不高

人才队伍是青海省爱国主义教育基地红色资源保护传承的动力源,使保护传承工作充满生机和活力,但当前人才队伍专业化方面还有一些问题需要认真加以研究。

1.基本配备不足

青海省爱国主义教育基地红色资源保护传承说到底是一项以人为主导的事业。作者通过问卷调查、田野调研、座谈交流等,发现一些管理部门尤其是基层单位都存在着人员配备不足的问题。近年来,随着青海省爱国主义教育基地红色资源业务的持续扩展,工作人员承担的各项工作也越来越多、任务越来越重,现有工作人员已经无法满足现实工作的需要。据一些工作人员反映,在重大节日或重要事件节点,他们常常是超负荷工作。青海省爱国主义教育基地红色资源保护传承工作人员年龄的日趋增长,且他们中部分人员的文化水平不高,青海省急需一批有思想、有文化、有活力的青年为青海省爱国主义教育基地红色资源保护传承和创新发展工作补充新鲜血液。

2.专业水平不高

青海省爱国主义教育基地红色资源讲解是一项重要工作,精彩与否、能否深入人心是评价讲解水平和服务质量的重要指标。讲解员作为青海省爱国主义教育基地红色资源的知识传播者,需要把展品的由来、背后的故事、蕴含的精神向广大民众讲深讲透、讲出味道。而当前,一些地方存在着讲解员缺乏专业知识,难以满足讲解需要,且讲解能力较弱,对广大民众吸引力不够的现象;一些场馆受事业单位招聘机制限制,很多善于讲解的人员无法考入。讲解员常年在一线服务,工作辛苦,晋升渠道有限,导致讲解员的岗位吸引力不足。就青海省而言,急需优化讲解人员的配置,需要通过专业化渠道引进一批形象好、气质佳、能力强的人员开展专业化的讲解服务。

3.培训力度不够

业务培训是保证青海省爱国主义教育基地红色资源对外输出正能量的基本保障,也是验证服务人员基本素质和能力的重要方式。但作者在调查中发现,由于受时间或经费限制,有为数不少的从事爱国主义教育基地红色资源保护传承的工作人员每天忙于接待,很少有集中学习和培训的时间。据工作人员反映,大部分人员一年到头只是在应付日常讲解、接待、改造等常规性工作,几乎没有时间参加交流、学习和培训;由于缺少定期培训、定期交流、定向研讨,一些人和时代发展脱节,不仅个人发展进步受限制,无法感知参观者兴趣点、兴奋点,也影响了青海省爱国主义教育基地红色资源的保护传承。

(二)基础设施现代化水平不高

基础设施是青海省爱国主义教育基地红色资源保护传承的润滑剂,使保护传承工作有了根基和依托,但当前仍然面临着基础设施现代化水平不高的问题。

1.展陈的内容有待改进

先进的展陈方式和丰富的展陈内容是青海省爱国主义教育基地红色资源发挥作用的重要方面,也是吸引广大民众的关键手段,对教育效果和宣传范围有着直接影响。但作者在调查中发现,青海省爱国主义教育基地红色资源还存在着展陈内容陈旧、展示方式单一的问题。其表现为:部分展陈内容长期未得到更新,知识性、趣味性和观赏性不够;部分展陈未能有效运用现代化声光电手段,吸引力和感染力不够。仅采用陈旧的“照片+展柜+文物”模式,很难激发广大民众的兴趣,达不到教育效果,而通过动态模型、全景画面、实物操作、情境体验等展陈方式,则会对广大民众尤其是青少年产生强烈的吸引力和感召力,教育效果自然就凸显出来了。

2.科技的赋能有待强化

科技赋能是青海省爱国主义教育基地红色资源创新发展的趋势,也是持续推动保护传承的有效办法。近年来,在各级党委、人民政府和社会各界的关心支持下,青海省大多数爱国主义教育基地红色资源保护传承态势良好,场馆条件、服务水平、藏品管理、安全防范水平等都有所改善和提升。当然一些问题也不容忽视:信息化手段缺失,如由于场馆面积小,容纳观众少,不能在重大节假日尤其是人数众多情况下利用信息化手段来统筹安排参观者,出现人满为患的现象。科技化手段运用不多,如尚未建立参观者数量、分布情况实时图像呈现系统,仍然采用经验来判断。科技化手段应用的欠缺,不仅制约了青海省爱国主义教育基地红色资源创新发展,也不利于整体性的管理保护,更无法激发广大民众的参与热情。

3.软件的建设有待重视

青海省爱国主义教育基地红色资源保护传承的内核是软件开发应用。但近年来一些爱国主义教育基地红色资源中存在着重视硬件、忽视软件的现象。其表现为:场馆外大气恢宏、场馆内资源匮乏,这就失去了教育的目的和意义;场馆把有限的资金用于硬件的装修装饰上,对厚重内涵的挖掘不深入,呈现的内容也是浅尝辄止,甚至仅仅从主观上和单一角度诠释红色文物史料,无法突出主题思想,缺乏深刻的时代内涵挖掘和呈现;在保护传承、宣传推介、内引外联方面有欠缺,往往是独立进行,很少联合其他场馆共同开展活动,较少实现红色经典资源多方共享,横向合作意识也不足。上述问题归结起来还是软件开发与应用的意识不够。

(三)服务意识全面化氛围不浓

服务意识是青海省爱国主义教育基地红色资源保护传承的内驱力,使保护传承有了后劲和方向,但当前仍然面临着服务意识全面化氛围不浓的问题。

1.服务的水平有待提高

服务是青海省爱国主义教育基地红色资源保护传承持久性、广泛性和大众化、社会化的集中展示。当前,青海省部分场馆在管理和服务上还存在着不规范、不完善的问题,在细节把控上也缺少精细化思维,存在服务意识不强的问题。如有的场馆对最基本的管理,像安全保卫、环境清洁、讲解等岗位,没有制定有效的机制进行规范,也没有形成竞争、激励、约束等机制,工作人员缺乏动力和活力;有的场馆规章制度不健全,管理不严格,缺乏考核和监督环节;有的场馆不重视规范化教育培训,服务意识淡薄;有的场馆服务流程、服务引导、服务指示等缺少一套完整的、系统的规划,对一些事务性服务缺少具体应急举措。这些现象都在提醒青海省红色场馆在服务水平提高上要有一套相对完整、系统的规范。

2.创新的意识有待加强

创新是青海省爱国主义教育基地红色资源保护传承的灵魂,中国特色社会主义进入新时代,社会各界对创新发展的要求更高,这种期待不仅是保护传承的需要,也是吸引广大民众的有力武器。当前,青海省爱国主义教育基地红色资源在保护传承和创新发展中,部分场馆中的工作人员仍然存在着观念比较陈旧、思维比较单一,服务意识还处于保守的状态,讲解路线、讲解内容和讲解方式大多是一个套路、一个模式,缺乏必要的创新意识。尤其在面对个性化需求时,其教育形式、教育内容、教育服务的适应性还不够,创新力度也不足,并未因人而异、因人求变,定制式服务不够,针对性服务不强,设置不同讲解服务、配套不同特色服务的能力有待于进一步提高。从客观上讲,部分场馆没有把创新意识贯穿于爱国主义教育基地红色资源创新发展全过程。

3.动力的能量有待激活

动力是青海省爱国主义教育基地红色资源保护传承的能量来源,问题解决需要有强大的动力。青海省爱国主义教育基地红色资源数量多、分布广、距离远，做好保护传承是一项艰难的工程，而动力是将这项伟大事业持续进行的不竭源泉。调查中发现，部分场馆有等、靠、要的思想，在挖掘内涵、谋划项目、拓展外延、争取资金等方面的积极性、主动性不高，主动谋划工作力度不够，工作思路还是停留在“建馆→布展→接待”的一般模式上，发展思路还不够清晰，缺乏长期科学发展的规划，因而出现保护传承的各项工作层次不高、质量不优、发展动力不足，服务质量也跟不上。

（四）宣传方式科技化手段不新

宣传方式创新是青海省爱国主义教育基地红色资源保护传承的助推器，使保护传承有了吸引力和感染力，但当前仍然存在宣传方式科技化手段不新的问题。

1.宣传的手段传统单一

爱国主义教育基地红色资源具有物质和精神双重属性，这也造就了其在宣传手段上既可以从实体角度进行多维度宣传，也可以从精神层面进行多角度解读。作者在调查中发现，当前青海省一些爱国主义教育基地红色资源的宣传还使用传统模式，打打横幅、搞搞活动、办办展板，统筹多元宣传媒介和各种宣传平台不够，充分借助信息化和科技化手段不足，与全媒体合作进行立体化宣传的意识和行动不多；部分场馆对新兴技术缺乏积极有效的认知，当然这里面不排除由于地理位置、人员素质、思想观念等方面因素的影响。事实上，实际工作中不同类型的爱国主义教育基地红色资源可以采用不同的宣传手段和方式，进行异质化宣传。

2.产品的创意缺少特色

依托青海省爱国主义教育基地红色资源所开发的文创产品，不仅可以满足公众需求、具有纪念意义，而且能够起到潜移默化的宣传作用。调查发现，青海省部分场馆对文创产品开发重视不够，质量和层级偏低，缺乏适应市场需求的特色产品，不能很好地体现地域特色，更谈不上把青海省爱国主义教育基地红色资源转化为经济优势。部分场馆的文创产品与旅游市场契合度不高，表现在：设计者有惰性思维，管理者没有与文旅企业、文创单位建立很好的合作关系，相邻或同类的爱国主义教育基地红色资源的连点成线、连线成面、整体推出、发挥规模效应意识不强；面对国家加大对文创产品扶持力度的契机，缺乏及时捕捉市场信息的敏感度，没有把文创产品开发放到应有的高度来认识。

3.调查研究的全面性不够

青海省爱国主义教育基地红色资源创新发展需要有全面的、深入的调查研究作为支撑。在调查中发现不足,在调查后补齐短板,才能推动保护传承,实现创新发展。但在现实工作中,一些调查研究方面的问题表现得较为突出。如对爱国主义教育基地红色资源的挖掘深度不够,内涵研究不足,不能很好地激发资源的生命力和持久力;调查范围不广,对爱国主义教育基地红色资源挖掘范围不足,调查内容不够,存在着内容不清、逻辑混乱、信息空缺等现象;调查形式不多,对爱国主义教育基地红色资源的研究不够深入,形式也比较单一;研究力量大多集中在当地宣传部门和党史研究部门,人力和物力相对不足。

第四节
青海省爱国主义教育基地红色资源创新发展困境的归因分析

近年来,作者在通过一线调研、走访座谈、问卷调查等多种方式对青海省爱国主义教育基地红色资源进行深入研究之后,既有对青海省取得斐然成绩的兴奋,也有对一些场馆发展中存在短板不足的思考。面对问题一定要加以重视并改进,特别是要透过问题的表象找到问题的成因。在解决现实问题的过程中,青海省有关部门和相关人员要有广阔的分析视角、敏锐的洞察能力和全局的思维意识,努力把产生问题的根源找实、摸透,促成问题的有效转化,并为全省爱国主义教育基地红色资源创新发展提供系统性、彻底性、可操作、易施行的思路。

一、顶层设计考虑欠周全,影响体系的建构

青海省爱国主义教育基地红色资源创新发展中面临的一些问题,从顶层设计角度来看,主要在于统筹国内国外环境视角不开阔、调动不同资源参与能力有欠缺、立足当下进行谋划思维不长远,从而影响了体系构建的完整性和全面性。

(一)统筹国内国外环境视角不开阔

环境是青海省爱国主义教育基地红色资源创新发展的土壤,当然这个环境既包括国际环境,也包括国内环境,还包括自身环境。但由于在具体实践中多维环境统筹兼顾做得不够,在应对挑战中延缓了青海省爱国主义教育基地红色资源的创新发展步伐被制约了。

1.对西方思潮输入的影响关注不够

站在全局视角看待问题是发现问题、解决问题的有效方式。当今世界正发

生着广泛而深刻的变革,这种变革带来的变化是巨大且深远的,涵盖了政治、经济、文化、社会、生态等多个方面。在这样的环境中,青海省在推动爱国主义教育基地红色资源融入多维环境的整体把握上有欠缺。从宏观上看,近年来由于各地以经济发展为主导,忽视了西方思潮作为一种意识形态对中国社会的影响;从中观上看,对于青海省爱国主义教育基地红色资源呈现出来的品格,一些人认为与时代风尚脱节,不适合社会发展的需要;从微观上看,利益至上的价值观深刻影响着个人的思想,以及节奏加快的生产生活方式,使一些人对西方思潮的影响基本上持"事不关己,高高挂起"的态度。

2.对红色资源融合社会发展引领不足

爱国主义教育基地红色资源是一种特殊的文化形态,是融入地方经济社会发展的重要载体和文化标识。但从实际情况来看,青海省在这方面做得还不够。归结起来原因有:青海省爱国主义教育基地红色资源与地方发展融合起来的观念不强,将两者割裂开来;一体化发展意识不足,特别是在推进城市化进程中,把青海省爱国主义教育基地红色资源创新发展纳入区域发展规划的意愿不强;单纯地认为推动青海省爱国主义教育基地红色资源创新发展是一项投入大、产出少,甚至没有产出的项目,一些人仅仅从经济效益角度出发,很少考虑社会效益;一些人在推动融合发展中的意识、能力、水平等方面也不足以支撑这种想法变为现实。

3.对红色资源发展不均衡现象关心不够

发展不均衡是青海省爱国主义教育基地红色资源创新发展过程中不容忽视的问题,需要各级党委和人民政府格外关心和重视。一些问题的出现或苗头性问题的产生,都与发展不均衡有着微妙的关联。发展不平衡、不充分是青海省部分场馆现实发展中面临的挑战,但多元主体仍要发挥主观能动性,推动具体问题具体分析、具体解决。当前青海省爱国主义教育基地红色资源发展不均衡的原因主要是区域发展不平衡,财政投入有多有少;主观能动性发挥不平衡,推动发展的步伐节奏不一;运用融合发展的思路不平衡,带动当地群众参与热情有差异,产生的经济效益和社会效益不同;驾驭区域爱国主义教育基地红色资源创新发展的思路不全面,考虑因素中过多强调经济效益,忽视了区域协调、可持续发展的问题。

(二)调动不同资源参与能力有欠缺

参与是青海省爱国主义教育基地红色资源创新发展的动力源泉,具体涉及各级党委和人民政府、社会、学校三个层面。就目前而言,青海省爱国主义教育基地红色资源创新发展过程中出现参与性不高、能力有欠缺的问题,原因归结起来就是研究宣传能力不足、保护管理能力不到位、立法保障能力有缺失。

1.研究宣传能力不足

青海省爱国主义教育基地红色资源理论研究、宣传阐释是传承发展的题中应有之义,但实际上研究相对不足、宣传相对缺失。一方面,由于一些地方对爱国主义教育基地红色资源的保护传承更偏向于获取经济效益或政绩产出,较少注重自觉意识的培养,因此,研究大多集中在物质层面上,精神层面研究不多,导致了认知层面存在偏差。理论研究滞后使广大民众对爱国主义教育基地红色资源产生距离感,无法理解其深刻内涵、引申意义和时代价值。另一方面,一些地方党委和人民政府没有发挥好宣传引导作用,也缺少市场配合;依靠老办法、传统媒介多,与新兴媒体结合不足,存在重申报、重开发,轻保护、轻管理现象。

2.保护管理能力不到位

青海省爱国主义教育基地红色资源的保护水平和能力参差不齐,从地域上看,东部优于西部、国家级好于省市级,主要原因在于:一方面,一些地方的资金不充裕,无力购置高科技保存工具,导致一些爱国主义教育基地红色资源破损;管理者专业水平不够,尤其是边远地区在人才吸引力方面存在着天然劣势,本地人才培养不起来,外地人才引不进来,导致专业人才缺失情况比较严重。另一方面,一些地方的场馆信息化程度也不高,全媒体时代的信息传播速度大幅提升,管理和保护向信息化方向发展是趋势,也有利于提高保护管理效率,但在实际工作中传统模式仍然占据主要地位,保护和管理效率不高。

3.立法保障能力有缺失

立法对于青海省爱国主义教育基地红色资源保护传承具有根基性作用,也是其长远发展、持续注入活力的保障。目前,青海省爱国主义教育基地红色资源保护与传承立法工作仍然没有显著进展,尽管这几年已经开始关注此项工作,但整体性的效果并不理想,尚未出台保障法律或有关条例。立法保障不到位会引发一系列问题:处罚力度的界限很难把握,给执法部门工作带来了难度;法律和条例的主管部门不同,不同部门管理不同的红色资源,也存在一些较为模糊的权力边界;权责不明的问题,也会把不同部门割裂开来,"踢皮球"现象屡见不鲜,监管部门形同虚设。

(三)立足当下进行谋划思维不长远

谋划是青海省爱国主义教育基地红色资源创新发展的指南,"不谋全局者,不足谋一域",创新发展是一个系统工程,需要综合考虑、顾全大局。近年来,随着青海省物质生活水平的逐渐提高,出现了过度消费、盲目崇拜金钱的现象,对青海省爱国主义教育基地红色资源创新发展的长远谋划造成了不小的影响,主要原因在于一些人过度关注物质、漠视政治导向、忽视精神力量。

1.过度关注物质

社会中各种人和组织的行为都是某种利益驱动的结果,利益驱动可能是追逐物质利益,也可能是追求精神利益,这种对利益的诉求反过来也会影响人们或组织的行为选择。特别是当前,一些人的利益诉求表达意愿更加强烈。一方面,物质为主的消费观使青海省爱国主义教育基地红色资源的教育属性让渡于商品属性。这是一个很值得深思的问题,舍本逐末是坚决不可取的,适当地以物质形式呈现青海省爱国主义教育基地红色资源无可厚非,但不能忽视其背后的历史背景、历史事件、历史人物。另一方面,对物质消费理念的崇拜,使青海省爱国主义教育基地红色资源价值导向让渡于虚无导向。"一切向钱看""一切用钱衡量"的不良价值判断标准,已然对正常的消费提出挑战,过度消费引发种种不良现象。

2.漠视政治导向

随着民主政治的发展,民众的政治参与热情有了长足进步,但不可否认的是,在与物质相比中,一些人对于政治的关注还是有些淡漠。人的逐利性并不能被全面否定,在政治利益与物质利益相比较中,物质利益的优势会明显一些,因为它更加直观、更加现实、更有操作性,反观政治利益,泛化不具体、漫长不可期,而爱国主义教育基地红色资源的政治属性意味着民众对它的认知、接受注定是一个较长的、循序渐进的过程。青海省爱国主义教育基地红色资源具有的隐蔽性、长期性的特点,在爱国主义教育过程中一些人也往往表现出较低的参与度,被动地参与,即便在接受教育时也往往是"走马观花""蜻蜓点水",尽管这些现象不具代表性和普遍性,但漠视政治的行为仍需关注,同时这也反映了政治引领的必要性和重要性。

3.忽视精神力量

精神是青海省爱国主义教育基地红色资源内容选择的重要方面,精神往往能够产生巨大的力量,成为引导广大民众树立正确世界观、人生观、价值观的内驱力。同时,精神也是贯穿爱国主义教育基地红色资源创新发展全过程的重要元素。但由于一些人对经济利益的过度关注,无暇关注红色文化、红色精神,更谈不上塑造个人精神世界了,长此以往,对物质的追求越发疯狂,对精神的追求越发淡化。在青海省爱国主义教育基地红色资源创新发展中,作为教育主体的人往往被忽略,人的精神诉求没有得到很好的满足,造成精神世界空虚,全省的爱国主义教育基地红色资源也没有得到很好的传承和发展。

二、系统思维融入有差距 影响主体的认知

青海省爱国主义教育基地红色资源创新发展中存在的一些问题，在一定程度上影响了多元主体的认知。从系统思维融入角度来看，主要表现为片面化认知、分散性发力和应付式互动。

（一）片面化认知

片面是相对于全面而言的，它们是哲学上的一对矛盾体，有区别亦有联系。在认识事物时，需要从整体上把握，才能认清事物本质，找到问题症结。青海省爱国主义教育基地红色资源创新发展中产生的一些问题，主要原因是用个体替代全体、用片段截取替换全貌、用表面感受取代深刻思考。

1.用个体替代全体

青海省爱国主义教育基地红色资源是建立在青海大地厚重历史基础之上的，与党团结带领中国人民进行革命、建设、改革等历史实践息息相关，是中国近现代史的重要组成。然而，随着社会发展演进，“科技理性压倒人文关怀、知识信息覆盖个性选择、社会规范逐渐陷入僵滞、物欲主义泛滥等不良现象的出现”①，不可避免地影响到青海省爱国主义教育基地红色资源创新发展，尤其是一些别有用心之人往往用历史发展进程中的个案去替代整体发展；一些人善于剪裁历史，用片段历史中的人物、事件来否认历史发展的规律，以此达到不可告人的目的。

2.用片段截取替换全貌

青海省爱国主义教育基地红色资源是一种历史性资源，也是一种政治性资源，它们由不同时期、不同阶段的具体的、鲜明的历史人物、历史事件、历史情境等组合而成，具有整体性、连续性、真实性的特征，是用文字记录、图片、影视资料呈现出来的珍贵史实。但在历史演进过程中，不可避免地掺杂了不同主体基于自身利益、价值、情感等方面的考虑，他们对真实的历史进行再加工和再转化，并在其中有选择性地保留或舍弃一些内容，导致对同样的历史内容会有不同的理解和阐释；他们对历史史实进行零碎的裁剪和断章取义的解读，把原有历史史实进行篡改、原有历史立场进行变更，于是出现了与原来历史史实不相符甚至截然相反的情况。

---

① 张珊：《思想政治教育红色文化资源研究》，北京：社会科学文献出版社，2022 年，第 238 页。

3.用表面感受取代深刻思考

青海省爱国主义教育基地红色资源在市场经济中,其政治性、教育性、公益性的属性有被稀释的倾向,出现了娱乐化、物质化、低俗化现象。严肃的历史事件被野史逸事不断消解,高大的历史人物形象被八卦消息不断丑化,庸俗化倾向以及注重感官刺激的现象不时涌现。特别是新媒体的出现,使“人们的头脑被媒介牢牢控制,停留于事情的表象而不再去探究事件的真相”①。一方面,一些人深入思考的能力在下降,他们似乎陷入了一场不用思考就能享受饕餮盛宴的怪圈中,对深度内容、完整信息失去了阅读兴趣和阅读能力;另一方面,新颖的视频、图片、VR、AR 等视听内容也确实极具视觉冲击力。

(二)分散性发力

分散和凝聚是对立统一的关系,这是从辩证法的角度来看待的。相对于青海省爱国主义教育基地红色资源创新发展主体而言,这里面既包括管理人员,也包括单位组织,这些主体都是重要的力量保障。就目前而言,合力效应不明显、分散发力成趋势,主要原因在于体制机制不完善、协同发展不足、教育内容存在欠缺。

1.体制机制保障待优化

青海省爱国主义教育基地红色资源创新发展是一项系统工程,具有很强的战略性,而且涉及面广、影响力大,在发展过程中需要各个部门相互支持和配合。但现实情况是,各部门参与程度并不高,也没有建立起健全的信任机制、完善的合作机制、明确的权责机制,部门之间存在较多的利益冲突,有相互推诿、互相“踢皮球”的现象。出现这些问题的根源在于体制机制的完善性和操作性还有待进一步优化;存在“小修小补”的观念,没有从根本上解决问题的措施;部门职能的边界划分不清楚,各自为战、无法形成合力。这些都为青海省爱国主义教育基地红色资源创新发展制造了壁垒。

2.协同发展意识待加强

多业态融合发展、区域性联动互助是调动青海省爱国主义教育基地红色资源主体能动性的重要环节。但从目前来看,多元主体参与性不足、区域联动程度不高的现象较为突出。主要原因在于:青海省爱国主义教育基地红色资源创新发展仍是以各级党委和人民政府为主导的发展模式,市场化程度相对不高,文旅企业、社会组织、科研机构、广大民众等主体参与创新发展的兴趣点不高;创新发展的联动性和协同性不够,当前区域合作尚未形成规模效应,青海省爱国主义教

---

① 陈扬:《媒介的社会责任与大众心理研究》,《新闻传播》2014 年第 18 期,第 9 页。

育基地红色资源分布分散的地区普遍缺乏深入联动发展、协同发展的理念和行动。多元业态融合发展成效不高,青海省爱国主义教育基地红色资源与数字化、高科技、新业态融合程度还需要深化,业态发展模式也要创新①。

3.教育内容创新待改进

青海省爱国主义教育基地红色资源是立德树人关键课程的重要内容,在铸魂育人方面发挥着积极的作用,取得了积极的成效,但不可否认的是,青海省现有的教育内容、载体形式依然存在形式简单、产品同质、内容枯燥、方式传统等问题。具体而言:一方面,一些场馆包括博物馆、纪念馆等依然停留在以陈列讲解为主的初级展示阶段,形式单一,缺少趣味性,难以引起广大民众的情感共鸣,影响教育与学习效果;另一方面,一些场馆在教育载体的设计上,仍然以灌输式教育为主,缺乏深层次和沉浸式的学习体验,降低了广大民众的参与度与互动性,体验感也不足②。

(三)应付式互动

应付式互动,简而言之就是简单式处理、流程化应对,为了完成工作而应付,没有全情投入。从主观上说,是态度和能力问题;从客观上说,是现实环境和条件问题。其主要原因在于保障机制的操作性不好、部门协作的积极性不高、区域联动的主动性不强。

1.保障机制的操作性不好

规章制度决定青海省爱国主义教育基地红色资源发展方向,政策、法规、条例都是影响其发展变化的重要因素。但一些部门职能不清、效率不高、官僚作风和陈旧管理方式不仅影响其创新发展,也使各部门相互掣肘。职权交叉、管理混乱的模式也使管理过程中权责归属不清,“踢皮球”似乎成为管理中的一个“妙招”,当然这里既有制度上的欠缺,也有人为的不负责任的态度问题。一些地区尚未出台相应的保障制度,更不用提操作和实施了,所以一些地方就出现了爱国主义教育基地红色资源创新发展无法可依、人治多于法治的现象。

2.部门协作的积极性不高

部门协作是一种较为复杂但又十分高效的工作模式,是系统工程中常见的一种工作方法。但在青海省爱国主义教育基地红色资源创新发展实践中,本应

---

① 王金伟:《中国红色旅游发展报告》(2022),北京:社会科学文献出版社,2022 年,第 13-14 页。

② 王金伟:《中国红色旅游发展报告》(2021),北京:社会科学文献出版社,2022 年,第 17 页。

需要多部门合作共同来推进保护传承、创新发展，可由于缺乏协调统一的管理体系，各个部门之间涉及权责、利益、归属等问题，致使协作只能空对空，无法真正落实，导致利益分配人人都要沾边，责任分摊人人都会靠边，很难把有限的资金用到刀刃上，也很难凝聚共识来推动青海省爱国主义教育基地红色资源蓬勃发展，制约了对其的保护和传承工作的推进。

3.区域联动的主动性不强

区域联动是增进互动最有效、最长远的一种方式，也是破解青海省当前在沟通、协商、交流中一些具体问题的有效载体。但在实践中，区域联动推进并不顺畅，成效也并不理想。主要原因还是制度层面上跟进不及时。受困于当前行政区划，故而存在部门分割、执法重合、职能交叉与职权分配不明等方面的问题，导致青海省爱国主义教育基地红色资源管理的责任不能细致划分。一些管理机构属性不同，缺少沟通是一种必然。一些地方出于维护当地利益的目的，仅把爱国主义教育基地红色资源创新发展作为财政收入的来源，无暇顾及合作和联动。

三、整体重视程度不到位　影响保护与传承

从青海省的实际情况来看，一些问题影响了爱国主义教育基地红色资源创新发展，从整体重视程度角度来看，主要在于各级党委和人民政府的关注不均衡、维持运转的条件有欠缺、科技赋能的抓手有短板、求新求变的诉求不强烈。

（一）党委和人民政府的关注不均衡

爱国主义教育基地红色资源从属于文化产品，因其特殊属性、历史根脉、红色传统等多维元素交织在一起，单纯从文化产品角度去理解和关注它，显然是不够的，而且会失去其存在的历史价值和文化属性。但实际情况是，各级党委和人民政府在其创新发展过程中，由于这些资源所处地域差异、级别不同、属性各异，对它们的关注和重视程度是有区别的。

1.从所处地域上看，交通不便成为先天劣势

青海省爱国主义教育基地红色资源点多、面广、线长，部分点位处于戈壁，地理位置偏僻，山高路远，交通不便，道路等级较低，通行能力有限，限制了其发展。分布密度很大程度上也影响了集群化和规模化的发展，特别是低密度地区由于产业规模小，无法有效提升资源自身利用率和知名度，创新发展也会受到一定限制。决策部门还要考虑投入与产出的效应，这种效应既包括经济收支方面，也包括社会效益方面，而交通问题成为两者的平衡点。

2.从命名级别上看，层次高低成为投入标尺

青海省爱国主义教育基地红色资源从行政级别角度来看，分为中宣部公布

的即为国家级,省委宣传部公布的即为省部级,市(自治州)委宣传部公布的即为市(自治州)级,县委宣传部公布的即为县级。级别的不同,成为党委和人民政府重视程度的“晴雨表”,这种重视不仅体现在人财物的投入上,还体现在广大民众参与的引导上、对外宣传的传播上、研究阐释的活动上等。这种区别对待的方式,很容易打击不同区域、不同类型的爱国主义教育基地红色资源管理部门的积极性。

3.从基本属性上看,类型不同成为发展风向

青海省爱国主义教育基地红色资源是历史发展的见证,是弥足珍贵的宝贵财富。有时为了工作需要,或是为了便于管理,把爱国主义教育基地红色资源划分为不同类型,如独特的革命传统教育导向类、独特的历史文化教育开发类、独特的经济科技成果教育保证类、独特的大中小学生社会实践教育引导类等。但一些部门缺少长远发展的定力,没有综合考虑发展问题,而是根据所谓的“需要”,今天重视这类爱国主义教育基地红色资源发展,明日又调整思路重视其他类型爱国主义教育基地红色资源发展,缺少通盘考虑的意识。

(二)维持运转的条件有欠缺

支撑青海省爱国主义教育基地红色资源正常运转的基本条件,无外乎硬件设施、软件设施和配套体系,但在发展中,这些方面还是有一些不足的,影响了保护传承的延续性,以及创新发展的持续性,需要引起重视。

1.硬件设施配套有短板

尽管青海省爱国主义教育基地红色资源创新发展得到了有关部门的大力支持和帮扶,但各级人民政府财力有限,再加上有些爱国主义教育基地红色资源地处偏远地区,吸引企业资金能力较差,导致实际投入的资金不足以支撑爱国主义教育基地红色资源的全面、均衡、可持续发展。由于投入有限,一些地方连最基本的场馆维护都难以为继,长此以往,逐渐形成了恶性循环,甚至有的点位已经消失不见了。一些地方的智慧化设施配套滞后,有的仍停留在基础硬件设施上,广大民众的咨询服务、互动分享、沉浸体验等智慧化建设仍有缺欠。

2.软件设施配套不完备

软件其实是青海省爱国主义教育基地红色资源创新发展的内核,这里的软件是广义上的软件,比如内容挖掘、理论阐释、产品加持等。然而当前青海省在这一方面系统性、综合性的统筹还不够。一些地方仅以保护和宣传为主,对其背后的历史故事、英雄人物、革命精神等资源的挖掘力度不足。文创产品是灵魂,但在赋予产品内涵、创新产品设计、融入产品元素等方面新意不足。一些地方不愿意花费时间、精力、人力等投入理论解读、理论阐释、理论宣讲等方面的工作

中,也制约了整体性的发展。

3.配套体系建设要改进

配套是一项具体且必要的工作,是青海省爱国主义教育基地红色资源创新发展的品牌打造、效应形成不可缺少的重要内容,这里面不仅包括物质的配套,还包括理念的配套,但这项工作的完成不是一蹴而就的,而是一个循序渐进的过程,主要涉及服务理念、人才素养、沉浸体验、互动参与等。显然,青海省在这方面是有欠缺的,如服务形式单一,缺少互动,各个项目的体验感、参与感不足,沉浸式环节缺失,导致无法体验完善配套带来的心灵触动。人才队伍还不够专业,管理人才、技能人才、服务人才分类不清,任务不明。

(三)科技赋能的抓手有短板

青海省爱国主义教育基地红色资源无论是保护传承,还是创新发展,都需要信息化手段来支撑和推进,甚至微观层面的教育内容开发、展陈模式创新、传播手段突破等方面都离不开科技手段的赋能。信息化手段能够实现青海省爱国主义教育基地红色资源的虚实共存、人机互动、泛在传播,但这些都需要在技术应用、创新意识、融合深度方面持续改进。

1.技术应用相对缺乏

技术主要指大数据技术、虚拟仿真技术、人工智能技术,但在将技术运用到青海省爱国主义教育基地红色资源创新发展中时不尽如人意。目前看,青海省爱国主义教育基地红色资源数字化发展相对不足、缺乏针对性,数字化的体量有待扩容,精准匹配有待提升;虚拟仿真技术装备配备不足,如仿真实验室、穿戴式设备、情境再现实验室等;现阶段数字化进程大多为独立开发,缺乏交流与对话,人工智能技术的“一对多”“多对一”优势还没有发挥出来。

2.创新意识相对不足

未来的青海省爱国主义教育基地红色资源创新发展一定是在数字基础上实现的,但从实际情况看,仍然面临一些现实问题,如数字内容转换率不高,数字场景应用率偏低,开发手段单一,展示与传播手段过于静态、传统,不符合互联网环境下广大年轻人的阅读习惯。数字红色文创、电玩类产品也比较匮乏,红色文化遗产数字化总体偏弱;①数字红色信息化、服务平台建设不足,VR、AI、5G 等红色数字化场景不充分。人工智能的数字化、协同化功能尚未促使资源开发方式得到与时俱进、全面的革新。

---

① 刘忠斌:《关于促进数字化赋能红色文化遗产传播的建议》,《图书馆报》2022 年 3 月 7 日,第 4 版。

3.融合深度相对不够

“红色+生态”“红色+研学”“红色+影视”“红色+健康”等融合形式不断涌现,成为爱国主义教育基地红色资源创新发展的主流趋势,但目前青海省在这方面的融合深度、融合视角、融合领域还有不足。融合后的场馆仍然以参观、讲解、自行游览为主,形式单调乏味。没有融合本地红色历史,对红色文化内容挖掘不够深入,融合浮于表面,吸引力不强、传播力不够。当前的融合更多的是结合,没有真正实现从物理组合到化学融合,特别是在开发理念、开发方式、开发效果评估等方面并未因新技术的应用而发生根本性转变。

(四)求新求变的诉求不强烈

青海省爱国主义教育基地红色资源一定是在求新求变的过程中不断创新发展的,这是规律,也是广大民众的期待。尽管青海省在这方面做了很多努力,获得了不错的效果,但与时俱进既是常态性工作,也是长久性事业,需要针对不足深挖根源。

1.社会氛围不浓

营造全社会共同关心关注青海省爱国主义教育基地红色资源的浓厚氛围不仅是教育传播的需要,也是保护传承的应有之义。但在具体的实践中,广大民众所期待的浓厚的社会氛围并没有形成,主要的根源在于:青海省爱国主义教育基地红色资源队伍宣讲优势尚未发挥出来,包括讲师力量的单薄、参与意愿低、故事的阐释不生动、听众兴趣不大,业务指导上也不够;青海省爱国主义教育基地红色资源内容的表现形式不吸引人,沉浸式体验新模式使用不普遍,常态化教育抓得不实;青海省爱国主义教育基地红色资源宣传渠道策划得不好,①多元化的宣传载体运用得也不够。

2.教育体系不全

青海省爱国主义教育基地红色资源作为一种教育资源,融合了政治、管理、传播、经济等多学科领域的资源,但在体系构建上,由于受制于各种因素,研究的深度还不够;在话语表达上,不重视官方话语表达、不关注民间话语转化、不善于运用接地气的方言,多元话语、对话方式、包容体系尚未建立起来;在研究方向上,一些地方没有把国家认同、民族认同、制度认同、文化认同等价值观融入教育研究中,没有充分利用红色文化创造力贯通社会主义意识形态的政治话语与学

① 董仲磊:《聚焦大调研大宣讲大课题大品牌有力推动青海红色资源保护与利用》,《青海日报》2023年7月17日,第7版。

术话语①,日常话语讲解与学术话语的有机结合也不够。

3.宣传手段不多

一些地方的宣传还停留在通过广播电视宣传和广告宣传的方法上,有的甚至还用人工宣传的旧方式、老办法,忽视了新媒体的宣传影响力,缺乏运用网站、通信软件、微博、短视频等进行宣传的意识。品牌效应没有形成,辐射带动作用较弱,这主要体现在营销策略和产品开发上。当前青海省爱国主义教育基地红色资源营销手段比较单一,广大民众对其认知不足、认可不够,仅仅停留在实体的游览层面;对产品开发不够深入,仅停留在表层,没有带动周边一系列产品产业协调发展②。

---

① 李维军,董平:《习近平关于红色文化重要论述的意识形态逻辑析论》,《中国石油大学学报(社会科学版)》2021 年第 6 期,第 110-117 页。

② 赵政,李相合:《新发展格局视域下红色旅游高质量发展研究》,《西南林业大学学报(社会科学版)》2022 年第 6 卷第 2 期,第 72 页。

第四章 青海省爱国主义教育基地红色资源巡礼

青海省爱国主义教育基地红色资源非常丰富，在 72 万平方千米的广袤大地上，分布于 2 市 6 自治州的各级爱国主义教育示范基地有 124 个（见附录）。其中，国家级爱国主义教育示范基地 8 个，省级爱国主义教育示范基地 33 个，市（自治州）级爱国主义教育示范基地 53 个，县（区）级爱国主义教育示范基地 30 个。在 124 个爱国主义教育示范基地中，经过调查摸底，并根据研究需要，选定其中 71 个市（自治州）级以上蕴含红色元素的爱国主义教育示范基地作为本研究的主要对象。其中，独特的革命传统教育导向类资源 20 个，独特的历史文化教育开发类资源 19 个，独特的经济科技成果教育保证类资源 19 个，独特的大中小学生社会实践教育引导类资源 13 个。当然，这种划分类型的方式并非一成不变，仅为本研究需要，各类型之间也没有绝对的界线，有时还会出现类型交叉的现象，但这并不影响研究的深入以及工作的推进。

第一节 独特的革命传统教育导向类资源

在研究的青海省爱国主义教育基地红色资源类属于独特的革命传统教育导向类的 20 个资源中，有 2 个属于国家级，有 5 个属于省级，有13 个属于市（自治州）级。无论是哪一个级别，这些资源在发挥思想政治教育导向功能优势中作用巨大、影响深远，促进了青海省爱国主义教育走深走实,为铸牢中华民族共同体意识注入了强劲的动能。

一、国家级爱国主义教育基地红色资源

(一)中国工农红军西路军纪念馆

中国工农红军西路军纪念馆于1997年6月被中宣部公布为第一批“全国爱国主义教育示范基地”之一,位于青海省西宁市南川东路西宁市烈士陵园北侧。

1986年5月,中国工农红军西路军纪念馆由中共西宁市委、市政府批准建设,位于凤凰山下湟水之滨烈士陵园内,翌年6月土建竣工,经过一年布展后,于1988年8月15日举行了隆重的揭幕开馆仪式。纪念馆面积784平方米,红军西路军第九军军长孙玉清烈士雕像坐落在馆前花园内,展馆为平顶一层建筑,纪念馆由徐向前题写馆名,馆内展出了中国工农红军西路军烈士的英勇事迹。2006年,中共青海省委、省政府做出重建中国工农红军西路军纪念馆的决定,经多方论证,新馆选址位于西宁市烈士陵园北侧,同年开工建设。2010年6月,完成土建和布展工程,6月28日举行开馆仪式,新建纪念馆为独立庭院,占地面积12000平方米,建筑面积3060平方米,展馆面积1973平方米,布展面积1903平方米。

2015年5月,西宁市对纪念馆进行扩建改造。同年8月,完成改扩建,新馆开馆,展线由原来400余米增加到678米,集绘画、雕塑艺术、数字控制为一体,较为全面地反映了中国工农红军西路军整个历史。中国工农红军西路军纪念馆由序厅、展厅、多功能厅、半景画馆组成,以“信仰的力量”为主题,分“挥师西渡”“策应河东”“苦战临高”“魂铸祁连”“铁骨铮铮”“多方营救”“浩气长存”7个单元,真实再现了红军西路军将士浴血奋战、慷慨悲壮的光辉业绩和英雄形象。馆内收藏有朱德、李先念、徐向前等人的题词和各类历史照片、油画、电文等文史资料760张,红军西路军将士用过的武器、弹药、衣物等珍贵文物185件,生动形象地展示了红军西路军浴血奋战不怕牺牲的革命精神。

(二)果洛藏族自治州班玛县红军沟革命遗址

果洛藏族自治州班玛县红军沟革命遗址于2017年3月被中宣部公布为第五批“全国爱国主义教育示范基地”之一,位于青海省果洛藏族自治州班玛县亚尔堂乡东部。

1936年7月,以北上抗日为己任的中国工农红军第二方面军和第四方面军移师北川,途经青海果洛班玛地区。红军战士坚实的足迹印满了班玛的山山水水,动人的故事至今仍被传唱。石壁上苍劲有力的标语和众多红色遗迹,成为后代缅怀先烈、弘扬长征精神的重要场所。这是青海省内唯一一处中国工农红军

二万五千里长征途中的驻扎地。

中国工农红军在班玛地区停留的时间虽然短暂,但给当地藏族群众留下的美好印象却深深印在了他们心中。红军走后,当地群众十分怀念,有首歌儿这样唱道:"红军走了,村寨空了;村寨空了心不焦,心焦的是红军走了!"许多人把红军留下的马鞭、马叉子、刀子、勺子、铁锅等当作珍宝保存下来,如今这些物品作为红军长征路过青海的历史见证和珍贵文物载入班玛县史册。当地藏族群众为表达对红军的怀念,并教育后人追念、学习红军的英雄伟绩,把红军长征走过的子木达沟改称"红军沟",把红军渡过的桥称为"红军桥",把红军设立的哨所命名为"红军哨所",把红军饮用过的泉水称为"红军泉"。藏族群众在写有标语的石壁前盖了一座亭子,精心地把标语保护起来。这些遗址和遗迹都成了全国重点保护文物。

2017 年 8 月 1 日,青海省班玛县红军沟纪念馆正式揭牌开馆。纪念馆作为爱国主义教育示范基地的重要组成部分,记述了中国工农红军宣传革命主张,展现了各民族之间同舟共济、血浓于水的民族情谊,是培育民族精神的重要宣传教育场所。

二、省级爱国主义教育基地红色资源

(一)青海党史教育展馆

青海党史教育展馆于 2020 年 12 月被中共青海省委宣传部公布为第三批"青海省爱国主义教育示范基地"之一,位于青海省西宁市城西区黄河路 2 号中共青海省委党校西北角。

青海党史教育展馆整体建筑呈"L"形分布,面积约 350 平方米,是依托中华人民共和国成立初期青海省委旧址存留的九间窑洞作为展厅打造而成的一座以党史为主线、全景式展示中国共产党矢志不渝奋斗之路的永久性展馆。

展馆陈列内容以不割断历史为原则,采取以时为经、以事为纬、分期划块、纵横结合的方式,最大限度利用内部空间,巧妙克服了各展厅面积分布不均衡的问题。展馆布局严格按照中国共产党在青海的历史发展进程,设置为"新民主主义革命时期""新中国成立初期""社会主义革命和建设时期""改革开放新时期"4 个部分,各部分之间紧密衔接、承上启下,保证历史的完整性和延续性,注重整体布局,以及展陈方式的艺术性、观赏性、教育性和启发性。

展馆内部设计采用数字化理念,运用图文并茂、实物再现、多媒体交互展示的布展方式,巧妙利用数字资料、影视资料,使用声、光、电等高科技手段打造沉浸式体验;展陈内容包括文物、图片、图表、文摘、浮雕、人物雕塑等 400 余件展品。展陈区域有 6 个:一是"序厅:起点";二是"播撒火种、点亮理想";三是"喜获解放、当家作主”；四是“艰辛探索、曲折发展”；五是“改革开放、矢志复兴”；六是“尾厅：时代先锋学习典范”。青海党史教育展馆展陈的内容，全方位展现中国共产党在青海引领各族人民进行的伟大斗争，清晰还原中国共产党在青海走过的光辉历程，为广大党员干部和人民群众呈现了一部“走着读”的青海地方党史。

（二）湟源县小高陵精神展览馆

湟源县小高陵精神展览馆于2016年11月被中共青海省委宣传部公布为第二批“青海省爱国主义教育示范基地”之一，位于青海省西宁市湟源县和平乡小高陵村。

小高陵精神是20世纪六七十年代小高陵人民在党的领导下，在艰苦创业中创造的精神财富，是推动湟源人民奋勇前进的精神动力。1965年12月8日，《人民日报》头版头条以“青海高原出‘大寨’”为题报道小高陵后，青海省委指出，小高陵大队长期艰苦奋斗的革命精神，坚决同穷山恶水搏斗的革命英雄气概，以及敢于革命又善于革命的科学态度，都值得我省的广大干部和社员学习，也值得全省各条战线上的同志们学习！

1971年，西安电影制片厂拍摄《治山造林保水土》，真实记录了小高陵人民战天斗地创造的奇迹，主题曲《小高陵人民多奇志》传遍青海，激励人民艰苦奋斗建设家园。2014年，小高陵精神被概括为“敢为人先、实干善成”。“敢为人先”就是敢人之不敢，先人之未先，体现敢于创新的一种精神风范和目标追求；“实干善成”就是盯紧目标，锲而不舍，干则必成，成则有效，体现的是一种工作作风。同年，湟源县小高陵精神展览馆建成，占地面积500多平方米，由“穷则思变、不畏艰难”“带领群众、苦干实干”“治山治水、敢为人先”“崇尚科学、实干善成”“与时俱进、不断创新”5大版块组成，收藏了20世纪六七十年代湟源县和平乡小高陵村建设者留存的照片、影像和文件资料800余幅，生产生活用具500多件，珍藏有西安电影制片厂录制的科教片《治山治水保水土》。展览馆展示了小高陵村人民为改变贫穷落后面貌，自力更生、治山治水，历时10余年，使3000多亩旱山变梯田的成果，是弘扬“敢为人先、实干善成”小高陵精神的有效载体。

（三）大通回族土族自治县烈士陵园

大通回族土族自治县烈士陵园于2020年12月被中共青海省委宣传部公布为第三批“青海省爱国主义教育示范基地”之一，位于青海省西宁市大通回族土族自治县城关镇陵园路396号。

1949年，大通回族土族自治县烈士陵园开工建设，1955年建成。陵园占地面积23066平方米，建筑面积3537.09平方米，墓区面积5135平方米，是青海省烈士人数较多的县级烈士陵园。陵园内安葬革命烈士243人,包括在剿匪平叛战斗中献出宝贵生命的部队指战员184人,地方政府干部32人,农会干部、民兵、群众27人。陵园内有革命烈士纪念碑1座,纪念亭4座(抗日阵亡将士纪念碑亭1座、平息匪乱八角纪念亭1座、平息匪乱六角纪念碑亭2座),纪念馆3处(展厅2处、英烈纪念馆1处)。

1979年,大通回族土族自治县烈士陵园将烈士墓碑改建为砖混结构。1999年,上级民政部门和县人民政府筹拨专款58万元,将原砖混水泥砌成的烈士纪念碑进行改建,重新用花岗岩砌成,汉白玉贴面,题字原样复制,碑高16米。2004年,上级民政部门筹拨专款36万元,将原243名烈士土坟进行改建,新修干部公墓112座。2015年,再次将烈士墓地进行扩建。

大通回族土族自治县烈士陵园,以"褒扬烈士、教育群众"为目的,用烈士遗物、图片、文史资料,真实再现了当年革命英烈钢铁意志、艰苦奋斗精神和民族团结一家亲的伟大情怀,全面展示了革命先烈的不朽功绩和伟大精神,是开展党性教育、爱国主义和民族团结进步教育的重要场所。

(四)祁连县西路军和解放军二军纪念苑

祁连县西路军和解放军二军纪念苑于2012年12月被中共青海省委宣传部公布为第一批"青海省爱国主义教育示范基地"之一,位于青海省海北藏族自治州祁连县龙鳞公园内。

1990年,中共青海省委、省政府提出在八宝镇修建祁连县西路军和解放军二军纪念苑。1996年搬迁至森林公园内。2009年,祁连县委、县政府决定在龙鳞公园重修红军西路军和解放军二军纪念苑。2010年7月14日落成开馆,占地面积10000平方米,主要由纪念广场、纪念碑、纪念馆、浮雕墙和廉政长廊5个部分组成。

纪念碑由碑顶、碑身、浮雕碑座、纪念碑基座和四方位台阶组成。纪念碑高19.36米,象征中国工农红军西路军从1936年11月开始西征。碑顶四面镶嵌四颗鲜红的五星,象征着革命事业如红星照耀大地,光耀千秋。碑身正面镌刻:革命英烈永垂不朽。浮雕碑座四面按顺时针方向分别雕刻四方浮雕:《飞雪祁连山》《黄番大战》《俄博会见》《解放祁连》。碑基座四周按东、南、西、北分布四个台阶,象征红军西路军的五军、九军、三十军和中国人民解放军一兵团。

纪念馆由红军西路军展区、解放军一兵团二军及三军骑兵团展区组成。红军西路军展区由"昨日辉煌""西征前夕""艰苦历程""力挽狂澜""浴血重生"5个单元组成;解放军二军展区由"挺进新疆过祁连""解放祁连"2个单元组成。展陈通过实物展示、文字照片、碑文雕刻和艺术造型等形式,详细记载了红军西路军,中国人民解放军一兵团二军、三军骑兵团在祁连县境内艰苦战斗的丰功伟绩和革命精神。

廉政长廊的廊顶上方，摘抄了有关廉政建设的经典语录。长廊中部悬挂着具有中国古典文化理念和古代法理象征的钟模，取“警钟长鸣、时刻警醒”之意。

（五）中共玉树藏族自治州委党史陈列馆

中共玉树藏族自治州委党史陈列馆于2020年12月被中共青海省委宣传部公布为第三批“青海省爱国主义教育示范基地”之一，位于玉树藏族自治州玉树市结古镇民主路折隆达巷401号。

陈列馆是玉树“4·14”地震保留下来的自治州委办公旧址。灾后重建伊始，在这里绘就了玉树重建的蓝图，陈列馆依此改造而成。陈列馆于2016年筹建，2018年7月27日正式开馆，占地面积550余平方米，由“光辉的历程”“历史新纪元”“历史新突破”三个展厅组成，展陈了1949年玉树和平解放至今的200多幅珍贵历史照片和100余件革命文物。

陈列馆以文字、实物、图片等形式生动展示了自治州委、自治州人民政府团结带领全州各族干部群众，自力更生、艰苦创业的历史进程。展陈作品反映了中国共产党在玉树的光辉发展历程，记录了玉树人民在党的领导下进行革命、建设和改革开放的奋斗历程，讲述了一代又一代共产党员扎根玉树、接续奋斗、攻坚克难、无私奉献的感人事迹，营造了“心连心、一家亲”各民族团结友爱的浓厚氛围。一件件珍贵的革命文物、一张张感人的历史图片、一个个震撼的历史故事，都在诉说着那段硝烟弥漫、艰苦卓绝的岁月，讴歌了玉树各族人民为实现民族团结、地区稳定、人民幸福、生态良好所做的贡献，是展示玉树各族群众“感恩、自强、包容、创新、和美”精神的重要窗口。

陈列馆作为玉树藏族自治州唯一以党史为主题的宣传阵地，立足红色，在党性教育、爱国主义教育、民族团结进步教育等意识形态领域和讲好玉树党史故事、弘扬党的优良传统等方面发挥了重要的引领作用。陈列馆坚持把加强党性教育、弘扬党性文化、讲好红色故事、弘扬新玉树精神放在首位，努力传承红色基因，赓续共产党人精神血脉，是促进玉树党史“动起来”“活起来”“亮起来”的鲜活教材。

三、市（自治州）级爱国主义教育基地红色资源

（一）湟源县烈士陵园

湟源县烈士陵园是西宁市爱国主义教育示范基地，位于西宁市湟源县城关镇青藏路100号。

1954年，湟源县烈士陵园开工修建，占地面积54000平方米。园内安葬了

20 世纪五六十年代为平息藏区叛乱而献身和其他因公牺牲的 81 名革命烈士。

2013 年,湟源县烈士陵园统一制作了大理石墓碑 81 个,墓碑上分别铭刻了烈士的生平事迹,为社会各界人士在陵园内凭吊革命烈士提供了方便。陵园内有 180 平方米纪念堂一处,能容纳 30 人瞻仰;修建于 1954 年的纪念塔,塔高 15 米,塔身周围刻有“革命烈士永垂不朽”的文字;纪念塔两边分别修筑有两座飞檐八角亭;烈士墓前有陵园初建时修建的 30 平方米纪念墙一面,正面书有“革命烈士永垂不朽”。陵园内建有面积约 800 平方米纪念广场,能容纳 5000 人开展祭祀和瞻仰活动。

多年来,湟源县烈士陵园在发扬革命传统、弘扬革命精神、宣传烈士事迹、开展党的群众路线教育实践活动、传承革命先烈爱国主义伟大民族精神等方面发挥了积极的引领作用,这对于开展爱国主义教育,保持共产党员先进性,促进湟源县社会主义物质文明、政治文明、精神文明建设等都起到了积极的作用。

(二)解放军剿匪指挥部(慕容古寨)

解放军剿匪指挥部(慕容古寨)是西宁市爱国主义教育示范基地,位于西宁市湟中区拦隆口镇拦一村金仓岭慕容古寨。

中华人民共和国成立初期,人民解放军派出一支剿匪队伍来到金仓岭,团长钱治安率几名战士住在金仓岭村民慕增光家中,并在那里设置剿匪临时指挥部。解放军剿匪部队撤离时,钱治安团长将一枚五角星赠予慕增光留作纪念,这枚五角星被慕增光及其后人保存至今。后来,慕增光后人在修缮老宅时,特意将当年剿匪部队居住过的那间老房保留下来,并作为红色资源代代相传。改革开放以来,慕容古寨充分挖掘金仓岭地区丰富的红色资源,将当年解放军剿匪部队居住过的老房子原貌搬迁到了古寨醒目位置,修建成一座剿匪指挥部纪念馆。

当年解放军留给慕增光的那枚五角星和人民解放军缴获的马匪残害无辜百姓的手铐脚镣等都作为馆内展品展出。在剿匪遗址建成了金仓岭红色纪念馆,展品均为慕家人几十年来收集的红色纪念品,包括照片 3700 余张、红袖章 700 余个、雕像 105 尊、像章 1 万多枚。慕容古寨充分利用红色资源,努力讲好中国人民解放军在青海剿匪的历史故事。通过回味那段可歌可泣的战斗历史,缅怀革命先烈的丰功伟绩,重温青海解放初期的艰苦岁月,感受人民解放军剿匪部队带领慕容古寨人民与敌匪斗争的感人场景。

(三)互助土族自治县烈士陵园

互助土族自治县烈士陵园是海东市爱国主义教育示范基地,位于海东市互助土族自治县威远镇安定村东南方向 80 米。

互助土族自治县烈士陵园建于 1954 年,原址位于威远镇南街。2006 年开始搬迁遗址,2008年4月完成移址新建,现坐落在威远镇安定村后山。2014—2017年,烈士墓碑、纪念碑、地坪、铁艺围墙、陈列室和服务用房等先后进行了维修改造。陵园面积4900平方米,建有高约14米的革命烈士纪念碑、30个烈士墓,以及陈列室和服务用房。

陵园内安葬的有为保卫和巩固新生人民政权的平乱战斗中牺牲的人民解放军战士和民兵,他们英勇献身的崇高品质和革命精神,是一笔宝贵的精神财富;有在社会主义建设时期为抢救他人生命英勇献身的英雄。他们的事迹永垂青史、光照千秋。

近年来,随着互助土族自治县烈士陵园建设力度的不断加大,硬件设施不断的完善,承担的社会教育功能越来越多,发挥的宣传教育作用越来越大。陵园通过强化爱国主义教育基地在学习党史、新中国史、改革开放史、社会主义发展史、中华民族发展史中的职责使命,广泛开展理想信念教育、爱国主义教育和革命传统教育,这些内容对于持续激发爱国热情、凝聚人民力量、弘扬民族精神、传承红色基因,具有不可替代的作用。

(四)民和回族土族自治县烈士陵园

民和回族土族自治县烈士陵园是海东市爱国主义教育示范基地,位于海东市民和回族土族自治县川口镇东垣南路。

民和回族土族自治县烈士陵园建于1954年,同年9月建成12.5米高的纪念碑一座,上面镌刻着“人民英雄千古”“人民英雄永垂不朽”的碑文。陵园内排列着为解放事业、社会主义革命和建设事业献身的38名革命先烈和39名无名烈士。在人民英雄纪念碑右面的公墓里,长眠着62位为党为人民,为民和回族土族自治县建设做出贡献的国家机关干部、职工和群众,他们同样受到全县人民的敬仰。

陵园内建有烈士纪念馆,由“序厅”“星火燎原革命觉醒”“忠义长歌青史铭记”“革命老物件展示”“峥嵘岁月艰苦卓绝”“互动体验”“永存国心浩气长存”“崭新时代继往开来”“永垂不朽光辉流传”“结束语”10个版块组成。纪念馆以井冈山会师浮雕背景墙为开始,以习近平总书记在庆祝中国人民解放军建军90周年大会上的重要讲话内容为结束,集中展现了红军时期、抗日战争时期、解放战争时期、抗美援朝时期,以及建设新民和过程中,全县各族儿女奋勇向前、可歌可泣的英雄事迹。纪念馆以红色革命历史为背景,着力打造集“展示、宣传、教育、互动、学习”于一体的党性教育基地,旨在引导参观者形成正确的世界观、人生观、价值观,争当红色基因的传承者和弘扬者。

(五)循化撒拉族自治县烈士陵园

循化撒拉族自治县烈士陵园是海东市爱国主义教育示范基地,位于海东市循化撒拉族自治县城东尕庄。

循化撒拉族自治县烈士陵园建于1955年8月,2010年10月搬迁扩建,并与二军纪念馆合并。陵园占地面积5500平方米,建筑面积1079.3平方米,墓区面积542.3平方米,广场面积1709平方米。陵园内建有烈士陵园展厅、二军纪念馆展厅、接待室、烈士纪念塔、二军纪念塔,以及二军强渡黄河时的“英雄救英雄”雕塑。

陵园内安葬着1949年12月13日在循化撒拉族自治县街子镇查加沟平叛中英勇牺牲的中国人民解放军一军一师一团一连的指战员及地方干部共98位烈士;1958年4月在循化撒拉族自治县岗察乡、文都等地平息反革命武装叛乱中牺牲的15位烈士;1958年以后牺牲的3位烈士。1989年3月,青海省人民政府在当年二军强渡黄河地址之一的循化撒拉族自治县积石镇伊么目黄河大桥北岸修建了中国人民解放军第一兵团二军纪念馆。2010年10月,这座纪念馆搬迁至循化撒拉族自治县城东尕庄,与烈士陵园合并。

循化撒拉族自治县充分发挥爱国主义教育红色阵地作用,通过开展祭扫烈士墓、举行烈士纪念日等活动,深切缅怀革命先烈,传承赓续红色血脉,激发爱国主义情感,展示伟大的革命精神。

(六)天峻县烈士陵园

天峻县烈士陵园是海西蒙古族藏族自治州爱国主义教育示范基地,位于海西蒙古族藏族自治州天峻县天木路雪合勒牧民小区西北侧。

天峻县烈士陵园,1983年由原铁道兵某部队修建。陵园内安葬着为修建青藏铁路西宁至格尔木段(西格段)而光荣牺牲在天峻县的中国人民解放军铁道兵。青藏铁路西格段,1958年开始在天峻县境内施工,修筑路基,开凿隧道,直至1982年10月1日正式通车。这段铁路穿越天峻县境95千米,建有车站6个,其中天峻县境内的关角隧道是西格段重点工程,隧道长4010米,轨面标高3700米,是当时世界上海拔最高的铁路隧道。中国人民解放军铁道兵面对艰苦的生活条件、简陋的施工设备、恶劣的自然环境,凭借着对党的无限忠诚,对民族地区人民的热爱以及铁道兵部队的大无畏精神,克服种种困难,完成了天峻县境内铁路施工建设,保证了青藏铁路西格段全线贯通。陵园内葬有青海、甘肃、陕西、山西、山东、河南、河北、安徽、江苏、贵州、湖南、湖北、四川、广东、辽宁籍铁道兵烈士51位。

修建青藏铁路一期工程的铁道兵烈士忠骨埋青山,长眠于青藏高原。他们的英魂长存,精神不朽。多年来,天峻县各族群众坚决捍卫英烈荣光、守护精神家园,以革命烈士为榜样,继承先烈遗志,弘扬优良作风,坚定理想信念,用实际行动告慰革命先烈。

(七)格尔木市烈士陵园

格尔木市烈士陵园是海西蒙古族藏族自治州爱国主义教育示范基地,位于海西蒙古族藏族自治州格尔木市机场路4号。

陵园始建于1981年,占地面积50000平方米。2002年10月,修建完成一座高21.8米的主体纪念碑和数座单元型纪念碑。2003年,建成碑前广场,面积3200平方米。2013年,完成518座烈士墓、1座纪念碑、951米烈士墓围墙的修缮。纪念碑既是一部记载革命烈士丰功伟绩的史册,也是一处褒扬烈士、激励后人的爱国主义教育基地,是军民同心共建的缩影。

陵园内安葬有青藏公路工程、青藏铁路工程、"五三"工程、青藏公路工程(改扩建)、"兰西拉"光缆干线工程等重点工程和高原新城格尔木建设发展中英勇献身的革命烈士、因公牺牲人员330余名。在世界屋脊上他们忍受风雪严寒和缺氧等恶劣环境影响,修建了举世瞩目的青藏铁路工程。1950年以来,一代又一代筑路大军,在此路线上献出了宝贵生命来捍卫祖国和人民利益,巩固边疆与祖国内地联系,提高边疆人民生活水平,促进民族团结进步。

多年来,格尔木市烈士陵园作为爱国主义教育示范基地,始终坚持履行"褒扬先烈、教育后人"的神圣职责,在爱国主义教育工作方面做出了积极的贡献,它将永远感染和激励筑路大军为祖国富强和人民幸福而积极奉献、顽强奋斗。

(八)海西蒙古族藏族自治州党员先锋事迹陈列馆

海西蒙古族藏族自治州党员先锋事迹陈列馆是海西蒙古族藏族自治州爱国主义教育示范基地,位于青海省海西蒙古族藏族自治州海西会议中心三楼。

陈列馆于2019年10月建成使用,面积160平方米,主要陈展海西蒙古族藏族自治州自1954年建政以来,海西蒙古族藏族自治州的党史和组织史,在海西解放、石油勘探、农垦拓荒、盐湖开发、青藏公路和青藏铁路建设,以及在改革发展中涌现的27名优秀党员个体、关角隧道英烈集体的创业历史和英雄事迹,通过讲故事的形式展现各级党组织和广大党员的艰苦奋斗精神。陈列馆分为"岁月回望·红色记忆""亲切关怀·指引航程""不忘初心·砥砺奋进""牢记使命·薪火相传"4个部分。陈列馆两边陈列着从海西蒙古族藏族自治州建政初期到改革开放以来"青藏公路之父"慕生忠、中国石棉工业先驱者赵瑶台等老一辈党员的光辉事迹和全国最美检察官陈永洁、"天路鸿雁"葛军等优秀共产党员的先进事迹。

展馆内丰富的影像、图文资料,展现了海西蒙古族藏族自治州发展的光辉历程,镌刻了优秀党员的先进事迹,在回首与展望中传承红色基因,以身边的榜样传达理想信念。展陈内容反映了海西广大党员干部在柴达木这片热土上,用智慧书写开发的历史,用双手描绘发展的奇迹,谱写了一部可歌可泣的创业史、奋斗史,孕育形成了“两路”精神、石油精神、农垦精神、盐湖开发精神、新海西精神等鼓舞人心的精神财富。

(九)钱学森科技馆

钱学森科技馆是海西蒙古族藏族自治州爱国主义教育示范基地,位于青海省海西蒙古族藏族自治州高级中学科创教育中心一楼。

科技馆建筑面积510平方米,陈列面积670平方米,于2019年7月16日建成展出。科技馆有序厅、第一展厅、第二展厅等3个展馆,内含“中华之光”“赤子求学”“科学巨人”“人生基石”“第六次产业革命”5个展区。序厅的大型灯箱展墙全面介绍了钱学森的生平;第一展厅正中央是钱学森的头像雕塑,展墙上的大型油画作品是我国23位“两弹一星”功勋奖章获得者的肖像,展厅内陈列了我国第一颗原子弹、东方红卫星和“玉兔号”月球车实物模型;第二展厅陈列的是钱学森的著作墙、肖像墙、钱学森语录。

钱学森是世界著名科学家,在中国发展史上建立了不可磨灭的功勋,在人类科技史上留下了不可估量的财富。科技馆展区利用影视资料、展图、雕塑、模型、实物、影印文献资料、图书、纪念邮品、书画作品等,全面回顾了“人民科学家”钱学森光辉的一生,对国家、对民族、对世界所做出的突出贡献。展陈内容展现了钱学森不计个人得失,毅然回国的爱国主义精神;淡泊名利、不追求物质上的丰沃,专心做学问,不收礼、不题词的奉献和求实精神;科技成果广泛,不局限于导弹和航天事业,更是惠及生态建设的创新精神。

(十)果洛藏族自治州爱国主义教育基地暨民族团结进步展厅

果洛藏族自治州爱国主义教育基地暨民族团结进步展厅是果洛藏族自治州爱国主义教育示范基地,位于果洛藏族自治州玛沁县甘德路38号,是果洛藏族自治州第一个多方位、多角度、多层次,高站位、高标准、高质量展示果洛解放建政、红色传承、改革发展成就和民族团结成果的重要场所。

果洛藏族自治州爱国主义教育基地暨民族团结进步展厅,主要分为“果洛建政史”“红色印记”“光辉历程”3个展厅,呈现了果洛建政史、红色印记、“不忘初心、牢记使命”、绿水青山、民族团结、经济发展、对口支援等7个版块内容。展厅通过图片、视频、文字、数据、实物等,系统展示了果洛自中华人民共和国成立以来经济社会取得的巨大变化和辉煌成就,生动展现了果洛各族人民团结奋进、扎根高原、开拓奋进的精神风貌,突出表现了果洛精神的形成、发展和光大的历史传承。

展厅内一张张见证果洛发展变化的新老照片、一段段艰苦奋斗的文字记录、一件件珍贵的实物珍藏,翻开了果洛解放和发展的历史画卷,展示了果洛各族群众在党的坚强领导下,努力奋斗的壮丽诗篇。它们教育和引导广大党员干部进一步坚定理想信念、提升党性修养,激励广大党员干部延续红色基因,牢记初心使命,传承以爱国主义为核心的民族精神,增强干事创业的凝聚力和战斗力。

(十一)玉树藏族自治州公安局警史馆

玉树藏族自治州公安局警史馆是玉树藏族自治州爱国主义教育示范基地,位于玉树藏族自治州玉树市琼龙科巷401号。

玉树藏族自治州公安局警史馆于2014年开始筹备,2017年正式建成,2019年完成扩建,展陈面积约200平方米,是青海省首座以"公安"为主题的专题展馆。

警史馆建设按照"特色鲜明、亮点突出"原则,尊重玉树公安历史演变,并赋予时代特色。以"传承历史、崇尚荣誉、凝聚警心、熔铸警魂"为宗旨,全方位、多角度反映了自1950年玉树成立公安机关以来的历史沿革,玉树公安秉持人民公安为人民的理念,为玉树藏族自治州公安工作、民族团结进步建设留下的光辉足迹。

警史馆立足"不忘初心、牢记使命"主题,突出公安党史、民族团结史、公安斗争史3个重点。设置了"壮美玉树""黑暗统治""翻身解放""江源风云""峥嵘岁月""护航利剑""环保金盾""危难真情""铁血重生""金色家园"等10个篇章,打造了"警魂墙""荣誉墙""英烈墙""枪械墙""维稳墙""廉政墙""章台""团结墙""车展区""关怀墙"等10个特色区块。运用文物、实物、遗物以及史料、图片、雕塑等形式,展示了玉树公安经历的重大历史事件,反映了玉树公安在保卫政权、平息叛乱、维护稳定、打击犯罪、服务人民、抢险救灾等方面的业绩,展现了玉树公安赤胆忠心、敢于牺牲、勇于奉献、任劳任怨、艰苦奋斗的英雄主义精神。

(十二)玉树市隆宝镇红色教育基地

玉树市隆宝镇红色教育基地是玉树藏族自治州爱国主义教育示范基地,位于三江源头的黑颈鹤之乡玉树藏族自治州玉树市隆宝镇政府院内。

1959年年末,经国务院批准,由玉树县、囊谦县、杂多县和治多县的部分地域组建成江南县,县址为隆宝镇。在时任江南县委书记的带动下,发扬"延安精神",建造了集办公生活于一体的"延安窑洞",成为隆宝草原上第一座房屋。1962年,江南县撤销,但"延安窑洞""延安精神"保留了下来。2010年,玉树"4·14"强烈地震中,江南县遗址毁于一旦。青海省委、省政府高度重视,将其列入灾后重建重点项目,在原址进行重建。

隆宝镇红色教育基地(原江南县旧址),占地面积 1880 平方米,建筑面积 930 平方米,有窑洞 35 间,呈四合院式分布,包括“延安精神放光芒”“延安精神在‘4·14’地震抗震救灾和灾后重建中再次发挥强大的生命力”“地震科普知识展”3 个单元展厅。一张张旧桌椅,一沓沓发黄纸张,都展示着老一辈勤俭节约、艰苦朴素的工作作风、生活作风和光荣传统,是延安精神在玉树的物质见证。通过近距离感受江南县悠久厚重的革命历史和革命先辈艰苦朴素的生活作风、顽强奋斗的工作精神,能够重温红色历程、了解革命历史、深刻领会革命精神,是精神洗礼、思想涤荡、情感教育的重要场所。

(十三)称多县通天河大桥暨守桥民兵班

称多县通天河大桥暨守桥民兵班是玉树藏族自治州爱国主义教育示范基地,位于玉树藏族自治州称多县歇武镇的直门达通天河渡口。

1963 年,第一座钢筋水泥大桥(幸福桥)在渡口架起。1977 年 9 月,称多县委、县政府组建守桥民兵班。2012 年,第二座大桥(生命桥)建成。2017 年,第三座大桥(腾飞桥)建成。从 1977 年开始,一批批守桥民兵用忠诚践行使命,用生命护卫大桥,将青春热血和汗水无悔地奉献给了平凡的岗位,铸就了“忠诚使命、热血护卫、无悔奉献”的守桥精神。

称多县通天河大桥暨守桥民兵班爱国主义教育基地,以民兵守桥班用忠诚守卫“长江源头第一桥”的“守桥精神”为核心,包括用生命揭开长江漂流第一页、唤醒当代中国人探险意识和爱国热情的长江漂流第一人尧茂书“长漂精神”,践行“绿色感恩、生态报国”生态理念,用勤劳淳朴延续“船王”家族的青藏川三省藏地通衢守护者直本家族的传奇历史和承载玉树发展变迁的通天河三座桥等爱国元素,是红色基因传承、爱国教育的重要场所。

展馆展陈内容,无论是文字陈述、图片遴选,还是实物呈现,始终紧扣“初心使命”。守桥民兵班荣获各类奖牌证书、直本家族用过的古老牛皮筏子、尧茂书“国魂”纪念碑等实物,展现了玉树的发展变化,在红色资源共享中传承了先辈的优秀品质,营造了“听党话、感党恩、跟党走”的红色氛围。

第二节
独特的历史文化教育开发类资源

在研究的青海省爱国主义教育基地红色资源类属于独特的历史文化教育开

发类的19个资源中,有2个属于国家级,有8个属于省级,有9个属于市(自治州)级。这些爱国主义教育基地红色资源在发挥思想政治教育开发功能优势中引领了社会风尚,推动了爱国主义教育融入社会生活,展现了青海省爱国主义教育基地红色资源的文化价值和社会效益。

一、国家级爱国主义教育基地红色资源

(一)中国藏医药文化博物馆

中国藏医药文化博物馆于2009年5月被中宣部公布为第四批“全国爱国主义教育示范基地”之一,位于青海省西宁市城北区生物产业园区经二路36号,是藏医药业专题博物馆。

2003年11月,青海省文化厅批复成立中国藏医药文化博物馆。2005年4月,中国藏医药文化博物馆开工。2008年9月9日,中国藏医药文化博物馆揭牌。博物馆占地面积133300平方米,建筑面积12000平方米。博物馆主体分3层,有8个展厅,包括藏医史、曼唐器械、古籍文献、藏药标本、天文历算、彩绘大观、民俗文物、历史文物等。展厅文物主要是通过捐赠、收购、采集获得。目前,馆内棉质、皮质、石质、纸质、金属质等藏品数量达50000件(套),珍贵文物1020件(套)。《中国藏族艺术彩绘大观》作为镇馆之宝,是最具代表性的珍贵文物,长达618米,画面达1500平方米,有唐卡700多幅,堆绣图案3000多种,内容博大精深,囊括藏族对宇宙形成的认识、历史、宗教、医学、文化、生活等诸多方面内容,堪称藏族文化的百科全书。各展厅根据不同的展示内容,采取环境再现、唐卡雕塑、文物展示、高科技模拟等方式和手法,展示了中国藏医药文化的博大精深。

博物馆通过展陈藏医药历史碎片来透视青藏高原遥远的文明之光,使参观者感悟弥足珍贵的藏医药文化。展馆不仅是青海省对外开放、民族团结进步的重要窗口,也是青藏高原儿女为全人类奉献的一份具有极高价值的文化盛宴。

(二)中国青海柳湾彩陶博物馆

中国青海柳湾彩陶博物馆于2009年5月被中宣部公布为第四批“全国爱国主义教育示范基地”之一,位于青海省海东市乐都区高庙镇柳湾村,是考古学专题博物馆,也是展示彩陶文化为主的专题性博物馆。

1974年,柳湾墓地被发现,7月中旬开始发掘。中国科学院考古研究所和青海考古队共发掘墓葬1730多座,出土文物37925件。1980年,“青海省考古队柳湾工作站”在柳湾村设立,并筹建馆舍。1985年,工作站改名为“青海省彩陶研究中心”。1986年11月,彩陶研究中心完成“柳湾墓地”基本陈列。2000年4

月，新馆修建。2001 年 7 月，中国青海柳湾彩陶博物馆成立。2004 年 4 月28 日，中国青海柳湾彩陶博物馆正式对外开放，成为中国最大的彩陶文化博物馆。

博物馆占地面积 6000 平方米，建筑面积 2200 平方米，展览面积 1500 平方米。博物馆分上下两层，外形酷似在青海出土的大通舞蹈纹彩陶盆，外观造型突出了典型彩陶盆、罐及纹饰特点，是现代艺术和史前艺术的结合。馆内藏品多为青海柳湾墓地发掘出的文物，囊括陶器、骨器、石器、玉器、装饰品等，彩陶占馆内藏品数量一半以上。目前，馆内藏品数量达 38648 件(套)，珍贵文物 267 件(套)。这些文物向人类再现了新石器时代晚期至青铜时代高原地区空前繁荣的彩陶艺术，成为研究高原地区历史文化的重要佐证，更是弘扬中华优秀传统文化、坚定文化自信、建设文化强国的重要物质支撑。

二、省级爱国主义教育基地红色资源

(一)青海省档案馆

青海省档案馆于 2012 年 12 月被中共青海省委宣传部公布为第一批“青海省爱国主义教育示范基地”之一，位于青海省西宁市七一路 346 号，是面向社会各界提供档案查阅利用、政府信息公开的服务中心。

1958 年 8 月，青海省档案馆开始筹建。2003 年 8 月，新馆竣工并投入使用，建筑面积 5696 平方米，库房面积 2346 平方米。档案馆是青海省委、省政府直属副厅级行政管理类事业单位，由省委办公厅管理，下设利用保管部、技术保护部、接收整理部、征集宣传部、编辑研究部和现行文件中心 6 个部门。

档案馆馆藏丰富、史料珍贵、门类齐全，主要有唐代、明代、清代、民国档案以及中华人民共和国成立后省级各党政机关、事业单位、群众团体的文书档案、人事档案、专门档案、声像档案、照片档案及相关资料。馆藏珍贵档案有唐代的“谨封”铜印、唐贞观年间的“笔势论”、明洪武年间的“诰命”、明天顺年间的“金书铁券”、明万历年间的“布告”、明清族谱、藏文文献以及毛泽东主席像章等。其中，唐代的“谨封”铜印和明代的“金书铁券”被列入《中国档案文献遗产名录》。目前，馆藏各类档案资料约 30 万卷(件)。这些档案资料反映了青海省经济、政治、科学、文化教育等方面的历史，是青海省各族人民共同创造的宝贵财富。

(二)青海省博物馆

青海省博物馆于 2012 年 12 月被中共青海省委宣传部公布为第一批“青海省爱国主义教育示范基地”之一，位于青海省西宁市城西区新宁广场东侧，是青海省第一座具有现代化功能的大型综合博物馆。

1957年,青海省博物馆开始筹建,1986年9月正式开建。2001年5月1日,新馆建成并对外开放。博物馆整体建筑采用传统的中轴对称手法,具有浓厚的地方特色,是西宁古城的地标性建筑。博物馆占地面积17000平方米,建筑面积20800平方米,包括展厅4个,面积9450平方米;库房6间,面积2668平方米。

博物馆馆藏文物包含历史、民俗、政治、经济、军事、生产、生活等多个领域,其中以史前文物和反映中西方文化交流的文物最具特色。目前,收藏各类文物15627件(套),其中,珍贵文物2069件(套),一级文物313件(套),二级文物620件(套),三级文物1136件(套)。这些文物是青海古代先民在生产劳动、文化艺术、工艺技术等方面聪明才智的集中表现,生动地刻画了人类在青海地区的生产生活印记,体现了青藏高原在中国历史大背景中所发生的民族融合,以及在政治、经济、文化等方面的交流。博物馆始终以弘扬中华优秀传统文化为己任,在讲好青海故事与中国故事、激发青少年爱国主义情怀、宣扬社会主义核心价值观等方面发挥着重要作用,已成为展示和宣传青海的重要窗口。

(三)青海省自然资源博物馆

青海省自然资源博物馆于2020年12月被中共青海省委宣传部公布为第三批"青海省爱国主义教育示范基地"之一,位于青海省西宁市城西区海晏路75-1号,是国内首家以自然资源为主题的省级博物馆。

博物馆前身为始建于1956年的青海省地质陈列馆,2000年10月与地质档案馆合并为青海省国土资源博物馆,2019年,正式更名为青海省自然资源博物馆,同年10月1日正式对外开放。

博物馆建筑面积7510平方米,展厅面积5747平方米,分为4层,有6个展厅:一楼为序厅、地球科学厅;二楼为自然资源厅;三楼为人与自然厅、矿物晶体厅;四楼为地质行业的风雨历程厅。展厅内容与形式体现了完整性、系统性、科学性、艺术性、趣味性;呈现了科学性传播、数字化展示、实时性在线的鲜明特色;弘扬了"特别能吃苦、特别能战斗、特别能攻关、特别能奉献"的航天精神、尕布龙赤子精神、可可西里坚守精神以及"以献身地质事业为荣、以找矿立功为荣、以艰苦奋斗为荣"的地质"三光荣精神"。博物馆围绕"起源、溯源、资源、本源"主题,涵盖了"科普万物之始、探究高原奥秘、展示资源魅力、守护生态和谐"主题;打造了形神兼备的展览体验,融合生态文明建设成果;诠释了"大美青海,自然之窗"的魅力;展示了人与自然和谐共生理念。

(四)青海青藏高原自然博物馆

青海青藏高原自然博物馆于2012年12月被中共青海省委宣传部公布为第一批"青海省爱国主义教育示范基地"之一,位于青海省西宁市城北区生物园区经二路21号。

2011年5月19日，博物馆正式开放。博物馆占地面积18000平方米，主场馆建筑面积15000平方米，有3层24个展厅。馆内“青藏高原”立体沙盘是西北最大的立体沙盘，“大美青海”立体沙盘放置其后，两个大型、精美的立体沙盘能够直观看到青藏高原和青海地形特征、分布状况。博物馆的建成填补了我国乃至世界上以全方位介绍青藏高原自然生态为内容的博物馆空白，成为青藏高原旅游资源的一张“金色名片”。

博物馆秉承“山宗水源、圣境博纳”理念，以打造青藏高原自然艺术殿堂、打造大美青海金色名片为目标，以宣传青藏高原自然生态和地理地貌、推动生态环境保护为宗旨，采用实物标本与高技术结合手段，以恢宏气势、流畅线条、逼真山川造型、精美景柜设置、先进多媒体手段，全面生动地展示青藏高原的绮丽风光、地质地貌、宝贵矿藏、动植物种群、生态特征、自然规律等内容，是集科普性、观赏性、艺术性为一体的大型自然博物馆。青藏高原自然博物馆是认识青藏高原的亮丽窗口、传播生态文明理念的生动载体、体验大美青海的特殊基地。

(五)西宁市档案馆

西宁市档案馆于2016年11月被中共青海省委宣传部公布为第二批“青海省爱国主义教育示范基地”之一，位于青海省西宁市城中区南关街43号，是集中统一保管西宁市市级机关、团体、企事业单位档案资料的综合性档案馆。

档案馆成立于1959年3月，建筑面积2593平方米，库房面积1807平方米，展陈面积216平方米。现有馆藏档案资料12万余卷(册)，其中文书43000卷(册)，资料8155卷(册)，民国档案18134卷，会计、科技、审计、纪检、无头档案28195卷(册)，企业档案18302卷(册)。档案以纸质文件为主，还包括录音带、录像带、照片、光盘等。展陈内容由“亲切关怀”“百年风貌”“西宁解放”“城市建设”“展望未来”5个部分组成。

档案馆秉承“依托馆藏、立足西宁、教育为本、注重特色”的思路，积极开发馆藏教育资源，积极发挥资政育人、传承文明的教育功能，努力打造西宁文化品牌，为传承中华优秀传统文化、弘扬以爱国主义为核心的民族精神和以改革创新为核心的时代精神、践行社会主义核心价值观奠定基础。档案馆充分利用档案“名片”，以举办系列主题展览、服务编史修志、编写爱国主义教育教材、开展大中小学生社会实践教育活动为抓手，在展现城市历史、展示城市文明、提高市民素质、提升人文素养、保护历史资源、保障人民权益、丰富城市内涵等方面发挥了积极作用。

(六)湟源县丹噶尔古城

丹噶尔古城于2012年12月被中共青海省委宣传部公布为第一批“青海省

爱国主义教育示范基地"之一,位于青海省西宁市湟源县城关镇明清老街。

丹噶尔古城始建于明洪武年间,距今已有600多年历史,素有"海藏咽喉""茶马商都""小北京"之称。丹噶尔古城具有悠久的历史。古城内有城隍庙、金佛寺、火祖阁、孔子庙、清真寺等,这些建筑宏伟壮观、布局严谨、刻镂精致,彰显出无穷的魅力。丹噶尔古城蕴含独特的艺术价值。不同民族文化相生相长,形成了独具特色的地域文化,衍生出独特的艺术创作品——丹噶尔皮绣、湟源排灯。丹噶尔皮绣采用牛皮、羊皮、兔皮、鼠皮等多种动物皮革,以羊毛、马尾等制成绣线在皮革上绣出山水、花鸟、人物等图案,是一种极具观赏价值和收藏价值的艺术品。湟源排灯是中国最早的广告灯箱,起源于清代,2006年被列入国家级非物质文化遗产名录、有"青海民族民间文化艺术珍品"之称。

丹噶尔古城记录着西北地区的经济繁荣和文化兴盛,在历史上为汉族与藏族、中国与世界的经济文化交流起到了不可磨灭的作用;在现实中为弘扬爱国主义、坚持民族团结、坚定文化自信发挥着重要的示范作用。

(七)海西蒙古族藏族自治州民族博物馆

海西蒙古族藏族自治州民族博物馆于2012年12月被中共青海省委宣传部公布为第一批"青海省爱国主义教育示范基地"之一,位于海西蒙古族藏族自治州德令哈市柴达木东路,是集展览、陈列、办公、交流为一体的综合性多功能展馆。

1994年,海西蒙古族藏族自治州民族博物馆正式成立,1997年7月1日正式对外开放。2004年12月,海西蒙古族藏族自治州文物保护管理所成立,与海西蒙古族藏族自治州民族博物馆合署办公。2014年8月,搬迁至民族文化活动中心二楼。

博物馆占地面积4200平方米,展厅面积2000平方米。馆内有4个常设展厅和4个临时展厅,常设展厅包括历史展厅、德都蒙古风俗展厅、藏族风俗展厅、社会成就展厅。其主要以海西小柴旦湖旧石器,诺木洪文化,吐谷浑、吐蕃历史等为展线,以古丝绸、干尸、棺板画、古岩画专题展为依托,使用虚拟讲解、二维码扫描等高科技展陈手段,发挥了窗口作用。各展厅力求生动全面反映海西历史发展脉络,展示大漠文明的多样性和独特性,弘扬瀚海之地优秀民族历史文化。藏品以海西历史陈列为主,馆藏文物811件(套),其中一级文物25件(套),二级文物16件(套),三级文物105件(套)。博物馆在宣传海西、展示海西、传承历史文化,开展爱国主义教育、学校德育教育等方面发挥着重要作用,是海西蒙古族藏族自治州促进民族团结、对外宣传的窗口和阵地。

(八)都兰县博物馆

都兰县博物馆于2020年12月被中共青海省委宣传部公布为第三批"青海

省爱国主义教育示范基地”之一，位于青海省海西蒙古族藏族自治州都兰县察汉乌苏镇希望街热水墓群保护中心，是收集、征集、典藏、研究、陈列都兰县自然和人类文化遗产的实物场所。

博物馆总布展面积1600平方米，分为A馆和B馆。A馆建于2004年，建筑面积2255平方米；B馆建于2014年，建筑面积2455平方米。A馆为三层综合性展馆，布展面积744平方米，陈列内容分为2个主题：都兰历史文化和出土文物。一层以历史文化为主，按照历史发展脉络呈现。二层主要为视频监控系统、入侵报警系统、电子巡更系统及地波监测系统。三层以出土文物为主，包括10个独立展柜、21个恒温展柜。独立展柜陈列了漆器、青瓷莲花尊、鎏金凤鸟、嵌绿松石耳环等；恒温展柜陈列了热水墓群出土的丝织品、珠宝配饰等。出土文物中，国家一级文物9件(套)，二级文物14件(套)，三级文物35件(套)，还有丝织品、金属器皿、木器、漆器、珠宝配饰等312件(套)。南北朝至隋唐时期的织锦、罗马金币、粟特银器是馆藏珍品。

都兰在中国古代丝绸之路沿线上，在中西交通史上发挥了重要枢纽作用。都兰县博物馆是建立热水墓群国家级文物保护和考古研究基地的核心精华展示窗口，是展示青海版图上都兰县灿烂文化风采的教科书和接待站。

三、市(自治州)级爱国主义教育基地红色资源

(一)西宁市博物馆

西宁市博物馆是西宁市爱国主义教育示范基地，位于青海省西宁市城北区门源路西宁市群众文化艺术交流活动中心，是一座设施完善的现代化综合性博物馆。

1978年，西宁市文化馆成立文物考古组，开始征集、收集、收藏出土文物。1992年西宁市博物馆创建，2006年正式对外开放。2021年9月，新馆建成并投入使用。博物馆建筑面积11000平方米，展厅面积3000平方米，库房面积1000平方米。其由基本陈列、交流展览和专题展览构成。基本陈列包括：“晨曦微露·沈那聚落遗址出土文物展”“舞韵河湟·‘一带一路’中的西宁文物展”“河湟印记·西平安宁”3个部分。

博物馆藏品源于考古发掘、采集、征集、征购等，馆藏有青铜器、陶瓷器、金银器、书画、古籍等各类珍贵文物，是西宁盆地先民从鸿蒙初开走向现代文明的重要标志，也是数千年来西宁各族群众不断融合、携手创造灿烂历史的见证。博物馆坚持传承和弘扬优秀传统文化、宣传社会主义核心价值观为己任，对标爱国主义教育基地建设标准，发挥博物馆在公共文化服务和社会教育职能方面优势，推出反映西宁地方历史文化、社会发展、民族团结的主题展览，是保护传承河湟文

化的主阵地,也是西宁重要的公共文化服务中心和爱国主义教育基地。

(二)青海藏文化馆

青海藏文化馆是西宁市爱国主义教育示范基地,位于青海省西宁市湟中区鲁沙尔镇莲花湖畔,是集知识性、趣味性、观赏性、参与性于一体,全方位介绍藏族历史、艺术、宗教及民俗风情的展馆。

2006年,青海藏文化馆开工建设,2010年10月投入使用。占地面积20000平方米,建筑面积10000平方米,由1号馆和2号馆构成。1号馆为两层建筑:一层展现藏族的发展历史,包括吐蕃时期、割据时期、萨迦时期、帕竹时期、甘丹颇章时期等,展厅沿顺时针方向分布;二层展陈的是藏族文化艺术品,内容涵盖佛与神灵的世界、神山圣湖、面具艺术、文化艺术等。2号馆为一层建筑,是观影厅,可观看球幕电影《觉悟之路》,集中展现藏传佛教独特的宇宙观和生死观。

青海藏文化馆运用声、光、电技术,展现青藏高原形成和旧石器时代至今的藏族文明发展历程。借助文字、图片、沙盘和实物,展示唐卡、堆绣、藏戏、藏医药、《格萨尔王传》史诗传唱、藏传佛教寺院建筑等藏族文化艺术成就和藏族群众生活风俗,展现藏文化的独特风韵。

(三)高原明珠西宁城市馆

高原明珠西宁城市馆是西宁市爱国主义教育示范基地,位于青海省西宁市城西区西山一巷5号“高原明珠”多功能观光塔1层。

2008年10月,城市馆正式对外开放。2016年9月,城市馆重新布展,布展面积1400平方米。展馆分为“寻梦山水”“追梦西宁”“筑梦家园”3个功能版块,以“幸福西宁”为主线,展现“中国夏都”的独特魅力,描绘未来西宁宏伟发展蓝图。城市馆中“寻梦山水”展区,主要包含西宁市的城市概况、城市名片及相关景点、景区介绍;“追梦西宁”展区,主要包含西宁市的历史文化和发展成就,包括“古城溯源 · 历史沿革”“追忆风华 · 文化多元”等内容;“筑梦家园”展区,主要包含西宁市的宏伟发展蓝图,涵盖“新型工业化”“协调发展”等内容,着力呈现西宁市“一芯双城,环状组团发展”的生态山水城市发展理念。

高原明珠西宁城市馆,既是“市委党校教学实践基地”“西宁市中小学德育实训基地”,也是“西宁市爱国主义教育基地”“西宁市绿色发展教育基地”,城市馆在展现城市建设成果、弘扬西宁人文精神、展望西宁美好未来、丰富市民文化生活、厚植浓重家国情怀等方面发挥着重要作用。

(四)湟源县博物馆

湟源县博物馆是西宁市爱国主义教育示范基地,位于青海省西宁市湟源县城关镇明清老街北侧。

1983 年 1 月博物馆成立。2002 年 5 月成立文物管理所,与博物馆合署办公。2006 年 4 月博物馆新馆立项,2007 年 6 月开工建设,2009 年 10 月新馆正式布展开放,2019 年撤销文物管理所,博物馆开始独立办公。

博物馆建筑布局为仿古风格,砖木结构,占地面积 4600 平方米,建筑面积 2000 平方米,分陈列展厅、民俗展厅、文物库房、办公用房 4 个部分。馆内设有湟源县历史文物展厅和湟源民族、民俗展馆的 6 个展室。借助信息化、网络化手段,初步建立博物馆 VR 虚拟展厅,以文物 IP 赋能“云展览”,优化观展体验。博物馆藏品来源主要是考古发掘、社会捐赠、征集、征购等,藏品类型丰富,有青铜器、陶器、玉器、铁器、骨器、石器、木器、银器、瓷器、书画等。目前,馆藏文物数量 3842 件(套),其中一级文物 12 件(套)、二级文物 14 件(套)、三级文物 19 件(套)。

近年来,湟源县博物馆利用重大节日,相继开展可移动文物普查成果展、博物馆进校园和青少年研学等内容丰富的社会教育活动;充分依托微信、抖音等平台,积极开展线上讲解文物和宣传文物等载体活动,让走进博物馆成为时代新风尚。

(五)河湟文化博物馆

河湟文化博物馆是海东市爱国主义教育示范基地,位于青海省海东市乐都区文教路东侧,是全国唯一一座以河湟文化为主题的博物馆。

博物馆初定名为河湟民俗文化博物馆,后更名为河湟文化博物馆。2018 年 10 月开工建设,2023 年 7 月 3 日正式开馆。占地面积 52100 平方米,建筑面积 27000 平方米,展陈面积 10000 平方米,分地上两层,地下一层。其包括序厅、4 大展厅和 13 个单元。序厅是展厅的总牵引,标识河湟文化的历史地位和历史价值。4 个展厅主题分别为“河湟文明 · 源同九州”“河湟古道 · 交融天下”“河湟家园 · 和美向荣”“河湟筑梦 · 创建辉煌”。展陈文物有石器、玉器、骨器、木器、陶器、瓷器、铜器、金器、银器、铁器、料器、纺织品、纸制品等 17 个品类、1180 件(套),珍贵文物以青铜器、陶器为特色,还有钱币、玉器、民俗非遗工艺等。

博物馆是落实国家推进黄河文化保护战略的青海高地、传承弘扬河湟文化的重要基地、海东文化发展的重要坐标、文旅融合发展的重要助推、大众文化休闲的重要场所、弘扬新青海精神的重要平台、世人了解河湟文化的会客厅。博物馆对赓续民族文化血脉,系统展示河湟文化,讲好青海故事、黄河故事,保护传承弘扬黄河文化具有重要意义。

（六）海东市档案馆

海东市档案馆是海东市爱国主义教育示范基地，位于青海省海东市平安区新平大道199-2号。

档案馆建于2016年，前身为海东市档案局，2020年4月1日更名为海东市档案馆。内部设有办公室、业务指导科和档案馆3个机构。档案馆主要任务是依法收集、整理、保管全市档案资料，向社会提供档案查阅服务，开展编辑、研究和交流工作。具体职能有贯彻执行档案法律法规，监督并查处违反档案法的行为；监督、指导和规划海东市档案业务工作，进行档案理论研究和档案业务培训；负责档案资料的保管、保护、查询、利用，以及进馆档案的接收、到期档案的开放，档案资料的开发利用工作，同时负责地方党史的征集、编研、出版和宣传教育工作。

海东市档案馆馆藏丰富的历史文件、照片、文字和音视频资料，记录了海东地区各个历史时期的社会、经济、文化的变迁。这些珍贵资料为深入了解和研究海东的历史和文化提供了重要资源。同时，档案馆还担负着定期举办展览会、研讨会和讲座，增加和促进对海东地区历史文化的认识、理解。档案馆是海东市重要的文化机构，在爱国主义教育方面发挥着积极作用，为传承和弘扬爱国主义精神提供强大的支持。

（七）互助土族自治县博物馆

互助土族自治县博物馆是海东市爱国主义教育示范基地，位于青海省海东市互助土族自治县威远镇南大街9号。

1983年3月互助土族自治县文物管理所成立，负责全县文物的征集、保护、管理及展示等工作。1994年6月在原文物管理所基础上成立博物馆，并正式对外开放。博物馆建筑面积740平方米，展览面积400平方米，藏品来源以民间征集为主，省文物局调拨和个人捐赠为辅。类型以民俗文物为主，馆内藏品2803件（套）、馆藏文物2876件（套）。

博物馆基本陈列分历史文物展和土族民俗展。历史文物展，按照新石器时代、青铜时代、汉唐时期、宋至明清时期4个时期进行陈列，以时代为序，以实物为主，辅以照片和文字说明。土族民俗展有4个展厅，展出土族服饰、刺绣、生产生活用具以及珍贵照片，民俗照片、风光照片、党和国家领导人视察以及中外贵宾游览照片232幅。博物馆展陈力求突出主题，强调民族特色，以模特穿戴服饰、生动的实物和图片、文字说明相结合，从婚丧嫁娶、民居、生活习俗、民族风情、宗教信仰、服饰刺绣等6个方面进行展示，展现土族人民的历史文化。博物馆成立以来，依托本地文物资源，展示少数民族风俗，成为西北地区多民族特色的重要宣传阵地。

（八）民和回族土族自治县档案局

民和回族土族自治县档案局是海东市爱国主义教育示范基地，位于青海省海东市民和回族土族自治县川口镇南大街6号。

民和回族土族自治县档案局和档案馆实行“局馆合一”办公，档案局内设档案馆、展列馆、办公室3个部门。主要职能是依据《中华人民共和国档案法》《中华人民共和国档案法实施条例》《青海省实施〈中华人民共和国档案法〉办法》和有关法规制度，研究制订民和回族土族自治县档案事业发展计划及规划，起草档案工作的法规性文件；档案工作实行统筹规划，组织协调；监督指导民和回族土族自治县档案工作，依法查处档案违法行为；组织档案理论与科学技术研究，开展档案保护、档案教育、档案宣传及档案干部培训工作；负责民和回族土族自治县各门类档案的接收、征集和保管工作；开展档案信息资源的开发利用，进行爱国主义教育；编辑出版档案史料，参与编史修志和其他资料的编写工作。

档案局既是档案资料的管理部门，又是档案资料的拓展部门，承载着档案资料的保护、传承和服务工作。它是民和回族土族自治县重要的文化机构和文化基地，在爱国主义教育方面也发挥着积极作用，引领社会形成一种关注区域社会事业发展的氛围，为传承爱国主义精神提供有力支持。

（九）循化撒拉族自治县档案馆

循化撒拉族自治县档案馆是海东市爱国主义教育示范基地，位于青海省海东市循化撒拉族自治县积石大街144号。

档案馆主要职能是贯彻执行《中华人民共和国档案法》以及党和国家有关档案工作的方针、政策，按照统一领导、分级管理的原则，对循化撒拉族自治县档案工作实行统筹规划、宏观管理，制定循化撒拉族自治县档案工作规范性文件和档案事业发展规划；组织、指导循化撒拉族自治县档案理论、档案科研、档案学术活动和档案宣传工作，制定循化撒拉族自治县档案工作人员队伍建设规划；集中统一管理和接收、征集县级机关、团体、企事业单位和乡镇的重要档案资料，保守党和国家机密，确保档案资料的完整和安全；承办县委、县政府交办的有关事项。

档案馆坚持把政治标准贯穿档案收集、保管、鉴定、开发、利用、宣传等工作全过程，按照“增量档案电子化、存量档案数字化”的要求，完善档案查阅利用工作机制，将数字化加工成果应用于实践，指定专人做好现行文件接收、整理、保管、提供、利用工作，逐步实现电子档案查阅服务。2022年，新馆建成并投入使用，建筑面积2224平方米。循化撒拉族自治县档案馆是循化撒拉族自治县重要的文化机构，是保留历史文脉和文化资源的重要场所，在爱国主义教育和传承方面发挥着积极作用。

第三节 独特的经济科技成果教育保证类资源

在研究的青海省爱国主义教育基地红色资源类属于独特的经济科技成果教育保证类的19个资源中,有3个属于国家级,有10个属于省级,有6个属于市(自治州)级。这些爱国主义教育基地红色资源在发挥思想政治教育保证功能优势中作用明显,不仅彰显了集中力量办大事的制度优势,也坚定了制度自信,进一步厚植了青海省爱国主义教育基地红色资源的物质基础,激发了爱国的情感。

一、国家级爱国主义教育基地红色资源

(一)青海原子城(中国第一个核武器研制基地)

青海原子城(中国第一个核武器研制基地)于2005年11月被中宣部公布为第三批"全国爱国主义教育示范基地"之一,位于青海省海北藏族自治州海晏县金银滩草原。

青海原子城总面积1100多平方千米,是中国第一个核武器研制基地即原"青海221厂"旧址。1958年,中央决定建设我国核武器研制、试验和生产基地,中国第一颗原子弹和第一颗氢弹诞生于此,故称"原子城"。1995年5月15日经国务院批准,将原子城更名为西海镇,现为海北藏族自治州人民政府所在地。青海原子城由南段的纪念馆与纪念广场、中段的"596"之路、北段的纪念碑园3个段落组成。

2009年5月建成并开放纪念馆,2020年12月全面启动改建工作,2021年6月恢复开放,展陈面积由4976平方米扩大至6015平方米。纪念馆集文字介绍、文物展示、情景模拟、基地遗址复原为一体,由"前厅""东方巨响""巍巍丰碑""历史抉择""激情岁月""勇攀高峰""伟大成就""筑梦复兴"8个展厅共同组成,展示了我国第一颗原子弹和氢弹成功研制的光辉历程,是"热爱祖国、无私奉献,自力更生、艰苦奋斗,大力协同、勇于登攀""两弹一星"精神的集中体现。纪念馆以传统文物展示与现代科技相结合、复原模拟场景与高科技展示场景相衬托,珍藏有退役东风二A导弹弹体,我国第一颗机载原子弹、氢弹模型,

我国第一颗原子弹、第一颗氢弹试爆成功后《人民日报》出版的号外、喜报原件，以及球面机床、高速转镜扫描相机等 970 余件珍贵实物和中国核工业发展史、“青海 221 厂”史等历史文献资料。众多实物展示了中国人民在困难时期艰苦创业的历程，是中华民族巨大的精神财富，也是爱国主义教育的宝贵资源。

（二）青藏公路建设指挥部旧址（将军楼）

青藏公路建设指挥部旧址（将军楼）于 2021 年 6 月被中宣部公布为第七批“全国爱国主义教育示范基地”之一，位于青海省海西蒙古族藏族自治州格尔木市金峰西路。

青藏公路建设指挥部旧址是原青藏公路管理局办公场所及“青藏公路之父”慕生忠将军居住和办公的地方，因此也称为“将军楼”，它见证了格尔木市从无到有、从小到大的发展历程。将军楼建于 1956 年 10 月，由主楼（办公楼）、副楼（生活楼）和大门旧址三部分构成。2007 年，修建以将军楼旧址为主题的青藏公路建设主题性文化公园；2015 年，实施展陈布展项目；2017 年，进行水体改造、提升改造及旧址展陈。主题公园占地 98000 平方米，水体面积 6000 平方米、绿化面积 52000 平方米，建有地质博物馆和慕生忠将军纪念馆。主题公园以当年慕生忠将军的住所和筑路部队办公楼旧址为核心，以纪念青藏公路、青藏铁路建设、军垦戍边及格尔木发展历史为主题，通过园林设计、雕塑艺术，再现慕生忠将军和解放军战士不畏艰险、勇往直前，用生命和汗水开拓祖国内地通往西藏“天路”的感人场景。主体雕塑是纪念青藏公路和青藏铁路的天路纪念塔，高度 39.16 米，寓意为青藏公路和青藏铁路里程之和 3916 千米。主题公园矗立着慕生忠将军雕塑、反映当年筑路大军艰苦开路的群雕“筑路忠魂”、反映军垦拓荒的雕塑“铸剑为犁”、反映昆仑文化的雕塑“巍巍昆仑”、反映民族团结的雕塑“和谐”等。

青藏公路建设指挥部旧址（将军楼），展现了历代建设者艰苦奋斗、无私奉献的精神，在爱国主义教育中发挥着重要作用。

（三）青藏铁路

青藏铁路于 2021 年 6 月被中宣部公布为第七批“全国爱国主义教育示范基地”之一。青藏铁路起于青海省西宁市，途经格尔木市、昆仑山口、沱沱河沿，翻越唐古拉山口，进入西藏自治区安多、那曲、当雄、羊八井，终点在西藏自治区拉萨市。

青藏铁路是一条连接青海省西宁市至西藏自治区拉萨市的国铁 I 级铁路，是中国 20 世纪四大工程之一，是通往西藏腹地的第一条铁路，也是世界上海拔最高、线路最长的高原铁路。青藏铁路分为青藏铁路西格段和青藏铁路格拉段，分两期建成。一期工程东起青海省西宁市,西至格尔木市,于 1958 年开工建设,1984 年 5 月建成通车;二期工程东起青海省海西蒙古族藏族自治州格尔木市,西至西藏自治区拉萨市,于 2001 年 6 月 29 日开工,2006 年 7 月 1 日全线通车。青藏铁路线路全长 1956 千米,其中西宁至格尔木段 814 千米,格尔木至拉萨段全长 1142 千米;共设 85 个车站,设计最高速度 160 千米/小时(西宁至格尔木段)、100 千米/小时(格尔木至拉萨段)。实际运营速度 140 千米/小时(西宁至格尔木段)、100 千米/小时(格尔木至拉萨段)。

青藏铁路在修建过程中,克服了高寒、缺氧、冻土等问题,逐渐形成了"挑战极限,勇创一流"的青藏铁路精神。作为西部大开发战略的标志性工程,青藏铁路是藏族同胞与全国各族人民的连心路,是雪域高原迈向现代化的腾飞路,也是勤劳智慧的中国人民不断创造非凡业绩的奋斗路。大力弘扬青藏铁路精神,是推动各民族交往交流交融、铸牢中华民族共同体意识的需要,也是凝聚强国建设、民族复兴磅礴伟力的需要。

二、省级爱国主义教育基地红色资源

(一)青海省科技馆

青海省科技馆于 2012 年 12 月被中共青海省委宣传部公布为第一批"青海省爱国主义教育示范基地"之一,位于西宁市城西区五四西路 74 号。

科技馆建于 1984 年,2011 年 10 月对外开放。占地面积 36700 平方米,建筑面积 33179 平方米,展厅面积 14000 平方米。其以"自然、人类、科技"为主题,包括常设科普展览、临时展览、特效影院、青少年科学工作室、学术报告厅等功能版块。科技馆围绕生态环境、基础学科、航空航天、能源信息等主题,分设"走进三江源""科技引领生活""生命的奥秘""探索与发现Ⅰ""探索与发现Ⅱ""少儿科技乐园""航天之路"7 个展厅,有近 300 件(套)展品。2016 年,青海省以深入推进中国数字科技馆二级子站点项目建设为重点,完成"丝绸之路青海道""青海之最"两个科普专栏的建设,利用丰富的多媒体表现形式,让大众透过互联网走进青海,不断提升大美青海独特魅力的体验感。

科技馆是以科技展览教育为主体,以科技实践活动和科技培训为补充,集科技实物、科技展示与实验、研究与发掘、培训与教育于一体,通过对科技成果的动态展示、讲座、培训等,向公众展示现代科技文明的科技教育阵地。它秉承科普为民的赤子之心,大力实施科普宣传教育活动,为推动青海省全民科学素质提升做出了积极贡献,成为懂青海、爱青海、兴青海的重要窗口。

(二)青海油田格尔木炼油厂展厅

青海油田格尔木炼油厂展厅于2012年12月被中共青海省委宣传部公布为第一批“青海省爱国主义教育示范基地”之一,位于青海省海西蒙古族藏族自治州格尔木市黄河东路29号。

展厅建于1997年,2011年8月1日完成改造并投入使用,建筑面积800平方米。展厅分为“青海油田”“瀚海扬帆”“高原炼厂”“雪域奇葩”“炼化产品”“造福青藏”6个展区,展示了青海油田发展历史、发展成就、炼化历程、炼油厂发展等。展厅采用灯光、造型、全息成像、触摸屏等科技手段,运用全息影像技术,利用仿真人介绍,全新演示炼油厂诞生、发展和青海油田油气田分布及地理环境、重要事件。展厅相应位置设置了电子触摸屏,可以查询青海油田和炼油厂有关信息。展厅集中展示了11个油田的原油油样和炼油厂产品,收录了部分领导人视察炼油厂的影像资料。通过大型墙体油画展现青海油田和炼油厂生产建设场景,收集了部分油田创业时期和炼油史上职工生活、工作时用过的实物,以展示青海油田的发展史和炼油化工的发展史。

展厅深刻诠释了“爱国、创业、奉献”的柴达木石油精神,是青海油田柴达木石油精神的宣传教育阵地;是高原百万吨炼油厂的缩影,也是高原石油人弘扬大庆精神、柴达木石油精神的真实写照。

(三)青海油田发展史和勘探展厅

青海油田发展史和勘探展厅于2012年12月被中共青海省委宣传部公布为第一批“青海省爱国主义教育示范基地”之一,位于甘肃省敦煌市七里镇。

展厅始建于20世纪90年代末,2002年6月1日建成,建筑面积2000平方米。展厅内勘探开发厅有“盆地概况”“勘探开发”“物探工程”“钻井工程”“测录井工程”“采油工程”“地质试验”7个展区;展厅内油田发展史厅有“今日油田”“亲切关怀”“创业历程”“油田荣誉”“走向明天”5个展区。2015年,展厅进行扩建,更名为“青海油田展览馆”,展示面积1700平方米,由“序厅”“专业区展”和“影视厅”组成,展陈照片563张,实物501件,视频窗口27个,触摸屏7台,雕塑、场景、科技沙盘等36处,全面反映青海石油人用生命、汗水和智慧在荒芜戈壁夺油上产的情景,展现了以顾全大局的爱国精神、艰苦奋斗的创业精神、为油而战的奉献精神为核心的柴达木石油精神。

展厅再现了柴达木石油人的感人事迹,浓缩了青海油田的创业发展史,呈现了柴达木石油人在世界海拔最高的油田艰苦奋斗的创业历程,展示了油田勘探开发、油田科技进步、职工生产生活环境巨大变化,记录了中国聚宝盆60余年油气勘探开发史。展厅是传承发扬柴达木石油精神的重要阵地,成为继续激励当代中国人艰苦奋斗的重要场所。

(四)青海省北山国家森林公园

青海省北山国家森林公园于2016年11月被中共青海省委宣传部公布为第二批“青海省爱国主义教育示范基地”之一,位于青海省海东市互助土族自治县加定镇桥头村。

森林公园海拔2100~4308米,面积1127平方千米,森林覆盖率64.3%,森林蓄积量428.86万立方米,涵盖2个藏族乡。由元甫达坂、浪士当、卡索峡、扎龙沟、下河5大景区组成,兼有雄、奇、险、秀四大特色。主要景致有达坂红叶、龙尾观云、擎天一柱、圣母天池、石龙烟雨、高山牧场、药水瀑布等80余处。1998年,天然林保护工程启动,北山林场从开发利用转入全面保护发展阶段。2016年,国有林场改革启动,建立起相应的天然林管护机制,将爱林护林的林区群众纳入管护队伍。2020年,园内建设青海祁连山南坡森林生态系统定位观测研究站。北山国家森林公园自然资源丰富,森林覆盖率高,被誉为天然的“动植物王国”。林区山川壮丽、峡谷幽深、两岸陡峭、险峰耸立、岭谷相间、谷底流水湍急。

森林公园内设有青海省北山国家森林地质博物馆,面积400平方米,馆藏各类展品300余件,分为沙盘展示区、地质遗迹(动植物)展示区、多功能区等。旨在通过森林旅游、参观学习、科普考察等形式多样的实践活动,普及林业知识,唤醒热爱自然、保护生态环境的自觉性。

(五)互助土族自治县塘川镇双树村党支部

互助土族自治县塘川镇双树村党支部于2020年12月被中共青海省委宣传部公布为第三批“青海省爱国主义教育示范基地”之一,位于青海省海东市互助土族自治县塘川镇双树村。

党支部成立于1950年2月8日,是青海省第一个农村党支部。红色双树纪念馆是全面记录农村党支部发展轨迹的纪实性展馆,由“高原曙光”“星火燎原”“峥嵘岁月”“改革开放”“与时俱进”“科学发展”“筑梦正时”“展望未来”8个版块组成,同时设有“薪火传承”“红色屋角”“舍命架桥”“力挽惊马”“治河造田”“书记风采”“岁月印记”“功能发挥”等副版,展现了“奋勇争先,永不停步”的红色双树精神。2009年7月,建成“青海省第一个农村党支部——双树村党支部纪念展室”。2015年,实施“青海省第一个农村党支部——双树村党支部”党建项目,建成160平方米党支部纪念馆和影视放映室,以及红色文化宣传走廊和标志性建筑。2017年,扩建成276平方米集历史讲解、专题影像、实物陈列为一体的综合性展馆,以图文并茂的形式集中展示红韵丰厚、砥砺前行的双树村党支部奋斗历程,记述了“青海省第一个农村党支部”建立以来的风雨历程和辉煌业绩，是开展党员干部教育培训的鲜活载体和平台，成为党性教育和爱国主义教育最独特、最丰富的素材和场景。

（六）贵德国家地质公园

贵德国家地质公园于2012年12月被中共青海省委宣传部公布为第一批"青海省爱国主义教育示范基地"之一，位于青海省海南藏族自治州贵德县尕让乡阿什贡村1号。

贵德国家地质公园是以自然地貌景观和地质遗迹为主，辅以多样生态景观和丰富人文景观的一个综合性地质公园，包括阿什贡园区、黄河河谷园区、麻吾峡园区3个主园区，面积554平方千米，地质遗迹面积113.6平方千米。阿什贡七彩峰丛由古近系与新近系彩色砂砾岩层构成；麻屋峡风蚀壁龛极为壮观、形态各异；贵德段黄河发育辫状河水系，形成多级阶地及心滩、边滩、倒淌河等；龙羊峡是黄河最大、最深、最长的峡谷。

阿什贡七彩峰丛景区作为地质公园核心景区，位于贵德县尕让乡阿什贡的千佛大峡谷，占地2平方千米，历时5年建成，以"地脉绵延根在地、人缘千古情为源"为内涵，以"七彩峰丛、轩辕后土"为主题，由13个以"土"为核心的主题广场和7条色彩不同造型各异的丹霞峡谷组成；设有天地人缘博物馆、女娲湖、女娲演艺台等设施，是一座土文化内涵丰富、丹霞自然景观奇特，地质研究与科普教育价值极高的文化旅游胜地。多样态地质遗迹，反映了不同时期青藏高原的演化过程，记录了黄河的发育史和贵德自然环境的变迁。

（七）龙羊峡发电分公司展厅

龙羊峡发电分公司展厅于2016年11月被中共青海省委宣传部公布为第二批"青海省爱国主义教育示范基地"之一，位于青海省海南藏族自治州共和县龙羊峡镇龙羊峡发电分公司。

展厅于1969年7月建成，建筑面积160平方米，展示了水轮机模型、水电站沙盘模型、宣传片、视频影音资料、梯级电站示意图、历史雕塑、独立景观等，划分成"亲切关怀""电站发展历程""和谐共生""奖牌""水光互补""抗洪抢险""创新""指标"8个版块，还有龙羊峡水电站、黄河水电公司介绍。龙羊峡水电站于1976年建设，1987年10月首台机组正式并网发电，1989年6月4台机组全部投产发电。龙羊峡水电站不仅承担着推动地方经济发展的责任，也发挥着重要的思想政治教育功能。扛着旗子、挑着水桶、背着被盖步行开赴工地、围蹲在地上吃饭洗脸、腰间拴着绳子从高处吊下、站在山腰手持钢钎撬石头，一张张黑白照片记录的瞬间是龙羊人艰苦奋斗的真实写照，展示了龙羊峡水电站创造的辉煌业绩，展示了企业发展历程、企业理念、精神风貌，以及履行社会责任、促进社会进步等方面的贡献，是龙羊峡水电站设计、建设、管理的缩影，全面阐释了“艰苦奋斗、无私奉献、科学务实、争创一流”的龙羊精神。

(八)冷湖地中 4 井

冷湖地中 4 井是 2016 年 11 月被中共青海省委宣传部公布为第二批“青海省爱国主义教育示范基地”之一，位于青海省海西蒙古族藏族自治州冷湖镇。

在冷湖镇东南约 9.5 千米的山坡上，有一座高大纪念碑巍然屹立，纪念碑四方基座高 3 米，碑身高 8 米，碑上镌刻“英雄地中四 美名天下扬”，碑文两侧刻有“东风浩荡时 油龙逐浪飞”。纪念碑正前方废弃的抽油机昂首挺立注视远方，机下的油井便是冷湖地中 4 井。

1954 年 3 月，燃料工业石油管理总局做出深入柴达木盆地进行勘察决定。1958 年 9 月 13 日，冷湖 5 号构造地中 4 井日喷原油 800 吨，标志冷湖油田诞生。1959 年 2 月 20 日，第一批原油外运，开赴玉门。1959 年，青海油田原油年产量达到 24 万多吨，成为当时全国第四大油田。

有了冷湖地中 4 井，才有了冷湖油田，青海石油勘探局改名为青海石油管理局，冷湖成为局机关所在地。冷湖油田是青海油田在柴达木盆地第一个获得高产自喷井并形成一定原油生产规模的油田，也是柴达木最早为国家做出贡献的油田。冷湖油田的发现，展示了青藏高原有油气富集区的前景。冷湖地中 4 井是青海油田发展史上的里程碑，是柴达木石油工业的里程碑。冷湖地中 4 井成为一代又一代青海石油人回顾艰苦奋斗历程，发扬柴达木精神的教育基地。

(九)青海省海西公路总段段史馆

青海省海西公路总段段史馆是 2016 年 11 月被中共青海省委宣传部公布为第二批“青海省爱国主义教育示范基地”之一，位于青海省海西蒙古族藏族自治州德令哈市长江路 26 号。

段史馆始建于 2008 年，2009 年 9 月建成。占地面积 182 平方米，展览面积 144 平方米。展品主要有实物展和展板展，包括 16 个玻璃展柜、4 个固定展柜，8 个小型展台，4 个工作物品展架，收藏 6 类(劳动用具类、办公用品类、生活用品类、文化娱乐类、矿产资源类、廉政建设类)180 余件物品，1100 余张珍贵历史照片和 100 余本宣传图册，20 世纪 50 年代的测量仪、经纬仪、手摇计算机、自制刮路车等实物，设有柴达木全景地貌、海西总段管养线路及所属单位地理位置的大型沙盘、因公殉职人员纪念墙等。展品展现了 20 世纪 50 年代以来三代海西公路人奋战瀚海戈壁、奉献公路交通的“铺路石”精神，甘当路石、保障畅通、造福人民的历史足迹，反映了海西总段在稳疆固藏、开发柴达木和海西蒙古族藏族自治州改革开放、经济社会发展、民族团结进步等方面做出的突出贡献，再现了海西公路人辛勤耕耘和柴达木公路翻天覆地变化的发展历程，是诠释和宣传“两路”精神的重要场所之一。

近年来，青海省海西公路总段段史馆不断加强公路科普工作，扩大交通科技影响力、推动交通强国建设，为提高全民科学素质做出了积极贡献。

（十）青海油田展览馆（格尔木）

青海油田展览馆（格尔木）于 2016 年 11 月被中共青海省委宣传部公布为第二批“青海省爱国主义教育示范基地”之一，位于青海省海西蒙古族藏族自治州格尔木市青海油田化工管理中心院内。

展览馆建于 2006 年，面积 800 平方米，包括“盆地概况”“勘探开发”“探物工程”“钻井工程”“测录井工程”“采油工程”“地质实验”等 7 个展区。展览馆分一层和二层展区。一层主要由休息厅、汇报厅和柴达木盆地模型组成，属于概念性、宏观性展厅。二层展区分为“奋斗创造历史”“发展铸就辉煌”“文化凝聚力量”“和谐繁荣油田”“关怀激励斗志”“目标昭示未来”6 个主题，是油田发展历程、发展成果、发展思路及目标等集中展示区。展陈采用宣传图板、模拟仿真、三维动画、实物模型等手段，对青海油田“爱国、创业、奉献”的发展历程做了细致的描述和诠释，展示了青海油田 60 多年的筚路蓝缕。

几代青海石油人奋战高原开采石油的无畏情怀，孕育出了“爱国、创业、奉献、实干”的柴达木石油精神，诠释了顾全大局的爱国精神、艰苦奋斗的创业精神、为石油而战的奉献精神、开拓创新的实干精神。展览馆展示了探索先烈感人的革命故事，追忆艰苦卓绝的革命岁月，感受老一辈无产阶级革命家伟大的爱国主义精神和不屈不挠的斗争精神的一幕幕感人场景，是鼓舞精神、激发斗志的教育基地。

三、市（自治州）级爱国主义教育基地红色资源

（一）互助土族自治县高原特色现代农业示范园区管委会

互助土族自治县高原特色现代农业示范园区管委会，是海东市爱国主义教育示范基地，位于青海省海东市互助土族自治县威远镇南郊。

示范园区以威远镇为中心，涉及塘川、台子、林川等 11 个乡镇，176 个行政村，占地 3.3 万亩。示范园区定位为科研、示范、推广、培训、加工、旅游。互助土族自治县是青海省农业大县，耕地面积 110 万亩，占青海省耕地面积的八分之一。经营范围包括农业科研新品种新技术试验示范推广、农产品加工、农民培训、现代农业休闲旅游。在双国家级高原现代农业示范园区引领下，种养业特色化、品牌化不断提升，流通体系日趋完善，新型经营主体蓬勃发展，建成了一批特

色繁种基地、循环农业示范点、休闲观光农业示范基地。

示范园区农业按功能划分为核心区和六大农牧业生产基地。其中,核心区占地5000亩,主要分为科研实训区和示范产业区。科研实训区位于威远镇南郊,分为研发区、实验展示区、农副产品深加工企业区和观光农业休闲区4个片区。互助土族自治县凭借厚实的农业基础,不断创新谋发展,加快建设现代农业示范县步伐,全面开启社会主义现代化建设新征程,为新时代互助高质量发展谱写新篇章。示范园区是科普农业知识的基地,也是厚植家乡情怀的阵地。

(二)孟达国家级自然保护区

孟达国家级自然保护区,是青海省海东市爱国主义教育示范基地,位于青海省海东市循化撒拉族自治县境内孟达山区。

保护区面积25.93万亩,海拔1780~3356米,素有高原"西双版纳"美誉,是一个以森林生态系统、湖泊为主要保护对象的自然保护区,对于研究植物进化、群落演替,对黄河上游水源涵养具有重要作用。保护区四周群峰突起,气候温和,年均温度5.4℃,年降水量622.7毫米。保护区内有5条河沟,由南向北流入黄河。在木场沟中部有天然湖泊——孟达天池,面积近20公顷,平均水深10米,蓄水200万~300万立方米。孟达天池东部有一条南北走向的天然大坝,长200多米,高出水面50~70米,坝体为冰川退缩后形成的终碛堤。孟达天池东南部有10米高,7~8米宽的扇形瀑布,夏日水量充沛,冬季则成冰瀑。

依托国家公园示范省自然教育基地平台,利用丰富的森林、野生动植物资源和丰硕的科研成果,保护区不断加强自然资源科普教育,积极开展引导公众亲近自然、认知自然、热爱和保护自然的教育活动,持续提高民众对保护森林野生动植物资源的意识,使孟达自然保护区成为集产学研深度融合的自然教育基地。

(三)三兰巴亥景区(骆驼泉)

三兰巴亥景区(骆驼泉)是青海省海东市爱国主义教育示范基地,位于青海省海东市循化撒拉族自治县积石镇街子村。

骆驼泉面积3500平方米,呈长方形,中央部分为长40米、宽20米的水池,池深0.6米。骆驼泉被撒拉族视为圣泉,在撒拉族文化中占有重要地位。相传大约在14世纪初,撒拉族先民尕勒莽和阿合莽率同族18人,牵一峰白骆驼,驮着故乡水土和一部《古兰经》,取道中亚撒马尔罕,经天山,过嘉峪关,绕河西走廊,迁徙到青海省东部循化境内时,天色已黑,迷茫中走失了白骆驼,第二天他们发现白骆驼卧在一眼清泉中,已化为白石,而此地的水土与故乡相同,于是定居了下来。

为挖掘骆驼泉旅游文化资源,完善景区服务功能,打造景区特色品牌,循化撒拉族自治县启动骆驼泉景区基础设施建设项目：一期项目主要建设游客接待中心、景区仿古大门2座、景区停车场、景区道路、景区广场、骆驼泉景区内改造、坟地景观围墙、景区雕塑、景区浮雕墙和景区绿化等；二期项目主要建设篱笆商住楼、原有农户房屋拆迁、沿街建筑立面改造、街子河桥、管理房等辅助设施。通过对基础设施的改造和升级，一批特色文化建筑美化了周边环境，景区内涵和底蕴也得到明显提升。

（四）海东工业园区乐都工业园

海东工业园区乐都工业园，是海东市爱国主义教育示范基地，位于青海省海东市乐都区纬二路。

2009年4月，乐都工业园得到批复成为青海省装备制造工业园分园；2011年2月1日，批准设立海东工业园区，乐都工业园成为其下属园区；2011年4月，经过研讨论证，按照一园两区规划格局，将原核心园区的引胜沟园区规划为乐都工业园Ⅰ分区，规划以湟水河北岸的高店镇柳树湾村五社，雨润镇汉庄、羊圈、上杏园、下杏园等4个村规划为核心区的乐都工业园Ⅱ分区。

乐都工业园北区主干道路建成通车后，西部南片区“四横四纵”路网构建完成，交通能力大幅提升；电力基础设施实现全园覆盖，基本满足企业用电需求；供排水管网建成投入使用，生产生活用水得到有效保障；生活污水已接入城市管网，工业污水处理厂全面建成；按照建成一片、绿化一片原则，园区生态建设得到明显改善，企业厂区环境治理取得显著成效；燃气、通信、消防以及人才培训、信息咨询等基础功能配套和社会化服务体系日趋完善，基本满足园区企业和住户公共服务需求，园区配套服务水平和产业承载能力全面提升。乐都工业园按照“产城一体、产城融合”发展思路，积极构建高质量发展新格局，阶段性成果较为明显，是经济发展成果展示和爱国主义教育的重要阵地。

（五）中国·青海清洁能源利用展示馆

中国·青海清洁能源利用展示馆，是海西蒙古族藏族自治州爱国主义教育示范基地，位于青海省海西蒙古族藏族自治州天峻县快尔玛乡。

展示馆是国内海拔最高、以清洁能源为主题的科普教育场馆，占地面积28779平方米，建筑面积4875.68平方米，主要分为太阳能科技广场和展览馆两部分。以太阳能驱动创新为主题，分为“生命的驱动力”“走进光伏史”“解密光伏”“创新光伏”“未来光伏”5个主题展区，展示了太阳能的应用发展历程以及海西蒙古族藏族自治州太阳能发电的发展现状与前景，向全国展示以海西蒙古族藏族自治州光伏为代表的新能源产业发展，在引导社会采用先进技术、开发优质光热资源、倡导清洁能源以及宣传海西低碳环保绿色发展的先进理念等方面起到了积极作用。

展示馆不仅是一座新能源技术的科普教育馆,也是一座推进清洁能源产业发展的重要平台。通过多媒体与实物模型等方式,展示了海西蒙古族藏族自治州清洁能源产业的发展历史与未来规划,是促进海西蒙古族藏族自治州清洁能源对外交流的场所,在推动区域发展、倡导新能源开发应用、开启低碳环保和节能生活等方面发挥了示范作用。

(六)德令哈天文科普馆

德令哈天文科普馆,是海西蒙古族藏族自治州爱国主义教育示范基地,位于青海省海西蒙古族藏族自治州德令哈市长江路36号。

科普馆于2015年正式开馆,是仅次于北京天文馆的全国第二座以天文为主题的独立科普教育展示场馆,建筑面积3974.74平方米,其中地上3735.71平方米,地下238.03平方米,主建筑有三层,高14.7米。科普馆分天文、航天和地震3个展区,有28个互动展项。通过展品展示、科普教育、人机互动等形式,借助声、光、电等高科技手段宣传天文、航天及地震知识,集科学性、知识性、参与性于一体,为广大学生和社会公众提供一个普及科学知识、感受科学魅力、探索天地自然之谜的科普活动场所,填补了青海省在天文、天象等自然科学领域科教展馆的空白。建筑包括科普展览用房、天文观测用房、太阳厅、球幕天象厅、多功能厅、教学用房、办公用房、服务配套,以及电梯、走廊、卫生间、设备间等辅助用房。

开放至今,德令哈天文科普馆先后举办、承办了多项地区及全国性天文科普活动和行业学术会议,极大地激发了地区天文科普工作的积极性,吸引了一大批天文爱好者,为海西各族群众提升科学素质提供了场所,有效促进了地方科普教育事业的发展。

第四节 独特的大中小学生社会实践教育引导类资源

在研究的青海省爱国主义教育基地红色资源类属于独特的大中小学生社会实践教育引导类的13个资源中,有1个属于国家级,有6个属于省级,有6个属于市(自治州)级。这些爱国主义教育基地红色资源不仅为青海省大中小学生思想政治教育提供了多元的实践平台,也为全省大中小学思政课一体化建设创造了交流互动的基地,是爱国主义教育课堂延展的重要方式。

一、国家级爱国主义教育基地红色资源

玉树抗震救灾纪念馆

玉树抗震救灾纪念馆于 2021 年 6 月被中宣部公布为第七批“全国爱国主义教育示范基地”之一，位于青海省玉树藏族自治州玉树市结古镇西杭路西端。

纪念馆于 2012 年 4 月开始建设，2013 年 10 月完工，2015 年 4 月 14 日隆重揭幕开馆。纪念馆总占地面积 5775.6 平方米，由展馆、地震遗址、感恩广场 3 个部分组成。其中，展馆建筑面积 2997.64 平方米，分地上一层地下两层。展馆以文字、图片、实物、影像资料真实再现“4·14”地震后抗震救灾艰难历程。展馆主要内容包括“亲切关怀”“生命至上”“保障安置”“大爱无疆”“人间奇迹”5 个部分。“亲切关怀”“生命至上”通过 2 个 LED 大屏播放的视频，以及馆内各个展厅138 个展柜放置展出的 680 余件实物、图片资料，多角度、全方位记述了党中央及全国各族人民对玉树抗震救灾的亲切关怀和抢险救灾的感人场景，真实再现了玉树“4·14”地震后党中央、国务院在抗震救灾中的英明决策，社会各界的大爱援建，灾区群众的自强不息、感恩奋进的伟大精神。

玉树抗震救灾纪念馆，全景式记录了波澜壮阔的灾后重建历程和辉煌的重建成果，镌刻着凝心聚力的中国精神和不可战胜的中国力量，展现了玉树藏族自治州各族人民在灾难中奋勇向前的精神，成为玉树灾后重建成果和精神家园建设成果集中展示的窗口，是玉树各族干部群众开展爱国主义教育、党性教育、感恩教育、民族团结进步教育和各类主题教育的重要阵地。

二、省级爱国主义教育基地红色资源

(一)青海民族大学“理想信念与传统文化”教育基地

青海民族大学“理想信念与传统文化”教育基地于 2020 年 12 月被中共青海省委宣传部公布为第三批“青海省爱国主义教育示范基地”之一，位于青海省西宁市城东区夏都大街(文实校区)。

教育基地由校史馆、博物馆和古籍馆组成。校史馆分为“干训起家，历史丰碑”“公学六载，筚路蓝缕”“成立民院，春晖万里”“‘文革’十年，曲折发展”“改革开放，焕发活力”“南方谈话，迎来新机”“合并发展，风云际会”“甲子花开，阔步前进”“奋楫追梦，前程似锦”9 个部分，通过 800 张历史图片和 300 余件文物、文献，展示青海民族高等教育发展的历史。博物馆分为“山宗水源，文明源头”“各美其美，美美与共”“喜饶嘉措大师爱国爱教展览”3 个部分，通过文物、图

片、史料展示地理历史人文环境，以及汉族、藏族、回族、撒拉族、土族、蒙古族等6个世居民族文化，展现各民族团结一心、互敬互爱的民族情缘。古籍馆分为特藏馆和古籍阅览室，有各类文献205.95万册，中外文数据库34个，少数民族研究类图书23万余册，藏文、蒙古文图书12万余册，藏文大藏经1667函，另有汉文古籍3166部8万余册。青海民族大学作为青藏高原第一所大学，是高原地区爱国主义火种的播撒者，是青海省宣传文化思想的重要阵地。

（二）“新青海精神高地”主题教育展馆

“新青海精神高地”主题教育展馆于2020年12月被中共青海省委宣传部公布为第三批“青海省爱国主义教育示范基地”之一，位于青海省西宁市城西区西关大街66号（青海美术馆三楼）。

2019年9月，建成开馆，面积1100平方米。有“序厅”“‘两弹一星’奉献精神”“慕生忠开路精神”“尕布龙赤子精神”“玉树抗震救灾奋斗精神”“可可西里坚守精神”“永不落幕的精神之光”7个展区。通过图文展板、实物资料、影像制品、微缩景观、声光电技术、沙盘模型等形式展示“登高望远、自信开放、团结奉献、不懈奋斗”的新青海精神。

展馆内的展品讲述了“热爱祖国、无私奉献，自力更生、艰苦奋斗，大力协同、勇于登攀”的“两弹一星”精神；“一不怕苦、二不怕死，顽强拼搏、甘当路石，军民一家、民族团结”的“两路”精神；“大爱同心、坚韧不拔、挑战极限、感恩奋进”的玉树抗震救灾精神；“忠于事业、爱岗敬业，忘我奉献、勇于牺牲”的可可西里坚守精神；“牧民省长”尕布龙为人民服务的感人事迹。馆内展陈了“两弹一星”功勋邓稼先、郭永怀，开路英雄慕生忠，时代楷模尕布龙，玉树抗震救灾烈士韩惠英，可可西里生态保护先驱杰桑·索南达杰等代表人物浮雕。展馆大力弘扬新青海精神，是全面展示新青海精神的重要窗口和党性教育基地。

（三）西宁市青少年航空科普教育基地

西宁市青少年航空科普教育基地于2016年11月被中共青海省委宣传部公布为第二批“青海省爱国主义教育示范基地”之一，位于青海省西宁市城东区八一东路43号。

西宁市青少年航空科普教育基地于2013年，开工建设；2015年7月，投入运行。科普教育基地由面积为4700平方米的4层综合展示楼和占地20000平方米的飞机展示场、实装训练场、拓展训练场组成。综合展示楼内建有空军发展史馆、航空科普知识馆、航空弹药展馆、多功能学术报告厅等，分为序厅、展区和体验互动区。序厅借助飞豹战机和大型浮雕墙铺垫展览的精神内涵；展区包括“亲切关怀巨大鼓舞”“中国空军发展历程”“人民空军在锻炼中成长壮大”“人民空军在转型中跨越发展”“中国空军航空装备、空军航空机务工作、英雄模范事迹风采”5个版块，展现了人民空军的发展历程，展区采用数字媒体技术讲述航空科普知识；体验互动区采用幻影成像技术、透明液晶屏、肢体互动、滑轨透视、模拟飞行、360°立体成像、拼图游戏等新媒体技术予以布展。

科普教育基地全面介绍了人民空军历史，普及航空知识和国防知识，是服务于空军部队航空机务训练专业教学的综合基地，也是集爱国主义教育、国防教育、科普教育为一体的重要科普教育基地。

（四）红光村红色教育基地

红光村红色教育基地于2020年12月被中共青海省委宣传部公布为第三批“青海省爱国主义教育示范基地”之一，位于青海省海东市循化撒拉族自治县查汗都斯乡红光村。

红光村红色教育基地保存着全国唯一由红军修建的红光清真寺、红军小学及红军院宅。承载着1939年至1946年400余名被俘红军西路军战士在红光村伐木、垦荒、铺路、开村、建校的革命历史。基地主要由红光清真寺、红军小学、红光村纪念馆3个部分构成。红光清真寺占地面积2700平方米，呈四合院布局。修建过程中，红军战士巧妙地将红五星、镰刀、斧头、工字、领章等象征革命的图案雕刻在花砖和墙壁上。红军小学占地面积5400平方米，建于1941年，1993年拆除改建。2011年红军小学被授予“中国工农红军青海西路军红军小学”校牌，成为全国第一所以“西路军”命名的红军小学。红光村纪念馆于2019年建成，东西宽46.1米，南北深44米，占地面积2030平方米，由“序厅”“起因展厅”“建村沙盘及村史屏风”“西路军建村馆”“影像厅”“军民融合馆”6个版块组成，讲述红军西路军进入红光村的原因、在红光村建设、与当地撒拉族融合互助的感人故事。

红光村红色教育基地展现了红军西路军被俘指战员身陷困境，仍坚信革命必将胜利，共产主义必将实现的坚定信仰，体现了忍辱负重、顾全大局的献身精神和不怕牺牲、宁死不屈的英雄气概，成为广大党员干部群众接受爱国主义教育和理想信念教育的滋养地。

（五）时代楷模纪念馆

时代楷模纪念馆于2020年12月被中共青海省委宣传部公布为第三批“青海省爱国主义教育示范基地”之一，位于青海省海北藏族自治州海晏县三角城镇湟水大街3号。

纪念馆于2017年开始建设；2020年10月9日揭幕开馆，建筑面积2893.94平方米，展陈面积1400平方米：一层1170平方米，二层230平方米。纪念馆由“序厅”“前厅”“尾厅”3个部分组成，展示了时代楷模尕布龙的赤子精神，为党和人民事业不懈奋斗、鞠躬尽瘁的一生。

纪念馆以尕布龙忠诚为党、不忘初心的奉献精神，心系群众、一心为公的公仆精神，生命不止、坚韧不拔的奋斗精神，严于律己、清正廉洁的自律精神为主轴，全面呈现时代楷模尕布龙的感人故事和典型事迹。内容围绕“追梦赤子心”“拳拳公仆情”“余生化青山”“正气参天地”4 个核心分为 7 个部分，通过图文介绍、实物展示和视频播放等多种形式，多角度展现尕布龙对党忠诚、为民爱民、克己奉公、艰苦奋斗的精神特质和时代价值，再现了尕布龙心中有党、心中有民、心中有责的高风亮节，呈现出百姓底色、共产党员本色和来自人民的普通性、始终为党为民的坚定性。纪念馆秉持传承红色基因、讲好红色故事的宗旨，大力弘扬时代楷模尕布龙的赤子精神，充分发挥爱国主义教育基地的时代价值。

（六）果洛藏族自治州图书馆

果洛藏族自治州图书馆于 2012 年 12 月被中共青海省委宣传部公布为第一批“青海省爱国主义教育示范基地”之一，位于青海省果洛藏族自治州玛沁县大武镇气象路。

1957 年，果洛藏族自治州图书馆成立；1968 年，更名为“毛泽东思想宣传站”；1984 年，更名为果洛藏族自治州图书馆。2006 年，新建果洛藏族自治州图书馆综合办公大楼。新图书馆占地面积 4872.4 平方米，建筑面积 2874.2 平方米。2009 年 9 月 29 日，对外开放。2010 年 12 月，建立“岭 · 格萨尔艺人之家”，为果洛地区学者、艺人提供交流平台和研究保护传承发展“岭 · 格萨尔”文化基地。2013 年 7 月，新建四层“果洛藏族自治州图书馆改扩建项目”建筑，占地面积 6000 平方米，建筑面积 4222 平方米。

图书馆设有地方文献部、典藏部、采编部、少儿部、技术部、设备安保部、办公室、培训部等部门，有藏书 20 万余册、阅览座位 2000 个。馆内收藏毛泽东同志在各个时期的珍贵历史图片、革命著作、革命遗址、遗物及果洛民主改革时期的数千册图书和上百幅图片、物品等历史资料。建有毛泽东历史图片典藏室、红色典藏阅览室。每年不定期开展各类爱国主义教育活动。图书馆是果洛藏族自治州的公共文化服务中心和文献信息中心，是丰富群众文化生活和教学的公益性机构，是重要的爱国主义教育基地。

三、市(自治州)级爱国主义教育基地红色资源

（一）中国科学院西北高原生物研究所青藏高原生物标本馆

中国科学院西北高原生物研究所青藏高原生物标本馆，是西宁市爱国主义教育示范基地，位于青海省西宁市城西区新宁路。

标本馆前身为动物标本室和植物标本室,建于 1962 年,经过几代人努力已经成为独具特色的青藏高原生物标本馆。馆藏标本量达 55 万多份,其中植物标本(蕨类植物、裸子植物、被子植物)34 万号,副份标本 4 万号;动物标本 16.25 万号,包括昆虫标本 11 万号,兽类标本 0.7 万号,鸟类标本 1 万号,两栖爬行类标本约 0.85 万尾,鱼类标本 2.7 万尾。馆内还收藏许多珍稀、濒危、独特甚至已近灭绝的物种标本约 300 个。馆藏标本主要来自青海和西藏,还有来自川西、滇西北、甘南、新疆、陕西等地区的物种标本。中国科学院西北高原生物研究所青藏高原生物标本馆作为目前收藏、保存青藏高原生物标本数量最多、种类最全、馆藏最丰富、标本采集覆盖青藏高原范围最广的标本馆,独具青藏高原特色,是高原生命的科学宝库。

标本馆具有集科研、教育、科普、社会宣传于一体的公益性质,作为科学普及和爱国主义教育基地,对激发学科学、爱科学、爱祖国的热情起到了积极的促进作用,对宣传青藏高原生物学知识和生物多样性保护起到了很好的示范作用。

(二)国家人防群众防空防灾宣传教育(西宁)基地

国家人防群众防空防灾宣传教育(西宁)基地,是西宁市爱国主义教育示范基地,位于青海省西宁市城西区昆仑路 8 号。

2015 年年底,国家人防群众防空防灾宣传教育(西宁)基地建成;2017 年 3 月,揭幕开馆。宣传教育基地集国防教育、爱国教育、科普教育与公益性文化教育为一体;集实物陈列、多媒体展示与互动体验为一体;集知识性、趣味性与体验性为一体。紧扣人防主题,利用声、光、电等科技手段,采用影视互动、多媒体演示、4D 影院、实物陈列等方式展示人防发展历程和防空防灾知识,对宣传人防战备建设成果、提升国防意识具有重要作用。馆内多媒体展陈项目及互动体验项目有天幕、4D 动感影院、“核爆”视觉装置、“闻味识气”机器人、人民防空幻影剧场、“擎天之手”、CPR 和烧烫伤急救模拟、呼喊训练、结绳自救、灭火体验与烟雾逃生等。展区设置伤员紧急救护体验,参观者可进行操作体验。各展厅都有独特主题和宣传方式,通过画面和音效给参观者带来震撼,使他们身临其境地体验战争的残酷,警示参观者要珍惜今日和平生活。

宣传教育基地通过线上线下相结合的方式宣扬人民防空重要性,树立“居安思危、常备不懈”理念,在思想上筑牢人民防空防线的铜墙铁壁,教育引导广大民众厚植爱党爱国爱社会主义情感。

(三)西宁市东关大街小学

西宁市东关大街小学,又名西宁红军小学,是西宁市爱国主义教育示范基地,位于青海省西宁市城东区东关大街。

在中国工农红军西路军的斗争历史中，西路军第九军军长孙玉清将军牺牲于东关大街附近，2008年，在全国红色旅游协调工作小组办公室举办的红军后代向青海希望工程援建红军小学捐赠仪式上，西宁市东关大街小学被正式授牌为“全国红军小学”，由此得名“青海西宁红军小学”，成为红军后代援建的全国第77所受益学校，是青海省6所红军小学之一，也是西宁市唯一一所红军小学。西宁市东关大街小学通过不断探索研究，确立“弘扬红色文化，构建红色校园”的办学思路，提出“传承红色基因，构建幸福教育”的办学宗旨，建成“红色党建，浸润红小1+2+4+N”党建品牌。2020年8月，西宁市东关大街小学红色基因展览馆建成开馆。展品主要为展示井冈山精神、长征精神、西路军革命精神等文字图片，有孙玉清的英雄事迹、红军英烈画卷等文字图片180余幅，以及若干从井冈山收集到的革命时期的老物件。

西宁市东关大街小学学生在接受科学文化知识的同时，通过软硬件环境烘托，全面接触爱国教育、红色熏陶，“红色”星火在小学校园闪耀，实现了红色教育的关口前移。

(四)凤山书院

凤山书院，是海东市爱国主义教育示范基地，位于青海省海东市乐都区滨河北路。

1759年，在知县何泽著的倡导下，凤山书院创建，也称乐都书院，又称碾伯书院，建于县城西北角文庙之侧(原乐都一中校园)。1827年，热心教育的乡人会商重修书院和学宫，并推举孝廉傅化鹏为发起倡导人，募捐资财，在城东文昌宫侧(原乐都六中所在地)购得地皮，修建书院。因书院背倚凤凰山，故取名凤山书院。2005年，为弘扬优秀历史文化、发展现代文明，凤山书院重新创办，并开展系列主题活动。创建青海省第一座名家名作书画碑林——青海省河湟碑林；由当地文学爱好者和省内知名专家学者合作，联袂编纂出版《河湟民族文化丛书》《乐都历史文化丛书》两部反映河湟地区及乐都文明发展历史和民族、民俗文化的巨著；由省地方志办公室指导、凤山书院编纂《青海省志·河湟文明志》；书院还积极举办书画摄影展览、各类文化专题讲座，深受群众喜爱。

凤山书院丰富的文化内涵、深邃的文化研究、广泛的群众基础，不仅继承了书院文化的精华，而且在传承优秀历史文化、弘扬现代主流文化、构建城乡和谐文明等方面发挥了重要作用。

(五)海东市第一中学

海东市第一中学，是海东市爱国主义教育示范基地，位于青海省海东市乐都区碾伯镇仓门街。

1930年,创办青海省乐都中学。中华人民共和国成立前,学校校名数次更改、校址多次迁移。1949年9月,青海解放,恢复青海省乐都中学。1949年10月1日正式开学,学校当时有200名学生和18位教师。1950年,青海省乐都中学设立高中部,4年后青海省乐都中学高中部与青海省第一中学合并成立西宁高中。1958年,青海省乐都中学重设高中部,并更名为乐都县第一中学。1963年,乐都县第一中学被青海省人民政府确定为重点中学。2013年,更名为乐都区第一中学。2018年7月,更名为海东市第一中学。

学校始终坚持“一个中心(教育教学)、两个全面(贯彻教育方针、提高教育教学质量)、三个建设(领导班子、教师队伍、班主任队伍)、四个服务(领导为教师、教师为学生、后勤为一线、各项工作为教育教学)、五个面向(全体、年级、班级、学生、学生的每个方面)”的办学思想,坚持“平心凝力,精雕细刻,科学和谐,持续发展”的办学方略,坚持“以创新求生存、以质量谋发展、以卓有成效为目标”的办学理念,大力推进教育教学改革,以学生、教师和学校发展为本,形成了以德育为核心,以创新精神和实践能力为重点的素质教育新模式。

(六)禅古村爱国主义教育基地

禅古村爱国主义教育基地,是玉树藏族自治州爱国主义教育示范基地,位于青海省玉树藏族自治州结古镇南扎曲河畔。

禅古村爱国主义教育基地东靠禅古寺,南邻禅古水电站,214国道穿村而过,平均海拔3700米,是前往勒巴沟、文成公主庙、嘉那嘛呢石堆等名胜古迹的必经之地。玉树“4·14”地震后,在各级党委、人民政府的帮助下,新的禅古村拔地而起,村民集体搬迁至此,这也是玉树藏族自治州灾后恢复重建的第一个示范村。禅古村作为灾后重建的“第一村”,创造出“玉树奇迹”“禅古模式”,玉树地震后在2010年5月开工建设,仅用时半年就建成新村。禅古村党员活动室是玉树“4·14”地震后最早竣工交付、最早投入使用的党员活动室,也是玉树藏族自治州玉树市“2+8”先锋引领特色党建示范工程重点打造的“党员感恩教育示范基地”。2011年7月,禅古村党员活动室正式投入使用,建筑面积360平方米,建设有大型浮雕、纪念碑、感恩广场、会议大厅、电教室、图书室等,可组织开展观摩学习、主题党日等活动。

禅古村以由全国党员捐建的党员活动室为载体,突出爱国主义教育、感恩教育,将禅古村作为玉树藏族自治州玉树市党员干部坚定理想信念、纯洁党性修养,增强感恩、铭恩、报恩意识的重要平台。

第五章 青海省爱国主义教育基地红色资源创新发展的战略选择

中国共产党成立百年来,爱国主义教育基地红色资源在革命、建设、改革的历史进程中赓续发展,展现了党的梦想和追求、情怀和担当、牺牲和奉献,汇聚成党的红色血脉,成为指引中华民族和中国人民不断前行的精神丰碑。党的十八大以来,以习近平同志为核心的党中央不断深化和拓展对红色资源的认识,这也为青海省全面推进爱国主义教育基地红色资源创新发展指明了方向,提供了遵循,凝聚了力量。

第一节 青海省爱国主义教育基地红色资源创新发展的原则遵循

一、坚持理论与实践统一

面对新时代外部环境、内部期待、价值观念、信息发展等新变化,青海省要紧扣时代脉搏,把握发展原则,坚持理论实践统一,体现爱国主义教育基地红色资源理论研究与发展实践有机结合的内在需求。

(一)加强理论研究

马克思指出:“理论一经掌握群众,就会变成物质的力量。理论只要能说服人,就能掌握群众;而理论只要彻底,就能说服人。所谓彻底,就是抓住事物的本质。"①红色资源自提出以来,研究迅速升温,一些研究很有特色并取得成效。但研究仍处于起步阶段,大量基础性、学理性研究还有待深化,特别是新时代背景下,聚焦爱国主义教育基地红色资源的研究更需要系统、全面和深入。一是要加强基础研究。通过对基本理论、形成依据、发展过程、演变机理、作用条件等方面的体系化研究,从基础理论的角度讲清楚爱国主义教育基地红色资源创新发展的依据。二是要加强最新成果研究。通过持续不断对习近平总书记关于红色资源的重要论述研究,从贯穿历史和当下、联系理论与现实的角度,讲明白爱国主义教育基地红色资源的丰富内涵、思想观念、价值立场、思维方式、行为规范等。三是要加强关联研究。通过对红色资源与爱国主义教育基地、红色文化、传统文化、民族文化,特别是习近平文化思想的联动研究,讲透彻区别和联系,增强爱国主义教育基地红色资源在新时代的感染力、凝聚力和驱动力,厚植理想信念、家国情怀和民族精神的根基。

(二)推动发展实践

马克思主义实践观正确地回答了人类社会如何产生和人类社会生活本质的问题,解决了人与自然、人与社会的关系,找到了了解全部社会史的钥匙,揭示了人类社会历史演变的客观规律。在全面推进青海省爱国主义教育基地红色资源创新发展进程中,要坚持实践的观点,立足于创新性思维进行创造性转化,通过主体实践感受、应用、检验、推广等方式,使青海省爱国主义教育基地红色资源被广大民众所接受、认同,形成一种普遍意义上的价值观和规范意识。一是要以底数"清"为根本。青海省爱国主义教育基地红色资源的底数是创新发展的源头,没有清晰的底数也就失去了研究的基础。要常态化推进青海省爱国主义教育基地红色资源普查工作、标准化开展分级工作、与时俱进更新数据库信息。二是要以问题"明"为导向。要立足于国家需要、民族需要、社会需要、人民需要,以时代性问题、群众性关切为突破口,及时发现问题、分析问题、总结问题,进而有效解决问题,形成经验做法。三是要以调研"实"为依据。调查研究是谋事之基、成事之道。调查研究是摸清底数、发现问题最直接、最有效的办法。要与时俱进开展一线调研,创新调研方式方法,如线上线下结合、座谈访谈统一、问卷分析并重等。

(三)理论与实践融合

理论与实践相结合是马克思主义的基本原则,是中国共产党的优良作风,也是推动青海省爱国主义教育基地红色资源创新发展的重要方法。青海省爱国主

---

① 马克思,恩格斯:《马克思恩格斯选集》第1卷,北京:人民出版社,2012年,第9页。

义教育基地红色资源不仅蕴含着丰富的育人理论成果,也蕴含着生动的育人实践成果,是中国共产党在青海这片高天厚土上团结、带领各族人民群众进行革命、建设、改革而形成的产物。因此,在推进青海省爱国主义教育基地红色资源创新发展中,要做到理论与实践融合。一是要开展教育引领。要充分利用青海省爱国主义教育基地红色资源兼具物质和精神双重属性的特色优势,开展理论教育和实践体验,在理论学习和实践体验中接受教育引导,增强历史自信和历史主动。二是要妥善处理关系。理论和实践本是辩证统一的,处理好两者关系,有利于推动青海省爱国主义教育基地红色资源创新发展。三是要善于进行互动。既要在理论指导下持续进行实践性探索,又要及时对经验做法,甚至是问题不足进行总结、反思和提炼,进而不断完善和丰富理论,促进理论与实践互动发展。

二、坚持传承与创新并重

当前,创新发展青海省爱国主义教育基地红色资源面临着新的时代环境和新的受众对象,很自然地也会遇到许多新的矛盾和新的挑战。旧思维、老办法难以解决新问题,唯有与时俱进,在传承的基础上进行多维度的创新,才能破解现实困境;只有传承与创新相统一,才能改变现实境遇中青海省爱国主义教育基地红色资源吸引力不足的短板。

(一)坚定传承不动摇

系统梳理青海省爱国主义教育基地红色资源传承的演进历程,就会发现其传承始终遵守着一定的原则,遵照着一定的方式,遵循着一定的规律,从而才能使青海省爱国主义教育基地红色资源始终保持与时俱进、代代相传的态势。在推动青海省爱国主义教育基地红色资源传承过程中,要始终保持传承的信念不动摇,确保薪火相传、蓬勃发展。一是要继承优良传统。要保持红的底色不变、红的信仰不变、红的追求不变,这是永葆青海省爱国主义教育基地红色资源本色的根和魂。二是要把握时代要求。要适应新时代信息化、智能化的发展趋势,改变填鸭式、灌输式的教育理念,创设一批广大民众愿意接受、易于理解的载体形式,在潜移默化中受到教育。三是要注重实际效果。要避免一味否定和排斥老办法的现象,认为老办法过时了、不管用了,取而代之的是一些质量不高、效果不好的所谓新办法,结果是新办法不管用、老办法不会用。

(二)推动创新成潮流

“要把理想信念的火种、红色传统的基因一代代传下去,让革命事业薪火相传、血脉永续。”①这不仅是时代的课题,也是时代的需要。要在利用地域优势和特色基础上,立足青海省爱国主义教育基地红色资源本身特质和内涵,在传承中不能因循守旧,需要在尊重思想政治教育基本规律基础上,与时俱进、勇于创新。一是要把传承内容由红色资源向教育资源转化。“内容为王”不仅适用于媒体传播,也适用于青海省爱国主义教育基地红色资源传承。要结合省情、社情、民情深入挖掘青海省爱国主义教育基地红色资源丰富内涵,纳入思想政治教育创新发展体系,成为教育资源活的素材。二是要把传承方式由单一传统向多元现代转化。要激发一元传统的传承方式的原动力,适应不同群体对传承方式的需要;要激活多元现代传承方式的一池清水,适应智能化和广大青年对传承方式的新期待。三是要把传承话语由“静态”“历史”向“动态”“生活”转化。要立足青海省爱国主义教育基地红色资源本身,把传承的话语体系由静态话语向动态话语转化,由平面话语向立体话语延伸,适应新时代的需要。要立足青海省爱国主义教育基地扩大红色资源影响,把传承的话语体系由历史话语向生活话语转化,由一维话语向多维话语转化。

(三)妥善处理传承与创新

网络时代催生了多样化的信息载体,新的载体能够吸引更多的群体关心和关注青海省爱国主义教育基地红色资源,这对于思想教育、价值引领和信仰追求具有很强的促进作用。在青海省爱国主义教育基地红色资源创新发展中,传承内容与创新形式是不可分割的两个方面,发展实践中既要注重形式的创新,也不能忽视内容的传承。形式的创新要推动内容的传承,同时又不能脱离内容的需要而变成“两张皮”。内容的传承要紧盯着新的形式的特点或者是形式的创新,同时又不能为了迎合形式的创新而使传承的内容变色变味。一方面,要一以贯之地做好青海省爱国主义教育基地红色资源的内容挖掘,夯实传承的根基;要不断从青海省爱国主义教育基地红色资源精神宝库中挖掘出新内容、新故事、新话题,吸引更多群体参与。另一方面,要锲而不舍地打造更多表现形式来丰富展陈内容,增强吸引力和兴趣感;要依托歌曲、图文、故事、漫画、视频、大数据图表等物质条件,运用信息化、智能化等多种技术手段进行赋能,创设出新的展陈形式。

三、坚持造血与输血结合

在信息化时代,人们不仅是信息的制作者,也是信息的传播者。尤其是在开放的网络中,鱼龙混杂的信息的背后是不同的价值观,外部势力从未放松在网络

---

① 《在古田会议光芒照耀下继续前进——习近平主席出席全军政治工作会议侧记》,《人民日报》2014 年 11 月 3 日,第 2 版。

上对中国进行攻击和意识形态上的渗透。青海省爱国主义教育基地红色资源作为巩固意识形态阵地的资源利器,需要在保护中传承、在创新中发展,因此,发展实践中需要坚守造血与输血并重的原则。

(一)提升造血功能

造血是基于青海省爱国主义教育基地红色资源自身的深度挖掘,能够最大限度地发挥其自身优势,形成一种通过自身的提质升级来推动创新发展的方式。要围绕青海省爱国主义教育基地红色资源这个宝藏,通过同质异质内容开发、多维传播渠道拓展、立体形式载体设计,提升造血功能。一是要开发好青海省爱国主义教育基地红色资源同质和异质内容。要对同一类型的资源进行全方位的挖掘、整合,力求同类的资源功能最大化,降低同类资源开发成本。要在充分尊重不同类型资源特质的基础上,最大限度地发挥异质资源的独特功能,实现整体功能的优化。二是要拓展好青海省爱国主义教育基地红色资源传播渠道。要适应信息智能化和时间碎片化的新趋势,把微故事、微课堂、微镜头等形式利用起来。要适应新技术应用的新情况,把红色视听资源用起来,把舆论阵地用红色微资源占上去。要适应文化潮流发展方向和群众兴趣点、兴奋点的需要,既保持场馆展陈形式的庄严肃穆,又增添趣味性的内容与形式,实现潜移默化、润物无声。三是要设计好青海省爱国主义教育基地红色资源形式载体。要创新表现形式,倡导参与式、体验式、互动式的方式方法,增强凝聚力和感染力。要开展丰富多彩的活动,营造创新发展的浓厚氛围。要推动纪念场馆的基础设施建设,发挥各级各类场馆在创新发展中的价值。

(二)优化输血功能

输血是依托青海省爱国主义教育基地红色资源外在的资源集合,通过外部的力量以不同形式或渠道,持续不断地推动其创新发展。归结起来,外部资源集中体现在专业队伍建设、政策法规保障和网络空间治理,实现输血功能的不断优化。一是要建强职业化队伍。要建立一支政治坚定、学养厚实、结构合理、能力过硬的骨干队伍、解说队伍、创作队伍和网宣队伍,做好人才支撑,通过岗位锻炼、送学培训、竞赛选拔、兴趣培养等方式,做好队伍能力的提升。要拓宽"走出去、请进来""沉下去、浮上来"等学习交流探讨的渠道,做好视野的延展。二是要提供政策法规保障。在网络化和法治化并行的时代,政策法规保障是创新发展的基础。要建立有效的工作体制和工作机制,在长远规划、队伍建设、支持保障等方面明举措、出细则、有考核,形成各级党委统一领导、党政齐抓共管、部门各负其责、社会协调配合的局面。要建立健全制度保障体系,确保创新发展科学有效。三是建设清朗网络空间。要制定完善青海省爱国主义教育基地红色资源网络舆情管理有关规章制度，严格审核青海省爱国主义教育基地红色资源传播内容，推动网络传播向法治化、规范化方向发展。要加强自媒体的自律建设，严格审核传播内容的真实性、权威性、引导性和科学性。要出台青海省爱国主义教育基地红色资源网络监管条例，构建良好网络秩序，形成善治氛围，保护网民合法权益，不断滋养和净化网络空间。

（三）聚合“造血”与“输血”优势

随着社会发展进步，人们的物质生活得到极大的丰富和满足，随之而来的是人们对于精神生活有了更多的向往和追求。近年来，随着红色旅游事业蓬勃发展，人们开始关注包括青海省爱国主义教育基地红色资源在内的各种类型的红色题材场馆、基地、景点、遗址、遗迹等。这也为下功夫和气力推动青海省爱国主义教育基地红色资源创新发展提供了有利契机。在发展实践中要聚合好造血与输血优势。一是确定好造血与输血的重点。要围绕长远规划，明确自身发展重点、要点和难点，创新点、突破点和发力点，力争形成特色和品牌。要立足现实需求，明确外部资源和力量能为青海省爱国主义教育基地红色资源创新发展提供什么、帮助什么、谋划什么，力争形成资源互补。二是处理好造血与输血的关系。要以造血需求为基点，用输血方式做好支持和援助，也就是要做好补充和完善。要以输血力量为补充，为造血功能的实现提供更多的支持和帮助，这里面主要体现的是主体和客体的关系，关系处理好了，造血与输血的合力价值才会实现最大化。三是实现造血与输血的互动。造血和输血本身都是为了推动青海省爱国主义教育基地红色资源创新发展，两者的良性互动注定成为一股强劲的驱动力。要围绕主题主旨进行互动，在推动创新发展的内容上、形式上、渠道上加强互动，形成优势互补态势，合力效果和价值才会得到更好体现。

四、坚持公益与效益兼顾

青海省爱国主义教育基地红色资源蕴含丰富的物质载体和精神内涵，承担着教化人、培养人和提升人的社会责任，内蕴着促进人的全面发展的属性和功能，其价值归旨即以人为本。面对全球经济一体化、文化多元化影响，需要立足省情社情民情，在推动青海省爱国主义教育基地红色资源创新发展中统筹兼顾好公益性和效益性。

（一）强化公益性地位

“社会发展需要源于个人的发展需要，又高于个人的发展需要，它是社会共同体存在和发展的需要。社会发展需要得到了满足，个人的发展需要才能得到更好的满足。”①这里不仅阐释了个人与社会的关系，更加突出了社会的重要性及优先地位。青海省爱国主义教育基地红色资源作为一种教育资源和社会资源，首要任务仍然是发挥好公益性作用，这也是推动青海省爱国主义教育基地红色资源创新发展应遵循的基本价值标尺。一是要坚持服务对象的普遍化。青海省爱国主义教育基地红色资源是中国共产党在青海大地团结、带领各族群众创造的历史印记和红色精神的集中体现，各族群众既是创造者、参与者、贡献者，理应也是共享者。二是要坚持资源范畴的广泛化。青海省地域辽阔，红色资源丰富，既包括物质形态的各级各类爱国主义教育基地，也包括精神形态的精神谱系内容及与此关联的历史文化要素等，能够较为充分地满足群众的多样化、大众化和个性化的需要。三是要坚持育人功能的多元化。青海省爱国主义教育基地红色资源具有厚重的历史感和多维的育人功能，从公益性的角度来看，要依托历史感发挥好育人功能，即思想引领、政治导向、道德激励、心理优化、审美熏陶等，成为教育价值的显性体现。

(二)兼顾效益性策略

在推动青海省爱国主义教育基地红色资源创新发展中要具有明确的目的性，也就是要通过发挥育人功能以达到提升爱国主义教育的效果，但同时也要兼顾一定的经济效益。一是要助力主体推动形成创新发展格局。要充分调动区域内各类物质和精神类资源，形成有力量、有资源共同关注青海省爱国主义教育基地红色资源创新发展的社会氛围。要组建党委领导、政府主导、社会参与、人民监督的发展格局，以“定制项目”形式寻求企业参与合作。二是要推动资源开发形成创新发展模式。要依托青海省爱国主义教育基地红色资源优势，引入市场化运作方式，形成合作新形式、新典范，即政府提供优质的资源，企业提供开发方案、资金投入等，同时要兼顾市场效益和社会影响力，形成多方受益共赢的局面。三是要推动“红色资源+”形成顶层规划设计。要加快红色资源与文化产业融合，延长产业链，推进青海省爱国主义教育基地红色资源的体验式游览，形成青海省红色资源符号。要加快红色资源与文旅产业融合，整合全省红色资源、生态资源、文化资源等，制订红色旅游发展规划。要加快文化产品创新设计，打造红色文旅品牌，推动青海省爱国主义教育基地红色资源全方位、多方面创新发展。

(三)统筹公益与效益

公益性和效益性平衡是青海省爱国主义教育基地红色资源创新发展的一种理想状态，也是全省共同努力追求的目标。公益性强调服务、义务和责任，而效

---

① 骆郁廷：《论思想政治教育的发展价值》，《思想教育研究》2006年第5期，第19页。

益性强调收益、回报和产出。各级党委和人民政府希望最大限度地发挥爱国主义教育基地红色资源的社会价值，但苦于“缺人少钱”；作为投资方的企业，则希望实现利益最大化。因此，需要妥善处理好政府和企业的关系，这也是确保公益性与效益性平衡的必由之路。一是人民政府要有更多的服务意识。要放低身段，有“店小二”意识，用更好的行动为市场主体做好服务，减轻企业负担，让企业愿意承担更多的社会责任。二是企业要有更多的社会责任。企业要有情怀和担当，在政府提供政策、资金等方面的优惠后，要把公益性放在重要位置，不能一味追求经济效益，不能把青海省爱国主义教育基地红色资源作为招商噱头随意开发，要考虑青海省实际，不能在开发中随意调整规划、随意调整预算等。三是政府和企业都要做出调整和改变。要综合考量，既要考虑社会效益，也要考虑经济效益，在坚持公益性和效益性并重前提下推动青海省爱国主义教育基地红色资源创新发展，实现整体效益最大化。

第二节 青海省爱国主义教育基地红色资源创新发展的体系构建

一、建立青海省爱国主义教育基地红色资源创新发展的价值引领体系

面对青海省爱国主义教育基地红色资源创新发展中的困境和难题，全省人民要坚定信仰、信念、信心，增强忧患意识、提升斗争本领，努力建立一套完善的价值引领体系。

（一）坚定马克思主义信仰

马克思主义是中国共产党从一个胜利走向另一个胜利的根本指导思想。新时代保护传承与创新发展青海省爱国主义教育基地红色资源，一定要坚定马克思主义信仰不动摇，用信仰的光辉照亮复兴之路。一是厚植红的底蕴。要志存高远，胸怀祖国、胸怀民族、胸怀人民，坚定“团结起来、振兴中华”信念，忠于祖国、忠于人民，了解中华民族历史，秉承中华文化基因，增强民族自豪感和文化自信心。主动适应国情、党情变化，了解民情、民意，在不同行业、不同领域形成弘扬青海省爱国主义教育基地红色资源共识。二是保持红的底色。要不断增强“四个意识”、坚定“四个自信”、做到“两个维护”，始终对党绝对忠诚，对自己负责，把个人理想同祖国前途、把个人人生同民族命运、把幸福梦同中国梦紧密联系在一起，让青海省爱国主义教育基地红色资源贯穿现代化新青海建设的始终。

三是展示红的力量。要有“仰望星空”的胸襟和脚踏实地的办法，在筑梦过程中体现红色资源的蓬勃伟力，彰显人生价值和人生追求。树立正确世界观、人生观、价值观，争做习近平文化思想的坚定信仰者、忠实实践者、有力传播者，勇做弘扬青海省爱国主义教育基地红色资源的行动者。

（二）坚定中国特色社会主义信念

实践证明：社会主义事业要“不驰于空想、不骛于虚声”，这昭示了中国共产党人求真务实的精神、奋发有为的姿态，确立了苦干实干的主旋律、主基调。① 这说明伟大事业不仅需要精神力量鼓舞斗志，也需要红色资源涵养底气。改革开放的伟大实践再次雄辩地证明，赓续红色资源不仅能够获得取之不尽的力量，也能够坚定中国特色社会主义信念。因此，在推动青海省爱国主义教育基地红色资源创新发展过程中，一是要有追梦的激情。要在奋斗中释放活力、追逐理想，用实际行动在坚持和发展中国特色社会主义事业中建功立业，在强国建设、民族复兴伟业中贡献力量。要倍加珍视青海省爱国主义教育基地红色资源创新发展的有利契机，让红色资源光芒照亮现代化新青海建设的康庄大道。二是要有奋斗的气质。要牢记习近平总书记关于红色资源重要论述的内容，立志做奋斗者，培养奋斗精神，做到理想坚定，信念执着，不怕困难，勇于开拓，顽强拼搏，永不气馁，不辱时代使命，不负人民期望，积小善为大善，做青海省爱国主义教育基地红色资源创新发展的践行者。三是要有奉献的情怀。要积极响应党的号召，始终听党话、跟党走，主动把青海省爱国主义教育基地红色资源创新发展的过程同胸怀祖国、奉献社会融合起来，努力奋斗，用实干证明在现代化新青海建设过程中大有可为、大有作为。

（三）坚定中华民族伟大复兴中国梦信心

习近平总书记指出，“世界上没有坐享其成的好事，要幸福就要奋斗”②。中国梦这一幸福愿景，从全面建成小康社会到基本实现现代化，再到全面建成社会主义现代化强国，思路清晰、路线明确，关键还是要靠奋斗来推动、来实现。抚今追昔，中国共产党领导全国各族人民，追逐梦想、砥砺前行，历经革命、建设和改革，进行了百年奋斗，此刻的中国比历史上任何时期都更接近、更有信心和能力实现民族复兴伟业。青海省爱国主义教育基地红色资源形成与发展的历史，见

---

① 《不驰于空想、不骛于虚声——习近平主席2018年新年贺词启示录③》，《人民日报》2018年1月3日，第1版。

② 习近平：《在第十三届全国人民代表大会第一次会议上的讲话》，《人民日报》2018年3月21日，第2版。

证着中华民族的复兴之路,也见证着青海省的奋勇前行之路。因此,在推进青海省爱国主义教育基地红色资源创新发展中,一是要增强本领意识。要涵养红色资源中的奋斗意识,内外兼修,内要求真学问、练真本领;外要知行合一、做实干家,面向实际、深入实践①。在学习中提高才干,在实践中增长本领,让红色资源保护传承与创新发展成为时代主旋律。二是要激发干事斗志。要吸收青海省爱国主义教育基地红色资源中的丰富营养,积极转化为行动力量,不辱使命、不负厚望,直接参与现代化新青海建设事业,让青海省爱国主义教育基地红色资源的感染力和凝聚力结出丰硕果实。三是要传承优秀品质。要把青海省爱国主义教育基地红色资源作为一种宝贵财富、优秀品质,恒久传承下去。厚重的青海省爱国主义教育基地红色资源是一盏航灯,引领全省干部群众"干"字当头,主动扛起责任,在奋斗中梦想成真。

二、完善青海省爱国主义教育基地红色资源创新发展的思政育人体系

进入新时代,要站在现代化新青海的高度,以培养时代新人为着眼点,完善青海省爱国主义教育基地红色资源创新发展的思政育人体系,这既是全面贯彻《中华人民共和国爱国主义教育法》的应有之义,也是创新发展青海省爱国主义教育基地红色资源的现实需要。

(一)坚持规划为先

凡事预则立,不预则废。在完善青海省爱国主义教育基地红色资源创新发展的思政育人体系过程中,要聚焦总体布局、统筹规划,推动党委和人民政府、学校、社会、家庭共同施教,建立一套全方位、多层次、广覆盖的全省爱国主义教育基地红色资源思政育人体系,汇聚起思政育人的合力。一是要做好顶层设计。要明确青海省爱国主义教育基地红色资源思政育人目标,建设思政育人体系,突出思政育人地位,推动青海省爱国主义教育基地红色资源思政育人全民化、信息化、大众化,使思政育人贯穿于人的成长成才和日常生活全过程。二是要做好全员、全程、全方位(三全)育人。各级各类不同类别的学校既要勇挑重担、又要立足本位,把青海省爱国主义教育基地红色资源创新发展的思政育人理念融入大中小学思政课一体化建设进程,融入学科体系、课程体系、教材体系、管理体系,推动青海省爱国主义教育基地红色资源育人全员、全程、全方位展开。三是要做好氛围营造。要积极发挥社会和家庭的作用,共同营造风清气正的网络空间、氛围浓厚的社会场域、温馨和谐的家庭氛围,加强青海省爱国主义教育基地红色资源场馆建设、引领产业发展,为青海省爱国主义教育基地红色资源思政育人营造

---

① 董仲磊:《让梦想在奋斗中成真》,《青海日报》2018年6月11日,第9版。

积极健康的整体环境。

(二)坚持资源为主

红色资源承载着中国共产党人独特的精神品质,蕴含着深刻而丰富的核心内容,是宝贵的财富,也是稀缺的教育资源。在完善青海省爱国主义教育基地红色资源思政育人体系中,推动红色资源转换成教育资源格外重要。一是要推动青海省爱国主义教育基地红色资源转化成教育资源。要建设好物质类红色资源场馆、基地,这是全面了解红色资源历史、推动思想政治教育对象知行转化的重要场所;要引导好精神类红色资源——中国共产党人精神谱系的直接感悟和体验,涤荡思想情操、激发爱国情怀。二是要推动青海省爱国主义教育基地红色资源融入教育资源。要充分发挥网络的正向功能和价值效用,借助网络建设虚拟仿真情境,通过场景再现和交互体验,让参与者沉浸其中,重温历史经典时刻,使红色资源融入教育过程的成效最大化。三是要推动青海省爱国主义教育基地红色资源联合教育资源。要发挥两种资源优势,将其充分叠加起来,实现“1+1>2”的效果。在改善硬环境上,要把教育引导场所的基础设施建设好,适应广大民众的需求;在创新软环境上,要把教育引导的形式、载体设计好,主动邀请老战士、老红军,以及专家、学者共同参与。

(三)坚持方法为要

一把钥匙开一把锁,用青海省爱国主义教育基地红色资源之“矢”去射思政育人体系之“的”,这是现实情境中最直接、最有效,且最易于操作的方法,能够很好地解决爱国主义教育基地红色资源思政育人体系改善的问题。具体而言,就是推动青海省爱国主义教育基地红色资源进教材、进课堂、进头脑。一是推动青海省爱国主义教育基地红色资源进教材。要摸清教材底数,根据学生的类型特别是大中小学生的特点,进行分类组合,将史实资源作为辅助教材予以推广。要加强对青海省爱国主义教育基地红色资源核心、内容、本质、特点等基础问题研究,要加强对青海省爱国主义教育基地红色资源基础知识的普及推广,尤其要编著一些科普类书籍。二是推动青海省爱国主义教育基地红色资源进课堂。要解决好青海省爱国主义教育基地红色资源深刻内涵与课堂教学生动活泼之间关系,做好内容转化、形式转换。要拓宽课堂授课形式,如重点讲授与专题讲座结合、线下讲授与线上交流结合、理论传授与实践教学结合。三是推动青海省爱国主义教育基地红色资源进头脑。要创建青海省爱国主义教育基地红色资源的知识结构和价值标准,融合青海省爱国主义教育基地红色资源的核心要义,服务于人的世界观、人生观、价值观的建立。要优化青海省爱国主义教育基地红色资源指导个体行为渠道,如促进知识传授与价值引导结合、提升教育指导针对性等。

三、探索青海省爱国主义教育基地红色资源创新发展的实践融入体系

青海省爱国主义教育基地红色资源本身所具备的物质和精神双重属性决定了其创新发展不仅体现在理论层面,也体现在实践层面。特别是近年来随着青海人民对精神需求的多元化,简单的体验已无法满足需要,因此,在推动青海省爱国主义教育基地红色资源创新发展中要注重精细化、感染性和体验感。

(一)丰富“走出去”实践模式的内容

创新发展青海省爱国主义教育基地红色资源,就要将其植根于青海省人民思想灵魂深处,使其外化于自觉实践体悟,体现于具体行为行动。依托于社会实践场域的“走出去”模式,不仅会使广大民众的身心受到感染,还能更好地把红色资源转化为情感认同、价值认同,推动知行合一。广大民众因此会自觉成为青海省爱国主义教育基地红色资源的保护者、传承者、实践者。一是要建好资源库,夯实“走出去”的基础。要依托青海省爱国主义教育基地红色资源,借助信息化手段,集中时间、集中人员、集中精力把红色资源分门别类整理好,建立完备的电子数据库,使其成为实践体悟、情境仿真、对外交流的重要元素。二是要组好宣讲团,提升“走出去”的效果。要依托青海省大专院校、科研院所等科研机构,组建理论宣讲队、学生宣讲队,把史料转化为教材,把现场转化为课堂,把红色故事讲深、讲实、讲透,让故事成为对外交流的“红色名片”。三是要打造好新品牌,扩大“走出去”的影响。要依托红色品牌打造,结合青海省情特色,以讲故事、讲历史、讲人物的形式进行立体化展示、多元化打造,推动红色品牌专业化、有趣味、能体验,形成一批有青海特色的品牌项目。

(二)创新“请进来”实践模式的载体

在创新发展青海省爱国主义教育基地红色资源过程中,“请进来”既是务实的举措,又是值得花费心思仔细琢磨的方式,这里面固然有很多因素需要考虑,如适应的问题、复制的问题、操作的问题、接受的问题等。但实践证明,通过精准的“请进来”创设载体,一些问题自然会迎刃而解,而且其效果随着时间的推移和实践的推进而愈发明显。一是邀请红色传人,“传”经验做法。这里面的红色传人是一种特定称谓,泛指国内知名红色场馆、基地负责人,诚心邀请他们传道授业解惑、分享经验做法,推动青海省爱国主义教育基地红色资源创新发展。要真诚倾听,学以致用,促进红色资源成果转化。二是邀请红色专家,“帮”档次提升。要依托主题教育契机,特别是重大纪念日、重大历史节点,邀请专家学者、大中小学生、社会团体,组织开展学术研讨、纪念活动、互动交流等,把红色资源转化为行动力量。三是邀请红色人才,“带”团队组建。要利用好博士服务团、东

西部协作、组团援青等政策条件，立足青海省爱国主义教育基地红色资源特色，发挥来青人才优势，培养本土专业人才，把两支人才队伍拧成一股绳，以实践互动的形式推动青海省爱国主义教育基地红色资源创新发展。

（三）健全“沉下去”实践模式的机制

“沉下去”，说到底就是要深入一线调研青海省爱国主义教育基地红色资源。习近平总书记指出：“调查研究是谋事之基、成事之道，没有调查就没有发言权，没有调查就没有决策权。”①调查研究是掌握青海省爱国主义教育基地红色资源底数的直接方式，也是健全实践模式的有效办法。构建青海省爱国主义教育基地红色资源创新发展的实践融入体系，就要努力形成科学完备的长效运行机制，即建立“沉下去”实践模式的激励、联动和反馈机制。一是要建立青海省爱国主义教育基地红色资源实践调研激励机制。要针对青海省爱国主义教育基地红色资源的参观者、传承者、践行者和调研者等对象，通过精神激励、物质奖励等不同形式，激发他们对青海省爱国主义教育基地红色资源实践调研的主动性、积极性，发挥示范、引领作用。二是要建立青海省爱国主义教育基地红色资源实践调研联动机制。要发挥好青海省爱国主义教育基地红色资源调研的参与主体，包括个人、家庭、学校、社会、政府在爱国主义教育基地红色资源创新发展中的作用，打通堵点，凝聚青海省爱国主义教育基地红色资源保护传承多方合力。三是要建立青海省爱国主义教育基地红色资源实践调研反馈机制。要通过多种方式和途径，在第一时间获取社会各界对青海省爱国主义教育基地红色资源实践模式推进效果、作用、问题等多方反馈评价意见，针对反馈结果进行科学分析，不断优化实践模式的内容和流程，提升实践模式成效。

四、构建青海省爱国主义教育基地红色资源创新发展的全面保障体系

青海省爱国主义教育基地红色资源创新发展是一个系统复杂工程，不可能一蹴而就，需要循序渐进地进行。因此，要从制度性的基础内容、人财物的保障力度、规范化的考核机制等方面打造完备的保障体系，有序推动青海省爱国主义教育基地红色资源创新发展。

（一）完善制度性的基础内容

制度是社会或个人共同遵守的规则、规矩、规定，“制度问题更带有根本性、

① 习近平：《在党的十九届一中全会上的讲话》，《求是》2018年第1期，第8页。

全局性、稳定性、长期性。”①青海省爱国主义教育基地红色资源创新发展面临复杂局面，牵涉到党委和人民政府、社会、个人等多个层面，问题产生是多元的、复杂的，需要全省人民共同参与，不断完善制度性基础内容，用制度化建设保驾护航。一是要完善青海省爱国主义教育基地红色资源创新发展的规章制度。要定时梳理已有规章制度，与时俱进地进行修改、完善和废止。要适应社会发展和民众需要，及时制定符合实际需要的规章制度，推动青海省爱国主义教育基地红色资源创新发展有章可循。二是要建立青海省爱国主义教育基地红色资源创新发展的领导体制。要坚持守土有责、守土担责、守土尽责，推动形成各级党委领导、宣传部门牵头抓总、职能部门各司其职、社会力量共同参与的工作态势。要健全省市县三级联席会议机制，从顶层设计角度进行统筹、指导和协调，保障青海省爱国主义教育基地红色资源创新发展顺利推进。三是要健全青海省爱国主义教育基地红色资源创新发展工作机制。要落实青海省爱国主义教育基地红色资源保护传承、创新发展的职责分工，明确“保护传承什么”“怎样创新发展”。党委管的是大方向，掌控的是全局；属地单位及职能部门负责的是具体工作，调动的是社会力量，形成同心推动创新发展的工作氛围。

（二）提升人财物的保障力度

基础不牢，地动山摇。必要的物质保障是做好青海省爱国主义教育基地红色资源创新发展的前提和基础。物质基础的涉及面较多、较广，但其核心的问题还是高素质的专业人才、足额的资金投入和常态化的基础建设，即所谓的“人、财、物”要及时到位。一是要高质量配齐专业人才。要基于专业的人干专业的事的原则，配全配齐管理者、从业者、服务者。要谋划好人才培养机制，设计好人才发展模式。要注重“引、育、留”人才机制，形成人才的“一池清水”向西流的局面。二是要确保资金投入。各级人民政府要加大财政支持力度，给予青海省爱国主义教育基地红色资源创新发展以专项经费支持，并纳入财政预算，形成常态化。社会组织要发挥公益性优势，设立必要的活动费、宣传费、建设费、培训费、科研费或基金，保障青海省爱国主义教育基地红色资源创新发展有必要的经费支持和保障。三是要常态化推进基础建设。要对场馆、基地进行常态化巡查巡检，及时修缮维护。要依托青海省爱国主义教育基地红色资源，对红色主题公园、红色文化长廊等红色点位定期维修维护。要组织专门人员对网络平台进行建设和维护，对平台内容进行审核把关，形成全方位、多层次、宽领域、高水平的青海省爱国主义教育基地红色资源学习平台。

---

① 《习近平在中共中央政治局第五次集体学习时强调 积极借鉴我国历史上优秀廉政文化不断提高拒腐防变和抵御风险能力》，《人民日报》2013 年 4 月 21 日，第 1 版。

(三)制定规范化的考核机制

为促进青海省爱国主义教育基地红色资源创新发展取得实效,推动创新发展取得预期目标,要建立一套行之有效、科学全面的规范化考核机制,从不同角度、不同层面、不同主体的深度监督、真实评价、督促整改等方面提供保障。一是要坚持科学的考核标准。要有问题意识,遵循科学性与可操作性原则,针对不同类型资源进行分类指导,对创新发展方式方法、程序步骤进行说明,督促监督部门切实负起责任、担起使命。要有创新思维,遵循适应性与可塑造性原则,针对参与者感兴趣、有意义的青海省爱国主义教育基地红色资源积极进行品牌打造。二是要设计清晰的考核流程。要有责任感,秉持客观性和公正性,通过组建专业考核队伍,采用灵活多样的考核方式,避免仅看材料、听汇报等简单做法;要采取组织问卷调查、开展座谈交流、深入基地场馆、倾听观众心声等灵活多样的办法,掌握青海省爱国主义教育基地红色资源创新发展的真实情况。三是要制定明确的奖惩举措。要本着"治病救人"原则进行整改,表现优秀的要形成经典案例,通报表扬,给予精神和物质奖励;表现良好的要针对不足立即纠正,及时反馈整改意见;表现较差的要说明原因,限时整改,仍不达标的,要通报批评,推动奖惩举措成为发展的助推器。

第三节
青海省爱国主义教育基地红色资源创新发展的主体培育

一、发挥青海省各级党委和人民政府统筹协调优势

青海省爱国主义教育基地红色资源内含政治性与教育性属性,这决定了其在创新发展中需要主体具备相应的能力和素质。青海省各级党委和人民政府是主导力量,这种主体地位赋予其要在思想引领、目标导向、行动示范等方面发挥作用,这也是主体培育的风向标。

(一)思想上要同心同德,取得共识

一个国家和一个民族的振兴,一定是在历史演进中奋力前行,在时代潮流中拼搏发展。实践证明,唯有正本清源、与时俱进、培根铸魂,才能确保青海省爱国主义教育基地红色资源的政治底色、鲜明特色和价值本色不变色、不褪色,从而为现代化新青海建设事业筑牢信仰之基、思想之根。一是要坚守青海省爱国主

义教育基地红色资源政治本色。要坚持以人民为中心，解决好青海省爱国主义教育基地红色资源创新发展的重大理论问题、历史问题、现实问题，确保红色资源一代代传承下去。要旗帜鲜明讲政治，把党倡导的理想信念、价值理念、思想路线、优良传统融入灵魂深处，确保青海省爱国主义教育基地红色资源不褪色。二是要凸显青海省爱国主义教育基地红色资源鲜明特色。要站在民族复兴的时代高度，以立足青海、放眼全国、展望未来的视角认识青海省爱国主义教育基地红色资源，引领发展。要坚持传承开放的科学态度，在传承传统文化、革命文化、社会主义先进文化基础上，借鉴人类文明成果，推动青海省爱国主义教育基地红色资源创新发展。三是要体现青海省爱国主义教育基地红色资源价值本色。要把青海省爱国主义教育基地红色资源作为坚定理想信念的抓手，加强理想信念、党的宗旨、革命传统的教育和引领。要尊重人民主体地位，尊重人民意愿表达，激发人民蕴藏的创造伟力。

（二）目标上要同心同向，达成一致

各级党委和人民政府作为青海省爱国主义教育基地红色资源创新发展主导力量，其优势还在于能够改变某一机构或组织“单打独斗”的局面，通过“塑造共建意识、形成共治理念、实现共享格局”的目标引领，倡导不同主体“大合唱”，推动多元主体积极参与、各司其职，共同完成奋斗目标。一是要塑造共建意识。要明确多元主体包括什么、职责分工是什么，做到主体清楚、发力聚焦，形成合力：各级党委和人民政府是主导力量，承担领导、引导、协调和监管职责；市场主体是主要力量，承担资金、创新、管理职责；大中小学是重要力量，承担研究、阐释、宣讲、育人、保护、评价职责；社会个体是新生力量，承担保护、传承、资金、监督职责。二是要形成共治理念。要建立一个科学合理的从宏观、中观到微观思路清晰的青海省爱国主义教育基地红色资源创新发展模式，发挥不同主体作用。要探索群体开发融合推进模式，围绕区域内特定红色场馆联合开发，用单体辐射周边，构建跨领域、跨区域的主体融合模式。三是要实现共享局面。要有一盘棋的意识，青海省爱国主义教育基地红色资源创新发展不是一人一域之事，需要全社会共同施力、协同推进，发挥好红色资源的思想引领、教育引导功能。

（三）行动上要同心同行，步调协同

三分部署，七分落实。制度的生命力在于落实，关键在于执行。推动青海省爱国主义教育基地红色资源创新发展，各级党委和人民政府要发挥主导性作用，凸显示范、指导和协调价值，以此引领爱国主义教育基地红色资源创新发展的思路、方向、规模以及动员的力量。一是要突出示范引领，要强调示范功效。爱国主义教育基地红色资源创新发展是多元主体共同推进的事业，各级党委和人民

政府要以身作则、以上率下,形成一级带一级、一级抓一级的示范效应。要发挥引领价值,党委和人民政府的引领主要体现在政治性上,表现在政治立场、政治原则、政治方向上,确保红色立场坚定、红色原则一致、红色方向正确。二是要加强发展指导。要紧扣主题主线精准指导,围绕青海省爱国主义教育基地红色资源创新发展,突出红的底色,发挥多元主体积极性、主动性。要聚焦主责主业,结合多元主体实际,把业务工作与青海省爱国主义教育基地红色资源结合起来推动,形成优势互补、相辅相成的局面。三是要及时协调关系。要有全局观念,化解多元主体因各自利益诉求不同与观念差异导致的矛盾。要完善矛盾协调机制,畅通交流渠道,用规范化的沟通机制把问题化解在萌芽状态。要建立完备的联席会议机制,定期推进、总结、部署,从设计层面进行规范。

二、调动青海省市场主体参与意识

市场主体是青海省爱国主义教育基地红色资源创新发展的主要力量,发挥着至关重要的作用。为此,在调动市场主体参与青海省爱国主义教育基地红色资源创新发展中,要坚持强化红的意识、突出红的属性、发挥红的价值,充分释放市场的活力。

(一)强化红的意识

青海省爱国主义教育基地红色资源本身自带历史厚重感、政治严肃感和教育时代感,这决定了在对待青海省爱国主义教育基地红色资源时,要心存敬畏意识、重视意识,要避免口头重视、行动忽视的倾向;要从认识论的角度来推动青海省爱国主义教育基地红色资源创新发展,实现红色意识从自发走向自觉。一是要厚植历史根基。要对青海省爱国主义教育基地红色资源有清晰的认知和定位,不能泛化地理解,把它等同于一般的历史文化资源,要科学整理、深度挖掘、系统呈现、有效保护。要动员更多力量参与进来,使其在收集整理、挖掘呈现青海省爱国主义教育基地红色资源过程中感受红色魅力,接受红色熏陶。二是要体现政治价值。要站在大历史观的视角把握青海省爱国主义教育基地红色资源的政治价值,体现出政治性、历史性和教育性的特征,不能片面强调政治性而忽视社会主体参与的积极性,也不能过度商业开发而淡化青海省爱国主义教育基地红色资源本身的公益性。三是要立足教育使命。要站在思政育人的高度展现青海省爱国主义教育基地红色资源蕴含的教育元素,把握好其对国家、民族、社会、个人的积极作用。要发挥好青海省爱国主义教育基地红色资源海量化、多样化的优势,阐释好红色背景、红色事件、红色人物,把红色故事讲深、讲实、讲透。

(二)突出红的属性

红的属性是党领导全国各族人民在革命、建设、改革各个历史时期孕育、积淀形成的光荣传统和优良作风的时代结晶,有着深厚的思想内涵和无穷的价值力量。它能穿越时空、跨越领域,在不同时代发挥独特作用。对于青海省爱国主义教育基地红色属性挖掘提炼,要发自内心地热爱和拥护,使红的属性内化于心、外化于行,在情感认同上实现红色属性从自觉走向自信。一是要凝练红色精髓。要有历史观,纵向梳理革命、建设、改革不同历史时期的红色元素,融入青海省爱国主义教育基地红色资源创新发展进程。要有比较观,横向比较国内红色场馆经验做法,积极进行吸收借鉴,并将其融入青海省红色场馆、基地建设维护中。二是要内化于心。要有坚定的立场,用科学的方法看待青海省爱国主义教育基地红色资源,对重大事件、重要人物、重点场景、重要战役的评价要坚持实事求是的态度,对于存在争议的内容要严肃认真甄别,让有价值的历史增加厚度、增加耐看性。三是要外化于行。要有坚决的态度和坚定的行动,对肯定、喜欢、赞同的历史人物和历史事件要有鲜明的倾向和导向,积极调动内在激情和主观动能,辐射影响周边的场馆和人员,起到示范作用,践行知行合一。

(三)发挥红的价值

青海省爱国主义教育基地红色资源是一种需要识别、筛选、整合和开发的资源,其价值不会自动呈现,需要进行主体改造,进而展现物质状态或精神面貌。红色价值的关键,是通过主体能力提升,转化为高效行动,最终实现价值层面从自信走向自为。一是要有识别能力。要提高资源识别主动性,积极发出声音,对青海省爱国主义教育基地红色场馆改造要亮明态度、表明观点、充分评估,既考虑成本与收益平衡问题,又兼顾地方发展实际。要以尊重历史的态度,对历史上有贡献的人、事、物进行开发改造。二是要有整合能力。要统筹同质资源,进行归类,在“同”上下功夫,通过逻辑主线将同质资源连接起来。要聚合异质资源,发挥互补优势,在“异”上找共同点。要联合同质资源和异质资源,深刻把握不同资源的关联性、互动性,适时调整策略,推动资源各美其美、美美与共。三是要有转化能力。要有规划设计能力,对青海省爱国主义教育基地红色资源创新发展要有远期目标、近期规划,特别是对群众期待要有预判。要有实践能力,青海省爱国主义教育基地红色资源创新发展是双向的,既要有“打铁还需自身硬”的场馆条件,还要有与主体沟通联络的能力。要有创新能力,善于学习,主动实践,及时总结,有针对性改造提升。

三、激发青海省大中小学思政课一体化建设活力

大中小学是青海省爱国主义教育基地红色资源创新发展的重要力量。在教育场域中要适应新形势、对标新要求，聚焦“培养什么人、如何培养人、为谁培养人”，主动把青海省爱国主义教育基地红色资源融入大中小学思政课一体化建设全过程，在内容设计、传导模式、受众互动方面进行创新。

（一）优化红色资源内容的设计

教育内容是基础，是推动青海省爱国主义教育基地红色资源创新发展的营养液。优化青海省爱国主义教育基地红色资源内容的设计，是涵养大中小学生爱国情怀的立身之本。一是要突出课堂的“活”。要改变学生学习态度，从“要我学”“被动学”向“我要学”“主动学”转变；要调整教育理念，树立以学生为主体思想，从以老师“教”为主，变为以学生“学”为主，把课堂还给学生，唤起学生学习热情、激发学生思考活力；要打破传统师生角色束缚，尝试师生角色互换，探索教师在台下、学生在台上，尝试师生台上台下互换，实现“课堂翻转”。二是要突出教学的“通”。要在青海省爱国主义教育基地红色资源教育教学中丰富内容、创新手段，开展国情教育，弘扬民族精神、奋斗精神和时代精神；开展党史、新中国史、改革开放史、社会主义发展史、中华民族发展史教育，坚持爱国与爱党、爱社会主义相统一。要让思政课程蕴含红色基因，引导学生深刻认识中国共产党为什么能、马克思主义为什么行、中国特色社会主义为什么好。三是要突出故事的“真”。要把新时代青海省涌现的英雄人物、最美奋斗者、脱贫攻坚模范、“三支一扶”典型、优秀援青干部等先进事迹融入教育教学内容。这些看得见、摸得着的优秀人物与奋斗故事，与学生的生活年代相近，不易使学生产生距离感，反而易于激发思想共鸣，引领行动实践。

（二）创新红色资源传导的模式

教学模式是手段，是推动青海省爱国主义教育基地红色资源创新发展的催化剂。创新青海省爱国主义教育基地红色资源传导的模式，是回应学生所思所感的内在要求。一是要导入案例分析模式。要精准选取生活中学生普遍关注的问题，利用新媒体制作慕课、微课，引导学生运用所学知识进行思考，提高分析问题和解决问题能力。开发好案例分析模式的特色优势，它不仅可以实现理论与实际结合，也考虑到了学生关注社会热点，增强思政课吸引力；教学方式的启发性、激励性和引导性能够改变传统思政课纯理论灌输的刻板印象，让思政课不再枯燥、乏味、抽象，增强思政课新鲜感。二是要导入讨论互动模式。要利用翻转课堂，以网络和现实热议的问题为主题，让学生进行课前预习、课堂讨论，师生共

同阐述观点、理性表达、互相辩论；要激发学生思考兴趣、鼓励参与讨论，培养学生明辨是非的能力、敢于亮剑的魄力，坚定马克思主义立场；要发挥好新兴全媒体工具优势，借力推动学生在多元虚拟网络中学会认识社会、观察社会，学会分析困惑、解决难题，强化思政课实效性。三是要导入情境体验模式。要利用信息化手段和工具创设虚拟教学情境，直观地向学生展现思想政治教育领域所涉及的青海省政治、经济、文化、社会、生态文明等场景，让学生有身临其境之感、主动参与之意。要在学习目标设计中，明确以组团形式凝聚众智完成研究报告，提高学生人际交往能力，倡导团队协作精神，激发学生认知情感与渴求知识的好奇心，使学生在轻松情境中接受教育，提高思政课吸引力。

(三)加强红色资源教学的互动

教学主体是核心，是推动青海省爱国主义教育基地红色资源创新发展的压舱石。促进青海省爱国主义教育基地红色资源教育教学主体互动，是激发学生学习动力的关键要素。一是要转变教师角色。要改变传统角色定位，教师不再是单纯地进行知识传授，而是全方位地关注学生成长、个性诉求，帮助学生学会发现、组织和管理知识，注重学生独立自主能力的培养，引导学生而非塑造学生。教师要从“独奏者”角色过渡到“伴奏者”角色，从“以教为中心”转向“以学为中心”，把学生作为独立的教学主体，从“传道授业解惑”转向“创新创造学习”，让学生在自我教育中成长成才。二是要转变学生角色。要明确学生学习主体地位，在教与学的进程中，尊重学生自主地位，推动师生关系向亦师亦友关系过渡，突出教学中双主体平等地位。要维护教师自由民主的权威观，既尊重学生课堂话语权、个体差异和身心相对成熟特点，又要体现教师的威严；既允许学生对教学内容有理有据地提出质疑，又下气力挖掘学生潜在的研究能力。三是要转变互动方式。教师要在微博、微信、抖音等新兴媒体平台上，与学生进行互动，为学生提供成长规划，答疑解惑。在师生互动中，要利用好网络空间虚拟性和隐蔽性特点，更加平和理性地建立友好师生关系，蓄力提高思政课影响力。针对意识形态问题，要理直气壮地表明立场、进行思想交锋，引导学生增强“四个意识”、坚定“四个自信”、做到“两个维护”。

四、培养青海省社会个体行动自觉

社会个体是爱国主义教育基地红色资源创新发展的新生力量，他们是多元主体中思想最活跃、力量最充裕、想法最多元、数量最庞大的一个群体，在推动青海省爱国主义教育基地红色资源创新发展中地位举足轻重。

(一)认知上要有科学的态度

青海省爱国主义教育基地红色资源作为一种特殊文化资源,能够精准把握时代发展脉搏,反映青海省人民的价值追求,引领文化前进方向,契合社会发展需要。深深嵌入全省人民血脉中的爱国主义教育基地红色资源,是文化自信的底气。社会个体在推动爱国主义教育基地红色资源创新发展中,要有科学的认知态度。一是要做青海省爱国主义教育基地红色资源保护者。通过修复、整治等办法做好革命文物、遗址遗迹、纪念场馆等物质形态红色资源保护;通过学术交流、科技手段等方式做好革命精神、革命文献等物质或非物质形态红色资源保护。二是要做青海省爱国主义教育基地红色资源传承者。要利用好红色资源,发扬好红色传统,讲述好红色故事,传承好红色基因。要加强革命传统教育,既注重知识灌输,又加强情感培育,使红色基因渗进血液、浸入心扉,引导广大青少年树立正确的世界观、人生观、价值观。① 三是要做青海省爱国主义教育基地红色资源引领者。要发挥好集中力量办大事的优势,通过个人实践、媒体宣传、志愿服务等方式,打造一批典型引领者,形成示范带动效应。要形成氛围,依托好重要节日、重要场合、重要人物的契机,组织开展青海省爱国主义教育基地红色资源保护传承活动,呈现出全社会共同关心关注的态势。

(二)情感上要有真挚的投入

青海省爱国主义教育基地红色资源为社会个体教育提供了丰富的实践资源,这种沉浸式、互动性、体验感十足的体悟教育资源,进一步增强了社会个体对青海省爱国主义教育基地红色资源的情感认同和价值认同。为吸引更多社会个体参与,需要在学内涵、信精神、用知识方面下功夫。一是要真学青海省爱国主义教育基地红色资源内涵。要学明白爱国主义教育基地红色资源的基本内涵、主要类型、独有特色、功能价值、保护传承、创新发展等。要弄清楚青海省各级各类爱国主义教育基地红色资源基本信息,做到心中有数。要掌握具有典型意义的,尤其是国家级爱国主义教育基地红色资源的主要内容。二是要真信青海省爱国主义教育基地红色资源精神。要把真信青海省爱国主义教育基地红色资源的精神变成自己内心信仰的力量,不断扩大真理力量的朋友圈。要善于在纵横比较中把道理讲清楚,引导社会主体对中国共产党青海历史形成发展的实践历程有真实感受,从内心深处相信中国共产党。要对中国近现代历史文化有正确认识,准确把握国情,厚植爱国情怀。三是要真用青海省爱国主义教育基地红色

---

① 习近平:《全面落实“十三五”规划纲要 加强改革创新开创发展新局面》,《人民日报》2016 年 4 月 28 日,第 1 版。

资源知识。要学以致用,推动理论知识向实践能力转化,利用规范文献、数据资源,深入一线开展宣讲、进行调研,推动理论与实践的循环转化、相互指导补充。要迎难而上,善于运用爱国主义教育基地红色资源的创新理论指导实践、解决问题,推动知行合一。

(三)能力上要有更高的要求

青海省爱国主义教育基地红色资源创新发展需要更多的社会个体力量参与进来,才能让青海省红色资源背后的历史、故事、人物、精神等渗透到社会的方方面面,形成向上向善的社会氛围和风气,这也在客观上对社会个体提出了更高的能力要求。一是要有学习能力。要利用听讲座、做访谈等机会,从与老党员、老军人交流中获取一手资料,了解红色精神传承的意义,感受震撼人心的信仰力量。要通过志愿服务搜集历史资料,增强历史代入感,体会尘封岁月的革命激情,将红色故事背后的人文精神传递给整个社会。二是要有宣讲能力。要依托各级各类学校,发挥社会个体见多识广的优势,开展红色资源、红色精神、红色故事的理论宣讲,推动红色基因融入学生日常。要服务社区,注重青海省爱国主义教育基地红色资源宣讲,兼顾人文关怀,了解群众实际,帮助解决实际问题。要深入乡村,利用图文并茂的方式,以讲故事、唠家常并融合当地风俗习惯的形式,宣讲青海省红色历史、红色人物。三是要有带动能力。要利用好名人效应,把人民群众认可的社会名人聘为青海省爱国主义教育基地红色资源形象大使,带动更多社会力量参与青海省爱国主义教育基地红色资源创新发展。要深度挖掘全省红色资源的潜力,形成经济效益、文化效益和生态效益多方受益的局面。

第四节 青海省爱国主义教育基地红色资源创新发展的内容凝练

一、利用好青海省红色资源

青海省每一份红色资源,都浓缩了一段光辉的历史,寄予了中国共产党人理想信念、精神血脉的世代传承。生活在新青海,全省人民要倍加珍视来之不易的生活,要把青海省爱国主义教育基地红色资源作为汲取奋进力量的源泉。

(一)加强科学保护

对青海省爱国主义教育基地红色资源的科学保护要从摸清底数、加强立法、做好宣传三个方面推进，形成一个相互促进、相互支撑的体系。一是要摸清底数。“要本着对历史负责、对人民负责的态度，深入开展红色资源专项调查，加强红色遗址、革命文物保护工作，统筹好抢救性保护和预防性保护、本体保护和周边保护、单点保护和集群保护等”①。二是要加强立法。要有顶层设计，统筹谋划上位法的制定。要聚焦革命文物、爱国主义教育基地、革命精神等基本对象的保护上，确保法律法规有效衔接和全面覆盖。要推动管理制度化、流程规范化，确保工作有法可依、有章可循。三是要做好宣传。要发挥主流媒体导向作用，利用重要、特殊时间节点，广泛宣传青海省爱国主义教育基地红色资源。要利用新媒体技术优势，依托大数据精准推送，实现青海省爱国主义教育基地红色资源宣传可视化、互动化。

（二）开展系统研究

对青海省爱国主义教育基地红色资源的系统研究要有思路、有方向、有内容，形成一个衔接连贯、环环相扣的完备体系。一是要有整体思路。要站在现代化新青海建设事业的高度来开展全省红色资源的系统研究。各级党委和人民政府要齐抓共管，时时关心、时时关注，形成以上率下的重视青海省爱国主义教育基地红色资源系统研究的局面。二是要有努力方向。要“统筹研究力量，强化研究规划，积极开展革命史料的抢救、征集和研究工作，加强革命历史研究，深入挖掘红色资源背后的思想内涵，准确把握党的历史发展的主题主线、主流本质，旗帜鲜明反对和抵制历史虚无主义”②。三是要有聚焦主体。要加强对青海省革命老区、战争遗址等原始形态的爱国主义教育基地红色资源研究，坚定信仰追求。要加强对青海省文艺作品、文化产品等衍生形态的爱国主义教育基地红色资源研究，提升感染力。要加强对青海省博物馆、纪念馆等活动形态的爱国主义教育基地红色资源研究，提升吸引力。

（三）打造精品展陈

对青海省爱国主义教育基地红色资源的精品展陈要坚持原则底线，要有鲜活内容，要借助新技术，形成一个要素齐全、流程规范的展陈体系。一是要坚持原则底线。要“坚持政治性、思想性、艺术性相统一，把好导向、聚焦主题，用史

① 习近平：《用好红色资源 赓续红色血脉 努力创造无愧于历史和人民的新业绩》，《求是》2021年第19期，第8页。

② 习近平：《用好红色资源 赓续红色血脉 努力创造无愧于历史和人民的新业绩》，《求是》2021年第19期，第8页。

实说话,着力打造高质量精品展陈,增强表现力、传播力、影响力,生动传播红色文化”①。二是要有鲜活内容。要深入挖掘青海省红色资源背后的故事,依托图文、视频、直播、AR、VR、H5 等融媒体途径,把红色故事以生活化的视角进行网络化表达,广泛传播青海省爱国主义教育基地红色资源文化精髓和时代价值,增强育人功能,使爱国主义教育基地红色资源成为教育人、激励人、塑造人的流动课堂,让青海省爱国主义教育基地红色资源真正活起来、火起来。② 三是要借助新技术。要利用微信公众号、微博、抖音等新媒体技术优势,发挥可视化、模拟化特色,使人身临其境地感受展品,拓宽展陈渠道。

(四)强化教育功能

对青海省爱国主义教育基地红色资源的教育引导要突出教育主体、创新教育载体,形成一个易于接受、普遍欢迎,有吸引力、有感染力的教育体系。一方面,要突出教育主题。“围绕革命、建设、改革各个历史时期的重大事件、重大节点,研究确定一批重要标识地,讲好党的故事、革命的故事、英雄的故事,彰显时代特色,使之成为教育人、激励人、塑造人的大学校。要设计符合青少年认知特点的教育活动,建设富有特色的革命传统教育、爱国主义教育、青少年思想道德教育基地,引导他们从小在心里树立红色理想。”③另一方面,要创设教育载体。要发挥好队伍宣讲优势,把红色故事讲好;要设计好内容表现形式,推动青海省爱国主义教育基地红色资源动起来;要策划好宣传渠道,融合传统媒体和新兴媒体优势;要创设好育人新模式,在理论教学、实践教学、网络教学中融入红色元素。④ 要举办好特色活动,尤其在形式设计上要迎合群众期待、站稳群众立场、吸引群众参与。

二、发扬好青海省红色传统

习近平总书记指出:“要教育引导全党大力发扬红色传统、传承红色基因,赓续共产党人精神血脉,始终保持革命者的大无畏奋斗精神,鼓起迈进新征程、

---

① 习近平:《用好红色资源 赓续红色血脉 努力创造无愧于历史和人民的新业绩》,《求是》2021 年第 19 期,第 9 页。

② 高培轩,董仲磊:《深刻把握“五个属性”推动红色资源融入思想政治教育》,《大连日报》2023 年 8 月 21 日,第 7 版。

③ 习近平:《用好红色资源 赓续红色血脉 努力创造无愧于历史和人民的新业绩》,《求是》2021 年第 19 期,第 9 页。

④ 高培轩,董仲磊:《深刻把握“五个属性”推动红色资源融入思想政治教育》,《大连日报》2023 年 8 月 21 日,第 7 版。

奋进新时代的精气神。”①要让青海省的红色传统在奋进新征程上焕发出更加璀璨的时代光芒。

(一)自觉接受红色传统教育

要自觉接受红色传统教育,常学常新,不断感悟,巩固和升华理想信念,确保红色江山永不变色。一是要加强革命传统教育。要围绕青海省爱国主义教育基地红色资源的收集、整理、保护、传承、开发、利用等主题进行调查,加强全省红色遗址、革命文物的保护。要在廓清底数基础上开展历史研究和学理化阐释,做到因地制宜、因势利导、因情施策。要挖掘革命传统教育元素,面向社会大众、党政机关、教育机构、乡村社区开展教育宣讲。二是要加强爱国主义教育。要志存高远,胸怀祖国、胸怀民族、胸怀人民,坚定“团结起来、振兴中华”信念,忠于祖国、忠于人民,增强民族自豪感和文化自信心。要不断增强“四个意识”、坚定“四个自信”、做到“两个维护”,加强党史、新中国史、改革开放史、社会主义发展史、中华民族发展史的深入学习、融会贯通,增强历史自觉和历史自信。三是要加强青少年思想道德教育。要有“仰望星空”的胸襟志向和“脚踏实地”的务实精神,在坚定信仰追求的基础上锻造出实现中华民族伟大复兴的顽强毅力,在筑梦中体现爱国主义精神,彰显人生价值和人生追求②。

(二)不断充实红色基因库

“革命博物馆、纪念馆、党史馆、烈士陵园等是党和国家红色基因库”③,也是青海省爱国主义教育基地红色资源创新发展的红色基因,用好全省爱国主义教育基地红色资源,能够让青海省红色历史鲜活起来。一是要建好红色基因库。要持续不断充实青海省红色基因库“库存”,与时俱进开展数据采集,构建体系完整的史料集,以事件、人物、故事为主线,对红色基因库进行专业化标注和关联,形成青海省资源最齐全、类型最完整的高质量红色基因库,建立党史学习教育和红色资源传播的高地。二是要用好红色基因库。省级层面要统筹成立由专家、学者和党史工作者组建的专家团队,深入挖掘红色基因内涵。要提升展陈水平,客观准确、形象生动地再现红色历史。要提质升级讲解员队伍,充分发挥服务和价值引领功能。要采用新媒体、融媒体等手段进行宣传,让革命文物动起

---

① 《习近平在党史学习教育动员大会上强调 学党史悟思想办实事开新局以优异成绩迎接建党一百周年》,《人民日报》2021 年 2 月 21,第 1 版。

② 董仲磊,高培轩:《深刻理解青藏铁路精神 凝聚实现民族复兴磅礴伟力》,《青海党的生活》2023 年第 5 期,第 69 页。。

③ 《习近平在河南考察时强调 坚定信心埋头苦干奋勇争先谱写新时代中原更加出彩的绚丽篇章》,《人民日报》2019 年 9 月 19 日,第 1 版。

来,让红色精神活起来。三是要守好红色基因库。青海省"要把红色资源利用好、把红色基因传承好、把红色传统发扬好,将蕴含革命精神和传统的红色基因深植血脉之中,在润物细无声中固守党的初心使命,实现红色基因凝聚正能量、弘扬主旋律的作用"①。

(三)用心讲好红色故事

在现代化新青海建设中"要讲好党的故事、革命的故事、根据地的故事、英雄和烈士的故事"②,把红色故事讲深、讲实、讲透,激扬起传承红色基因的精神动力,在实现梦想中奋发进取、有所作为。一是要带着原则讲。要立足青海省爱国主义教育基地红色资源,坚定政治立场、厚植思想基础、树立家国情怀,利用好青海省爱国主义教育基地红色资源,汲取一件件红色文物、一个个红色故事、一幕幕红色场景中蕴含的精神力量,巩固理想之基,锤炼政治品格,培养青海省爱国主义教育基地红色资源的忠实传承者和弘扬者。二是要带着感情讲。要怀着对党的历史的敬仰、对革命先烈的缅怀,注重关照受众的心境、感受、环境及经历,用真挚、朴实的情感,把中国共产党带领青海人民不懈奋斗的光辉历程及崇高精神讲真切、讲亲近。这样,红色故事才会有血肉、有情感、有温度,也才富有生命力、吸引力、感染力。③ 三是要带着温度讲。要把有血有肉的故事用通俗易懂的语言、人民群众易接受的形式表达出来,把相对单调的、刻板的历史史实具体化、形象化、生动化地表现出来,把故事讲得生动、有味道,形成情感共鸣。要避免感人的故事被生硬地表达出来,导致其无法唤起受众兴趣,讲故事的人和听故事的人都陷入尴尬的情况发生。

三、传承好青海省红色基因

习近平总书记指出:"红色基因就是要传承。中华民族从站起来、富起来到强起来,经历了多少坎坷,创造了多少奇迹,要让后代牢记,我们要不忘初心,永远不可迷失了方向和道路。"④奋进新征程,传承好红色基因,不断凝聚强大力量。

---

① 李曼青:《发挥好红色基因库在党史学习教育中的独特作用》,《学习时报》2021 年 4 月 9 日,第 1 版。

② 《习近平在河南考察时强调 坚定信心埋头苦干奋勇争先 谱写新时代中原更加出彩的绚丽篇章》,《人民日报》2019 年 9 月 19,第 1 版。

③ 刘文典:《讲好红色故事 砥砺前行力量》,《湘潮》2021 年第 4 期,第 13-16 页。

④ 《习近平李克强王沪宁赵乐际韩正分别参加全国人大会议一些代表团审议》,《人民日报》2018 年 3 月 9 日,第 1 版。

(一)赋予红色基因时代内涵

红色基因作为中国共产党人的精神信仰密码,之所以能够生生不息传承发展下去,直接得益于红色基因具备的与时俱进的独有特质。在现代化新青海建设中必须大力推动红色基因传承和创新发展,不断增强红色基因的生命力、吸引力和影响力。一是要有自我革新品质。要适应青海社会发展新潮流,通过新颖的表达形式、文化创意和"吐故纳新"的再创造,推动红色基因话语转型,契合时代发展主题。要站稳人民立场,坚持正确的政治方向、舆论导向和价值取向,用青海人民听得懂、愿意听的话语诠释红色基因的丰富内涵。二是要体现核心价值观。要迎合青海社会实践新变化,把弘扬以爱国主义为核心的民族精神和以改革创新为核心的时代精神结合起来,在新的历史条件下不断丰富红色基因的时代内涵、彰显其时代价值。① 要把传承红色基因贯穿于培育和践行社会主义核心价值观的全过程。三是要展现新的时代精神。要结合新的伟大实践去发现、凝练时代精华,让红色基因不断焕发新的生机和活力,在时代更替中不断传承和发展。要把伟大斗争中孕育的新的时代精神融入新的时代精神体系中,作为红色基因时代内涵的有力阐发和具体体现。

(二)优化红色基因传承方法

红色基因作为一种特殊文化形态不会自动传承,这需要主体力量在社会实践中发挥作用,实现入脑入心,从而影响受众的思想观念和实践行为。面对新青海的使命任务,需要在传承方法上进行优化,实现红色基因广泛传承、精准传承、深入传承。一是要完善阵地管理。要发挥青海省主阵地的基础性作用,利用好各级党委理论讲师团理论宣讲、大中小学思想政治理论课、党校(社会主义学院)各级领导干部教育等传统阵地。要利用青海省辅阵地的协助性功能,探索对网络阵地、公共场所等新兴阵地的管理。形成青海省主阵地和辅阵地协同推进、有效互补的局面。二是要创新教育理念。要立足青海省,原汁原味的历史史实不容有任何改变,并以此为基础创新史实表现形式,突破以往惯性思维,拉近历史与现实的距离。要打破传统,改变灌输式的教育方式,以受众为主角,满足他们的需要和期待。三是要转变表达方式。要用真诚的语言、带温度的语言来表达真实、有血肉的故事,使广大民众产生情感共鸣,在记住历史的同时更接受了教育、接受了红色基因的内核。要大胆使用实践教育、情感教育的表达方式,用青海人民的语言开展大众化、社会化的教育引导。

---

① 苏敬装:《传承红色基因 汇聚复兴伟力》,《学习时报》2020 年 3 月 23 日,第 1 版。

(三)占领红色基因输出阵地

红色基因是先进思想因子的结晶,是中国共产党精神风范的集中体现,反映了中国人的一种独特精神标识。无论风云如何变幻,传承红色基因已然是嵌入骨髓的一种信仰,更是青海人民不忘初心的直接呈现。一是要搭建智慧教育平台。要运用人工智能技术和网络技术打造或利用智慧教育平台,最大限度地运用平台资源进行教育,强化红色基因的感染力。要扩大智慧教育平台影响力,定期组织有关人员对平台的红色基因内容进行研究讨论,及时更新或调整相关内容,适应受众的需要。二是要共建融合媒体矩阵。要有融合意识,善于把新旧媒体、传统现代介质进行融合,增强红色基因传播效果,占领宣传思想文化阵地。要有融合技巧,融合媒体矩阵形成传播合力,发挥红色基因作用,增强红色基因时代感。要有融合能力,打造一批红色新媒体账号,培养一批红色网络红人。三是要用好红色教育资源。要注重用好形式多样的红色教育资源,借力各种活动,增强红色基因传承的参与感。要注重营造严肃活泼的红色教育资源氛围,利用多种形式,增强红色基因的传播力。要注重打造全国知名的红色教育资源品牌,发挥渠道优势,提升红色基因的社会价值。

四、汲取好青海省红色力量

习近平总书记指出:“要把红色资源作为坚定理想信念、加强党性修养的生动教材,教育引导广大党员、干部永葆初心、永担使命。”①要坚定历史自信,以一往无前的奋斗姿态和永不懈怠的精神状态为现代化新青海建设贡献智慧。

(一)坚定道路选择的必然性

回望百年进路,中国共产党的领导是创造伟大成就的重要保证。展望新的百年,既不能走封闭僵化的老路,也不能走改旗易帜的邪路,要坚定不移走中国特色社会主义道路。一是坚定历史必然性。要以历史视角认识中国特色社会主义道路是历史的必然选择、人民的正确选择,是取得历史性发展成就的根本原因;要进一步坚定“只有社会主义才能救中国,只有社会主义才能发展中国”的理想信念,在历史发展中坚定道路自信。二是坚定思想科学性。要坚持以习近平新时代中国特色社会主义思想为指导,永葆对党的忠诚、对人民的热爱,不断总结经验、提高本领、顽强奋斗,在取得新成就、实现新作为中坚定道路自信。三是坚定文化传承性。要铸牢中华优秀传统文化涵养中国特色社会主义道路的信

---

① 《习近平在吉林考察时强调 坚持新发展理念深入实施东北振兴战略 加快推动新时代吉林全面振兴全方位振兴》,《人民日报》2020 年 7 月 25 日,第 1 版。

念，坚定中国特色社会主义伟大实践孕育中国特色社会主义道路的信心，在文化传承中坚定道路自信。

（二）坚定理论指导的科学性

回望百年探索，中国共产党人坚持一切从实际出发，不断推进马克思主义中国化时代化，指导中国人民不断推进伟大社会革命。求索新的百年，既要坚持理论创新不松劲，又要坚定理论自信不动摇，在理论创新和实践探索中奋力把宏伟蓝图变为美好现实。一方面，坚持理论创新。要坚持解放思想、实事求是、与时俱进、求真务实；要坚持把马克思主义基本原理同中国具体实际相结合、同中华优秀传统文化相结合；要坚持实践是检验真理的唯一标准，勇于结合新的实践，不断推进理论创新，善于用新的理论指导新的实践。另一方面，坚持学习教育。要坚持从中国化马克思主义的形成之基、发展之路、作用之力中学深悟透，以高度自觉的自信强化理论学习；要坚持用马克思主义中国化最新成果武装全党、教育人民，在增强党员和群众的信仰信念信心中巩固共同思想基础。

（三）坚定制度治理的优势性

回望百年成就，中华民族完成从站起来、富起来到强起来的伟大飞跃，最根本的就是党领导人民建立和完善中国特色社会主义制度。奋斗新的百年，既要坚持中国特色社会主义制度，又要完善中国特色社会主义制度，努力把制度优势转化为治理效能。一是毫不动摇坚持。要有科学态度，中国特色社会主义制度是一个严密完整的科学制度体系，内涵了根本制度、基本制度、重要制度；要增强政治敏锐性和政治鉴别力，想问题、做决策、抓落实要自觉对标对表。二是与时俱进完善。要有政治定力，客观看待制度完善是一个动态过程，不可能一劳永逸；要坚信制度完善需随着实践的发展而发展，要处变不惊、步步为营。三是坚定不移执行。要有敬畏之心，按既定制度行事，不打折扣、不搞变通；要有严肃之威，带头维护制度权威，做制度执行的表率。

（四）坚定文化浸润的厚重性

回望百年进程，红色文化影响着人们的思维方式，关系着国家的发展方向，滋养着民族的生命力。拼搏新的百年，既要树立高度文化自信，又要坚守中华文化立场，铸就起团结一心、众志成城的强大精神动力。一是推动中华优秀传统文化创造性转化、创新性发展。要积极学习和传承中华优秀传统文化，加强自身道德修养，努力做优秀传统文化的弘扬者，引导全社会不断增强对中华优秀传统文化的自信心。二是继承革命文化，赓续共产党人的精神血脉。要始终秉持“江山就是人民，人民就是江山”的深刻理念，努力为群众办实事、解难题，在不断增强革命文化自信过程中为人民奋斗、赢得人民的信任。三是发展社会主义先进文化。要深化对社会主义先进文化内涵的理解，始终做社会主义核心价值观的积极实践者，引导社会形成良好风尚，凝聚正能量，为社会主义精神文明建设增添新动能。

第五节 青海省爱国主义教育基地红色资源创新发展的模式转化

一、更新青海省爱国主义教育基地红色资源的育人理念

面对时代新变化、人民新期待以及新技术、新手段的广泛应用，青海省要立足当下、关注时代、适应潮流，不断调试和更新爱国主义教育基地红色资源的育人理念，在继承优良传统与不断开拓创新中推动青海省爱国主义教育基地红色资源创新发展。

(一)从空间维度上看要消除交流的距离感

爱国主义教育基地红色资源传承的主体是人，人是最大的变量，青年一代是社会的生力军，具有鲜明的时代特点。他们普遍具有强烈的教育培训意愿，清晰的人生规划方向，注重体验感、参与性，更希望得到认可和尊重，实现自身价值。一是要找准切入点，多搭建平台。要动员各种力量，营造全社会关心教育的氛围，推动载体多样化；要立足区域特点，注重身心体验，共享具有地域特色的爱国主义教育基地红色资源；要利用好网站、官方微博、微信、抖音等新媒体平台，增强网络育人效果。二是要紧扣关注点，多阐明道理。要善于把现实问题，用“历史的”与“现实的”相结合的办法做好解释和沟通；要敢于直面问题和网络谣言，勇于亮剑，站稳立场，表明态度。三是要契合兴趣点，多情境交融。要积极迎合不同层面的受众，注重以情感人、以情动人，让活动有更多的泪点和笑点；要创设一些短小精悍、充满意义和引导价值的小型载体活动，让更多的受众参与进来、活动起来。

(二)从时间维度上看要消除速成的功利感

青海省爱国主义教育基地红色资源的发展是一项启智润心的基础工程，无论是信仰的追求、信念的执着、信心的坚定，都要有循序渐进的培育过程。因此，要克服速成论的功利思维，要有谋长远的规划、思当下的基础以及达成效的行

动。一是要有谋长远的规划。要把青海省爱国主义教育基地红色资源融入人的成长过程,融入思想政治教育过程,使红色资源成为人生不可或缺的一种元素,让广大民众在成长中学懂弄通青海省爱国主义教育基地红色资源"是什么""为什么""干什么",增强认同感。要有相对清晰的教育规划,通过专门教育、社会教育、网络教育等方式,与时俱进地关注青海省爱国主义教育基地红色资源。二是要有思当下的基础。青海省爱国主义教育基地红色资源是宝贵的精神财富和物质材料,要有打牢基础的前瞻性,利用各种渠道、争取各种支持,不断挖掘素材、编写教材、创作产品、开展活动、搭建平台等,把基础性工作做实、做好。三是要有达成效的行动。各级管理者要以身作则制定好规章制度、有效进行监督;不同宣讲者要及时更新宣讲内容,让宣讲接地气、受欢迎;不同服务者要不断提高服务受众的能力和水平,在服务中改进,在改进中提升,形成同心协力的局面。

(三)从内容维度上看要消除形式的虚假感

青海省爱国主义教育基地红色资源创新发展需要根据一定的流程和标准来督促跟进,这不仅是发展的需要,也是确保质量的前提,不能把评价简单化、粗放化,要有一套有效的、科学的评价体系,还要关注参与者的体验、评价的科学性。一是要注重身心的体验。要立足青海省红色史实进行二次创作或加工,呈现一批适合观看、互动、体悟、沉浸等多种形式的作品或载体,实现思想受教育、身体有感受。要避免过度开发,过多注重形式而忽视内容、过多关注视觉感受而忽视教育本身。二是要进行科学的评价。要通过科学的评价促进内容创新、形式创新,增强吸引力和感召力。要转变考核方式,改变传统评价体制,转向日常评价、双向互评、实践鉴定等流程化评价,不断调整活动内容和形式来满足参与者的需求。三是要避免走样的留痕。要坚持评价的"指挥棒"是为了促使教育引导者自觉反省、主动改进,不要把"事事留痕迹"作为定性评价和定量评价的必然要求。要改进留痕方式,运用数字化、视频化方式记录过程,把更多精力放在青海省爱国主义教育基地红色资源创新发展的实效上。

二、改进青海省爱国主义教育基地红色资源的话语体系

改进话语体系是为了更好地适应创新发展的需要,这种适应不仅体现在地域上、民情上,还体现在国际影响上。爱国主义教育基地红色资源是青海省独特的资源,其创新发展需要适应时代、赶上时代、推动时代,成为现代化新青海建设的重要助力。

(一)打造符合青海特色的话语体系

青海省拥有丰富的红色资源、厚重的红色基因、绵延的红色血脉,这些独有

的养料不仅是主题教育的流动教室、鲜活教材、无声教师，也是锻炼脚力、眼力、脑力、笔力的社会场域，更是助力懂青海、爱青海、兴青海的重要引擎。为进一步用好全省红色资源、传承红色基因、赓续红色血脉，汲取磅礴伟力，推进现代化新青海建设，既要立足自身，又要博采众长，努力打造符合地域特点的话语体系。一是要把"懂青海"的故事讲得入情入理。要在全球视野中认识青海丰富资源的价值，在国家格局中认识青海肩负生态保护的责任，在民生格局中认识青海砥砺奋进的事业。二是要把"爱青海"的故事讲得深入人心。要坚持以人民为中心，不断深化和锤炼党性，走好新时代党的群众路线。要立足青海大地，发扬奉献精神，厚植高原情结，反映人民心声，记录时代精神，传播青海声音。三是要把"兴青海"的故事讲得通俗易懂。要坚持守正创新，坚持内容为王，善用新媒体传播技术，讲好青海故事。要努力适应受众新需求，用人们喜闻乐见的方式，用心用情讲好青海的生态故事、民族团结故事和高质量发展故事。①

（二）形成有效支撑意识形态的话语体系

在当今世界正处于百年未有之大变局、中国特色社会主义进入新时代的背景下，青海要坚定地用中国共产党百年历史持续滋养全省爱国主义教育基地红色资源，形成有效的支撑社会主义意识形态的话语体系，为青海建设和发展提供话语支持、价值引领和精神动力。② 一是要讲好故事。要讲好中国故事、传播中国声音、坚定中国自信，将中国共产党领导下经济发展优势转化为文化优势、话语优势。要用青海人民喜闻乐见的方式讲好中国故事，人民群众才会理解和接受，才能使其转化为广大人民群众科学认识世界和能动改造世界的磅礴力量。二是要牢记宗旨。要坚持用全心全意为人民服务的根本宗旨反映话语价值取向，坚持用为民族谋复兴、为人民谋利益、为世界谋大同的历史使命呈现话语思想内容和话语逻辑，坚持用群众喜闻乐见的话语和故事表达党的路线、方针、政策。三是要站稳立场。要抵制、纠正各种错误思想观点，要敢于亮剑、敢于发声，防止马克思主义"失语""失踪""失声"，守护好马克思主义意识形态的话语阵地，巩固好马克思主义的指导地位，不断增强社会主义意识形态的凝聚力和引领力。

（三）精心创建对外的话语体系

讲故事，是对外沟通的有效方式，也是创建对外话语体系的重要途径。要通

---

① 徐信阁：《以"懂青海、爱青海、宣传好青海"的执着热忱为建设现代化新青海汇聚强大精神力量》，《青海党的生活》2023 年第 7 期，第 5-9 页。

② 袁银传，刘秋月：《中国共产党百年意识形态话语体系建设的基本经验》，《中南民族大学学报》2021 年第 41 卷第 6 期，第 8-14 页。

过讲故事,传递中国声音、表达中国立场、阐述中国主张,用中国话语讲好中国故事,塑造与展示国家形象,提升国际话语权。一是把中国想讲的和国外受众想听的结合起来。要认真研究国外不同受众的心理特点和接受习惯,更加注重用世界的语言讲好中国故事。二是把陈情和说理结合起来。要盘点中国历史的故事、英雄的故事、人民的故事,构建故事库、话语库、案例库,以故事感召力扩大中国的引引力。要注重故事的细节和典型,传达思想和情感,让"国际范儿""中国味儿"结合起来,让中国形象直抵人心,达到润物无声的效果。三是把"自己讲""别人讲"结合起来。要讲好不同发展阶段的中国故事。要以多元形态构建国际传播话语体系,借力多媒体传播手段扩大中国影响。要搭建沟通交流平台,邀请外国人员参观中国、感受中国,使他们了解中国、宣传中国。

三、丰富青海省爱国主义教育基地红色资源的时代内涵

丰富时代内涵是青海省爱国主义教育基地红色资源创新发展的生命源泉,要坚持红色资源底色不变,不断挖掘厚重历史,用不同载体形式加以呈现,这不仅适应了新青海建设的需要,也迎合了青海人民对爱国主义教育基地红色资源创新发展的期待。

(一)创作红色文艺作品

红色文艺作品不仅是青海省爱国主义教育基地红色资源二次创作的直接体现,也是保护、传承和创新发展范式的创新之举。青海省爱国主义教育基地红色资源内容丰富,形态多样,创作方式多种多样。在迎合青海人民喜好的同时,要坚持真实度、吸引力和教育性。一是作品要有较高的真实度。要坚持创作思路来源于人民、服务于人民,把人民牢记于心、感念于情的历史人物、历史事件进行深度加工,体现故事情节的生动感人,展现接地气的鲜活人物形象,巧妙结合宏大叙事与个人关怀叙事,在真情实感中完成二次创作。二是呈现形态要有吸引力。要超前谋划设计文艺作品的呈现形态,坚持继承与创新结合、内容与技术融入,如最常见的是通过形象、生动的方式进行艺术加工演绎,转化为小说、话剧、舞蹈、音乐、电视、电影等,再赋能"活""潮""灵""动"等元素,在吸引观众中完成二次创作。三是作品要有教育性。要增强视觉冲击力和情节感染力,因为所有文艺作品的多元赋能和二次创作等模式转化,都是为了吸引更多人参与,让更多人接受潜移默化的教育。要邀请全国各地专家、学者对创作的文艺作品进行评论和点评,形成一种学习、讨论、教育的氛围。

(二)开发红色思政课程

学校思想政治理论课是理想信念教育、爱国主义教育的主渠道和主阵地,依

托特色思政课堂创新发展青海省爱国主义教育基地红色资源是厚植家国情怀、砥砺爱国行动的重要方式。在开发红色思政课程中,要坚持以立德树人为中心、以正能量内容为王者、以形式创新为特色,形成学生普遍欢迎的课程群。一是要坚持立德树人。要始终立足于解决好培养什么人、怎样培养人、为谁培养人的根本问题,坚持用习近平新时代中国特色社会主义思想铸魂育人。要充分挖掘和利用青海省爱国主义教育基地红色资源,将其融入红色思政课程开发过程中,嵌入红色思政课程育人进程中。二是要坚持内容为王。要精心选取红色景点、红色事件、红色人物、红色故事、红色精神组成红色思政课程元素,跟进开发讲稿、课件、案例、专题等,使青海省爱国主义教育基地红色资源发挥出最大价值,推动红色资源更贴近学生实际、走进学生心灵、激发情感共鸣。三是要坚持形式创新。要坚持创新,以保持新鲜感、吸引力,努力把红色思政课程开发做好做精做细。要充分利用人工智能、区块链、云计划、大数据等信息技术,把红色元素进行多维呈现,实现跨时空距离、跨主体身份、跨传播功效、破物理屏幕的深度融合。

(三)坚持红色志愿服务

红色志愿服务是拓宽青海省爱国主义教育基地红色资源边界的一种探索,也是创新载体的具体呈现。这种以聚焦青海省爱国主义教育基地红色资源为主题的志愿服务,在推进中要坚持做到改进有效供给、优化服务资源、统合系统培训。一是要进行有效供给。要面向群众诉求,精选志愿服务项目,用心设计,统一管理,打造品牌;要面向实际效果,推进志愿服务项目,规范项目运行流程,防控项目风险,把项目建好;要面向社会发展,创新志愿服务项目,建立与社会发展同步、与社会需求结合的项目;要面向发展需要,培育志愿服务队伍,注重数量与质量均衡发展。二是要优化服务资源。要整合服务资源,推动订单式服务,打破部门界限,统筹资源;要培育服务项目,提供精准化服务,坚持需求导向,完善服务平台;要创新服务载体,推动均衡化服务,建立共享平台,开创“互联网+志愿服务”模式;要打造服务平台,形成多元化服务,建设区域性服务平台、教育类服务平台、专业性服务平台。三是要进行系统培训。要系统谋划技能培训,提高志愿服务专业性,因类施教进行技能培训;要精准设计培训内容,加强志愿服务针对性,加强理论学习和技能提升;要丰富完善培训手段,提高志愿服务实操性,邀请专家培训和开展模拟演练;要用心搭建培训载体,提高志愿服务有效性,革新培训形式,把控培训内容。

四、赋能青海省爱国主义教育基地红色资源的叙事手段

叙事方式创新是提高青海省爱国主义教育基地红色资源吸引力和感染力的有效手段,要努力在叙事手段赋能上下功夫,赢得青海人民的信任和认同。要利

用好科技革命带来的红利，把全省爱国主义教育基地红色资源保护好、利用好、传承好。

（一）数字化叙事扩大传播力

数字化叙事是赋能青海省爱国主义教育基地红色资源创新发展模式转化的首要手段，也是扩大传播力、影响力的一种方式。智能化技术广泛应用于青海省爱国主义教育基地红色资源，夯实了传播的根基。一是要理性看待数字化叙事。要深刻理解数字化叙事是依托数字媒体生态实现的故事表述范式，讲红色故事是数字信息传播的要点，一切有效信息传播都建立在故事的高度流通性的基础上，益处在于它以一种数字化的故事思维实现了更为有效、更为持久的传播效果。二是要规范数字化叙事行为。要以内容安全、技术安全、传播安全、意识安全为基准进行数字讲述和信息传播，规避技术的迅猛发展给传播活动带来的不确定性，严防新媒体环境下信息流通渠道不再高度可控、信息生产主体发生泛化、原有传播伦理体系更新缓慢等现象。三是要提高数字化叙事效能。要有问题意识和结果导向意识，智能技术不仅仅是一种手段，也是达成育人成效的有效办法。要借助数字叙事，力图以知识的重构来带动理念重塑，以观念的突围来促进发展突破，努力在“把红色资源利用好，把红色传统发扬好，把红色基因传承好”上取得实效。

（二）沉浸式叙事增强体验感

沉浸式叙事是赋能青海省爱国主义教育基地红色资源创新发展模式转化的主要手段，也是增强青海人民体悟的重要途径，以虚拟仿真方式再现历史实景，让受众身临其境地接受青海省爱国主义教育基地红色资源的教育，不断坚定历史自信。一是要用心感受红色场景。要创设沉浸式情境，采取史料感悟、影像再现、实物感触、经典吟诵、角色体验等方式，激发情感共鸣、引发思考。要创造条件和机会，邀请受众以“一个历史人物或角色”的身份进入情境进行交流、讨论，感受激情岁月、跌宕历史。二是要用情感悟红色故事。创设历史情境，让受众以一个穿越者的身份穿梭于历史和当下，感受革命年代的峥嵘岁月，深刻体会今天的生活来之不易，引领他们懂得珍惜当下的幸福生活，发挥好以情动人、以情化人的作用，引起共振、形成共鸣。三是要用力延续红色历史。清晰梳理历史主题，分门别类融入沉浸式叙事全程，形成多链路、多渠道共同支撑红色历史的氛围。要调动服务者和受众的积极性，参与沉浸式叙事情境的创设，通过线上线下征求意见、调研走访座谈询问良策，创设普遍关注的热点、聚焦红色主题，吸引更多人参与进来。

(三)互动性叙事提高参与度

互动性叙事是赋能青海省爱国主义教育基地红色资源创新发展模式转化的重要手段,也是提高青海人民参与保护传承意愿的一种方式。多元主体以互动形式参与青海省爱国主义教育基地红色资源传播,有助于厚植红色民意基础。一是要精心设置红色主题。要在线上和线下积极征求受众意见,设置一批以红色人物、红色历史、红色场景、红色事件、红色遗址为主题的议题,通过歌曲、朗诵、话剧等不同形式展示,调动受众的参与热情,抵御历史虚无主义渗透。二是要善于抓住时间节点。要充分利用和把握红色节日,开展形式规范的节日仪式活动,实现主题主旨由"传递观"向"仪式观"转变,突出受众的参与性、互动性,激发受众对青海省爱国主义教育基地红色资源的崇拜和热衷;同时,开展立体多维的媒介仪式活动,利用大数据调动受众参与,形成网民情感共鸣和价值认同。三是要及时关注网络热点。要加强与受众情感沟通,避免沟通陷入"官方化""商业化""形式化",随时注意网络事件对民情民意的影响。要邀请受众积极参与传播平台的搭建工作,倾听心声、采纳意见,形成正能量、展示正面形象,引领舆论方向。

附　录

青海省各级爱国主义教育示范基地名录

类别	基地名称	数量	管理单位
国家级爱国主义教育示范基地(8个)	中国工农红军西路军纪念馆	2	西宁市委宣传部
	中国藏医药文化博物馆		
	青海原子城(中国第一个核武器研制基地)	1	海北藏族自治州委宣传部
	中国青海柳湾彩陶博物馆	1	海东市委宣传部
	果洛藏族自治州班玛县红军沟革命遗址	1	果洛藏族自治州委宣传部
	青藏公路建设指挥部旧址(将军楼)	1	海西蒙古族藏族自治州委宣传部
	青藏铁路	1	青藏铁路公司
	玉树抗震救灾纪念馆	1	玉树藏族自治州委宣传部
省级爱国主义教育示范基地(33个)	青海省档案馆	1	省档案局
	青海省科技馆	1	省科协
	青海省法治建设展览馆	1	省司法厅
	青海党史教育展馆	1	省委党校
	青海省博物馆	1	省文旅厅
	青海油田格尔木炼油厂展厅	2	中国石油青海油田公司
	青海油田发展史和勘探展厅		
	青海民族大学“理想信念与传统文化”教育基地	1	青海民族大学
	“新青海精神高地”主题教育展馆	1	省文联
	青海省自然资源博物馆	1	省自然资源厅
	青海青藏高原自然博物馆	6	西宁市委宣传部
	西宁市档案馆		
	西宁市青少年航空科普教育基地		
	湟源县丹噶尔古城		
	湟源县小高陵精神展览馆		
	大通回族土族自治县烈士陵园		

续表

类别	基地名称	数量	管理单位
省级爱国主义教育示范基地（33个）	青海省北山国家森林公园	4	海东市委宣传部
	红光村红色教育基地		
	互助土族自治县塘川镇双树村党支部		
	十世班禅大师故居		
	贵德国家地质公园	2	海南藏族自治州委宣传部
	龙羊峡发电分公司展厅		
	祁连县西路军和解放军二军纪念苑	2	海北藏族自治州委宣传部
	时代楷模纪念馆		
	海西蒙古族藏族自治州民族博物馆	6	海西蒙古族藏族自治州委宣传部
	冷湖地中4井		
	青海省海西公路总段段史馆		
	青海油田展览馆(格尔木)		
	都兰县博物馆		
	莫河骆驼场历史陈列馆		
	尖扎县昂拉千户纪念馆	1	黄南藏族自治州委宣传部
	果洛藏族自治州图书馆	1	果洛藏族自治州委宣传部
	中共玉树藏族自治州委党史陈列馆	1	玉树藏族自治州委宣传部
市(自治州)级爱国主义教育示范基地(53个)	中国科学院西北高原生物研究所青藏高原生物标本馆	10	西宁市委宣传部
	西宁市博物馆		
	湟源县烈士陵园		
	青海藏文化馆		
	河湟文化博物馆		
	解放军剿匪指挥部(慕容古寨)		
	高原明珠西宁城市馆		
	国家人防群众防空防灾宣传教育(西宁)基地		
	湟源县博物馆		
	西宁市东关大街小学		

续表

类别	基地名称	数量	管理单位
市(自治州)级爱国主义教育示范基地(53个)	海东市档案馆	23	海东市委宣传部
	互助土族自治县博物馆		
	青海彩虹部落文化旅游发展有限公司土族园		
	互助土族自治县烈士陵园		
	互助土族自治县高原特色现代农业示范园区管委会		
	五峰寺		
	却藏寺		
	民和回族土族自治县烈士陵园		
	喇家遗址		
	民和回族土族自治县档案局		
	循化撒拉族自治县档案馆		
	循化撒拉族自治县烈士陵园		
	喜饶嘉措大师纪念堂		
	孟达国家级自然保护区		
	三兰巴亥景区(骆驼泉)		
	街子古兰经珍藏馆		
	夏琼寺		
	夏宗寺爱国主义教育基地		
	洪水泉清真寺爱国主义教育基地		
	海东工业园区乐都工业园		
	瞿昙寺		
	凤山书院		
	海东市第一中学		
	天峻县烈士陵园	8	海西蒙古族藏族自治州委宣传部
	格尔木市烈士陵园		
	国网海西供电公司格尔木光明路智能供电营业厅		
	海西蒙古族藏族自治州党员先锋事迹陈列馆		
	钱学森科技馆		
	中国·青海清洁能源利用展示馆		
	德令哈天文科普馆		
	都兰县香日德镇班禅行辕		

续表

类别	基地名称	数量	管理单位
市(自治州)级爱国主义教育示范基地(53个)	黄南藏族自治州民族博物馆	1	黄南藏族自治州委宣传部
	果洛藏族自治州爱国主义教育基地暨民族团结进步展厅	1	果洛藏族自治州委宣传部
	玉树藏族自治州公安局警史馆	10	玉树藏族自治州委宣传部
	玉树藏文化民俗博物馆		
	玉树市隆宝镇红色教育基地		
	称多县通天河大桥暨守桥民兵班		
	称多县拉布乡兰达仓碉楼		
	囊谦县香达镇青土村党性教育基地		
	治多县英雄广场		
	治多县杰桑·索南达杰故居		
	治多县索加乡牛头宾馆		
	禅古村爱国主义教育基地		
县(区)级爱国主义教育示范基地(30个)	大通回族土族自治县档案局	5	西宁市委宣传部
	湟源县档案馆		
	湟中区档案馆		
	城西区古城台文化艺术中心		
	城北区党史馆		
	海东市平安区党建服务中心	6	海东市委宣传部
	青海深影橙天影城有限公司		
	化隆回族自治县烈士陵园		
	化隆回族自治县委党校		
	循化撒拉族自治县民族团结进步展示馆		
	民和回族土族自治县博物馆		
	刚察县烈士陵园	2	海北藏族自治州委宣传部
	门源回族自治县烈士陵园		

续表

类别	基地名称	数量	管理单位
县(区)级爱国主义教育示范基地(30个)	柯鲁柯农垦文化博物馆及礼堂	10	海西蒙古族藏族自治州委宣传部
	德令哈天文科普馆		
	盐湖博物馆		
	格尔木市档案馆		
	格尔木市万丈盐桥		
	62212 部队团史馆		
	国网青海电力公司海西供电公司智能供电营业厅		
	“两路”精神主题教育展览馆		
	格尔木公路总段公路文化展示馆		
	格尔木水电有限责任公司乃吉里电站		
	同仁市档案馆	3	黄南藏族自治州委宣传部
	同仁市烈士陵园		
	河南蒙古族自治县烈士陵园		
	玉树市城管局党性体检中心	4	玉树藏族自治州委宣传部
	玉树市税务局廉政教育基地		
	称多县下赛巴寺民俗博物馆		
	称多县旦巴碑纪念馆		

参考文献

一、经典著作

[1] 中共中央马克思恩格斯列宁斯大林著作编译局.马克思恩格斯文集.第一卷[M].北京:人民出版社,2009.
[2] 中共中央马克思恩格斯列宁斯大林著作编译局.马克思恩格斯文集.第二卷[M].北京:人民出版社,2009.
[3] 中共中央马克思恩格斯列宁斯大林著作编译局.马克思恩格斯文集.第三卷[M].北京:人民出版社,2009.
[4] 中共中央马克思恩格斯列宁斯大林著作编译局.马克思恩格斯文集.第四卷[M].北京:人民出版社,2009.
[5] 中共中央马克思恩格斯列宁斯大林著作编译局.马克思恩格斯文集.第五卷[M].北京:人民出版社,2009.
[6] 中共中央马克思恩格斯列宁斯大林著作编译局.马克思恩格斯文集.第六卷[M].北京:人民出版社,2009.
[7] 中共中央马克思恩格斯列宁斯大林著作编译局.马克思恩格斯文集.第七卷[M].北京:人民出版社,2009.
[8] 中共中央马克思恩格斯列宁斯大林著作编译局.马克思恩格斯文集.第八卷[M].北京:人民出版社,2009.
[9] 中共中央马克思恩格斯列宁斯大林著作编译局.马克思恩格斯文集.第九卷[M].北京:人民出版社,2009.
[10] 中共中央马克思恩格斯列宁斯大林著作编译局.马克思恩格斯选集.第 1 卷[M].北京:人民出版社,2012.
[11] 中共中央马克思恩格斯列宁斯大林著作编译局.马克思恩格斯选集.第 2 卷[M].北京:人民出版社,2012.
[12] 中共中央马克思恩格斯列宁斯大林著作编译局.马克思恩格斯选

集.第3卷[M].北京:人民出版社,2012.
[13] 中共中央马克思恩格斯列宁斯大林著作编译局.马克思恩格斯选集.第4卷[M].北京:人民出版社,2012.
[14] 中共中央马克思恩格斯列宁斯大林著作编译局.列宁选集.第一卷[M].北京:人民出版社,1995.
[15] 中共中央马克思恩格斯列宁斯大林著作编译局.列宁选集.第二卷[M].北京:人民出版社,1995.
[16] 中共中央马克思恩格斯列宁斯大林著作编译局.列宁选集.第三卷[M].北京:人民出版社,1995.
[17] 中共中央马克思恩格斯列宁斯大林著作编译局.列宁选集.第四卷[M].北京:人民出版社,1995.
[18] 毛泽东.毛泽东选集.第一卷[M].北京:人民出版社,1991.
[19] 毛泽东.毛泽东选集.第二卷[M].北京:人民出版社,1991.
[20] 毛泽东.毛泽东选集.第三卷[M].北京:人民出版社,1991.
[21] 毛泽东.毛泽东选集.第四卷[M].北京:人民出版社,1991.
[22] 邓小平.邓小平文选.第一卷[M].北京:人民出版社,1994.
[23] 邓小平.邓小平文选.第二卷[M].北京:人民出版社,1994.
[24] 邓小平.邓小平文选.第三卷[M].北京:人民出版社,1993.
[25] 江泽民.江泽民文选.第一卷[M].北京:人民出版社,2006.
[26] 江泽民.江泽民文选.第二卷[M].北京:人民出版社,2006.
[27] 江泽民.江泽民文选.第三卷[M].北京:人民出版社,2006.
[28] 胡锦涛.胡锦涛文选.第一卷[M].北京:人民出版社,2016.
[29] 胡锦涛.胡锦涛文选.第二卷[M].北京:人民出版社,2016.
[30] 胡锦涛.胡锦涛文选.第三卷[M].北京:人民出版社,2016.
[31] 习近平.习近平谈治国理政.第一卷[M].北京:外文出版社,2018.
[32] 习近平.习近平谈治国理政.第二卷[M].北京:外文出版社,2017.
[33] 习近平.习近平谈治国理政.第三卷[M].北京:外文出版社,2020.
[34] 习近平.习近平谈治国理政.第四卷[M].北京:外文出版社,2022.

二、学术著作

[1] 约翰·穆勒.功用主义[M].唐钺,译.北京:商务印书馆,1957.
[2] 亚当·斯密.国民财富的性质和原因的研究.上、下卷[M].郭大力,王亚南,译.北京:商务印书馆,1972.
[3] 亨利·列菲弗尔.论国家:从黑格尔到斯大林和毛泽东[M].李青宜,等,译.重庆:重庆出版社,1988.
[4] 洛克.政府论.下篇[M].叶启芳,瞿菊农,译.北京:商务印书馆,1997.

[5] 李琦.在周恩来身边的日子[M].北京:中央文献出版社,1998.
[6] 黑格尔.历史哲学[M].王造时,译.上海:上海书店出版社,2006.
[7] 诺姆·乔姆斯基.新自由主义和全球秩序[M].徐海铭,季海宏,译.南京:江苏人民出版社,2000.
[8] 弗朗西斯·福山.国家构建:21 世纪的国家治理与世界秩序[M].黄胜强,许铭原,译.北京:中国社会科学出版社,2007.
[9] 塞缪尔·P.亨廷顿.变化社会中的政治秩序[M].王冠华,刘为,等,译.上海:上海人民出版社,2008.
[10] 约翰·基恩.全球公民社会?[M].李勇刚,译.北京:中国人民大学出版社,2012.
[11] 张效敏.马克思的国家理论[M].田毅送,译.上海:上海三联书店,2013.
[12] 托克维尔.论美国的民主.上、下卷[M].董良果,译.北京:商务印书馆,2013.
[13] 戴维·奥斯本,彼得·普拉斯特里克.再造政府:政府改革的五项战略[M].谭功荣,刘霞,译.北京:中国人民大学出版社,2014.
[14] 王利民.法治:良法与善治[M].北京:北京大学出版社,2015.
[15] 曾文婷,郭剑仁,徐艳梅,等."生态学马克思主义"与马克思主义比较研究[M].北京:社会科学文献出版社,2015.
[16] 陈毅.现代国家构建过程中的国家自主性研究:以中国的现代化国家建设为例[M].北京:中央编译出版社,2016.
[17] 蔡中华,潘静.新时期爱国主义教育研究[M].北京:中国社会科学出版,2016.
[18] 冯留建.马克思主义国家理论与中国国家治理现代化[M].北京:人民出版社,2017.
[19] 董向前,万海霞.社会主义核心价值观视域下的爱国主义教育研究[M].长春:东北师范大学出版社,2018.
[20] 王刚.马克思国家社会性思想研究[M].北京:中国社会科学出版社,2018.
[21] 蓝汉林,凌加英,刘菲菲.爱国主义基本理论与若干问题研究[M].北京:人民出版社,2020.
[22] 王炳林,张泰城.高校红色文化育人的发展报告.2018[M].北京:人民出版社,2020.
[23] 杜向民,郗波,王立洲.高校红色文化教育传承研究[M].北京:中国社会科学出版社,2021.
[24] 董仲磊.新时代爱国主义教育融入思政课教学的互动性研究[M].天津:天津人民出版社,2021.
[25] 张蕾蕾.大主题 巧叙事 慧传承:红色基因如何"智"胜未来[M].北京:

人民出版社,2021.

[26] 卞成林.边疆多民族地区红色文化资源保护与传承研究[M].北京:经济科学出版社,2022.

[27] 黄刚.新时代高校红色文化教育教学模式探索与实践[M].南京:南京大学出版社,2022.

[28] 李丽.弘扬伟大的爱国主义精神[M].重庆:重庆出版社,2022.

[29] 张珊.思想政治教育红色文化资源研究[M].北京:社会科学文献出版社,2022.

[30] 董仲磊.多元文化形态的比较研究[M].天津:天津人民出版社,2023.

[31] 王昕伟.文化自信视域下红色基因的传承研究[M].长沙:中南大学出版社,2023.

三、期刊论文

[1] 杰索普,艾彦.国家理论的新进展:各种探讨、争论点和议程[J].世界哲学,2002(01):4-19.

[2] 杰索普,艾彦.国家理论的新进展(续):各种探讨、争论点和议程[J].世界哲学,2002(02):22-26.

[3] 骆郁廷.论思想政治教育的发展价值[J].思想教育研究,2006(05):16-20.

[4] 罗伯特·L.卡内罗,陈虹,陈洪波.国家起源的理论[J].南方文物,2007(01):98-104.

[5] 连淑芳,阮杜娟.思想政治教育活动中的政治性“过度阐释”现象分析[J].教育探索,2007(12):97-99.

[6] G.A.柯亨,吴晓云.马克思思想中的黑格尔:马克思主义革命观里的分娩式论题[J].马克思主义与现实,2008(02):29-36.

[7] 诺曼·莱文,赵玉兰.马克思与黑格尔思想的连续性[J].马克思主义与现实,2008(05):11-17.

[8] 诺曼·莱文,王今一.马克思的国家与市民社会理论[J].中国政法大学学报,2009(04):149-154.

[9] 陈梅.加强爱国主义教育基地建设 推进大学生爱国主义教育的思考[J].思想政治教育研究,2009,25(05):109-111.

[10] 乔治斯·戴尔玛斯,鲁绍臣.马克思的黑格尔国家哲学批判及其民主理论[J].马克思主义与现实,2010(01):11-16.

[11] 诺曼·莱文,贺翠香.列宁国家思想来源的探询[J].现代哲学,2010(02):9-14,33.

[12] 张泰城,常胜.论红色资源融入思想政治理论课教学的有效途径[J].思想理论教育导刊,2011(12):69-71.

[13] 彼得·埃文斯,杨望平.国家的衰落?:反思全球化时代的国家性[J].国外理论动态,2012(06):11-24.
[14] 安德鲁·奇蒂,杜文丽.马克思1842年的“国家”基础[J].求是学刊,2013,40(05):5-13.
[15] 李小琳,李玉琴.民族地区红色资源教育功能转化研究:以红军长征为例[J].贵州民族研究,2016,37(01):229-233.
[16] 邓显超,杨章文.红色文化软实力的内涵及构成要素探析[J].毛泽东思想研究,2016,33(02):106-110.
[17] 姚志军.传承红色基因 发扬革命精神[J].党建,2016(06):24-26.
[18] 董仲磊.新时代中华民族共同体意识与同心文化互动关系及共进路径探析[J].青海社会科学,2019(04):78-82,90.
[19] 黄世虎,张子悦.新时代青年爱国主义教育:逻辑、原则与路径[J].中国青年研究,2019(05):24-29.
[20] 陈来.论中华民族爱国主义的精神[J].哲学研究,2019(10):11-19,127.
[21] 潘静.习近平关于爱国主义的重要论述:价值定位、逻辑理路与基本特质[J].思想政治教育研究,2020,36(05):70-74.
[22] 王易,王凡.《新时代爱国主义教育实施纲要》的理论创新与路径优化[J].思想理论教育导刊,2020(07):57-63.
[23] 郑士鹏,万琦慧.重大节日的爱国主义涵育功能及其发挥[J].思想理论教育导刊,2020(08):139-143.
[24] 梁庆婷,于欢.新时代主旋律纪录片与爱国主义教育的创新[J].思想理论教育导刊,2020(10):142-146.
[25] 许丽.红色文化资源数字化保护与创新发展路径[J].人民论坛,2021(01):139-141.
[26] 刘晓哲,刘子成.深刻认识新时代爱国主义的三重逻辑[J].思想理论教育导刊,2021(02):88-92.
[27] 曲思宇,蔡文成.红色资源视角下南梁精神的传承弘扬[J].图书与情报,2021(03):6-11.
[28] 喻学林,向慧芳.红色文化、红色资源和红色基因三者关系及其研究价值论析[J].红色文化学刊,2021(04):96-102,112.
[29] 胡树祥,毛娜.生动活泼开展网上爱国主义教育的着力点[J].思想理论教育导刊,2021(06):100-104.
[30] 葛涛.红色文化融入思想政治教育的现状分析及对策建议[J].思想政治教育研究,2021,37(06):62-66.
[31] 秦玉娟.论中国共产党精神谱系中的爱国情怀[J].思想教育研究,

2021(06):87-90.
[32] 兰美荣,卢黎歌.中共百年青年爱国主义教育的经验与启示[J].思想教育研究 2021(06):154-159.
[33]《求是》杂志编辑部.红色江山永不变色[J].求是,2021(10):19-32.
[34] 王洪春,徐群,赵东来.红色资源开发利用必须坚持教育本位:对几种不良现象的剖析[J].毛泽东邓小平理论研究,2021(11):25-30,108.
[35] 刘晓哲,魏巍.充分运用红色资源的理论价值及实践价值[J].人民论坛,2022(02):85-87.
[36] 孙亮.开掘全人类共同价值的中华优秀传统文化资源[J].思想政治工作研究,2022(05):23-26.
[37] 辛艺萱,盛林."中国近现代史纲要"课用好红色资源传承红色基因的教学思考[J].思想教育研究,2022(07):3-8.
[38] 许若溪.红色资源的基本要素与时代价值[J].学校党建与思想教育,2022(10):33-35.
[39] 王雪玲.利用红色资源传承红色基因[J].中学政治教学参考,2022(27):58-60.
[40] 何伟志.东北抗联精神:白山黑水间永立的不朽丰碑[J].党建,2023(02):36-38.
[41] 苑晓杰,张桐.党的十九大以来关于红色资源的研究述评[J].辽宁师范大学学报(社会科学版),2023,46(02):125-130.
[42] 董仲磊,郭灵."两弹一星"精神形成与发展的四维逻辑[J].红色文化学刊,2023(04):22-29,109.
[43] 四川两弹一星干部学院.弘扬"两弹一星"精神为实现中国式现代化奋勇前进[J].党建,2023(06):35-37.
[44] 孙银光.红色文化教育的逻辑层次及大中小学校教育一体化实践策略[J].思想理论教育导刊,2023(07):130-137.
[45] 冯淑萍.红色资源融入高校"大思政课"的价值意蕴与实践进路[J].思想理论教育导刊,2023(07):110-116.
[46] 张莉鑫.运用红色资源推动思政课提质增效的路径探索[J].学校党建与思想教育,2023(13):78-80.
[47] 董仲磊,高培轩.爱国主义教育基地红色资源的时代价值[J].思想政治工作研究,2023(11):33-34.
[48] 董仲磊,高培轩.青藏铁路精神:世界屋脊上的精神丰碑[J].党建,2024(04):39-41.

后 记

伟大事业孕育伟大精神,伟大精神成就伟大事业。精神是一个人的立身之本,是一个民族、一个国家生存和发展的重要支撑。一百多年前,伟大的先驱者们创建了中国共产党,形成了伟大建党精神,推动了中国共产党人的精神谱系持续丰富完善,锻造了一大批各级各类的爱国主义教育示范基地,这些精神养料和物质资料构成的爱国主义教育基地红色资源,成为厚植一代又一代中华儿女爱国情怀的不朽丰碑。如何在新时代利用好红色资源、发扬好红色传统、传承好红色基因,不仅是时代的命题和责任,也是时代的使命和担当。本研究以为的破解之策,既要有深化爱国主义教育基地红色资源的学理化阐释,也要有探索爱国主义教育基地红色资源创新发展的优化路径,让更多的人参与其中,在积极实践中感知、领悟和追随。这也是本书写作的出发点和落脚点。

没有调查,就没有发言权,更没有决策权。《爱国主义教育基地红色资源创新发展研究——以青海省为例》,既是一部调查研究的成果,也是一部学术研究的专著。本研究立足青海省红色的高天厚土,放眼全国各地优质的爱国主义教育基地红色资源,贯穿"以爱国主义为核心的民族精神,以改革创新为核心的时代精神"这一主题主线,历时近 8 年时间最终得以完成。一路走来,是青海厚重的红色资源吸引、组织的高看厚爱影响、同事的真情实意感染、成为新青海人的使命担当,让作者有足够的信心和强劲的动力进行深入研究、精耕细作,如果没有这些支持、帮助和鼓励,就不会有这本专著的问世。

收笔时刻,百感交集。一次次深入腹地调研、一次次麻烦同事衔接、一次次组织专家座谈、一次次修改调查问卷……无数个一次次,最终形成了这部专著的章章内容、节节片段、句句文字。

本研究在体例结构上,由大连海事大学副教授、西宁市社科联副主任董仲磊博士总体设计、独立撰写和集体统稿;所指导的研究生郭灵、高培轩、左雨桐、聂方晨在写作中查阅资料、设计问卷、深入调研、梳理材料等,他们为此投入了大量的心血,做出了积极的贡献;西宁市委宣传部、西宁市委讲师团、西宁市社科联、西宁市文明办的王光明副部长、史明团长、韩清主任、陈伟龙主任以及办公室吴艳主任、康秀娟等领导和同事为本著作的编写给予了大力支持,特别是为在青海省 2 市 6 自治州的深度调研、专家座谈、问卷设计、数据统计、信息核对等方面给予了极大的帮助;大连市委宣传部、大连市社科联、大连市党史办和大连市人大教科文卫委领导和同事在赴外省调研中亲力亲为、全程陪同;北京大学马克思主义学院合作导师王久高教授百忙中对专著内容给予指导,提出了宝贵意见,在此,一并表示深深的谢意。还要特别感谢我的爱人和女儿,她们是我完成这本著作的最大动力,无论是在青海西宁挂职,还是在北京大学访学,爱人都承担双份家庭负担,付出的辛劳难以想象,孩子的理解让人感动,成长让人幸福。

董仲磊

2024 年 9 月